Gerhard Zacharias

Satanskult und Schwarze Messe

Gerhard Zacharias

Satanskult und Schwarze Messe

Ein Beitrag zur Phänomenologie der Religion

Herbig

Lizenzausgabe für F. A. Herbig Verlagsbuchhandlung,
München · Berlin, mit freundlicher Genehmigung des Limes Verlages,
Wiesbaden · München

Schutzumschlaggestaltung: Rainer Pickel, München
Gesamtherstellung: Jos. C. Huber KG, Dießen/Ammersee
Printed in Germany 1979
ISBN: 3-7766-0993-1

INHALT

Danken möchte ich Herrn Prof. Dr. Arno Borst (Erlangen) und Herrn Prof. Dr. Hans Martin Klinkenberg (Köln) für Quellen-Auskünfte über satanistische Kulte mittelalterlicher Häretiker, Herrn Dr. Hans Gerd Tuchel (Köln) für die Übertragung des altspanischen Textes sowie für Ratschläge zu meinen Übersetzungen und Fräulein Gabriella Mulachiè (Rom) für ihre Mithilfe bei der Übertragung der Texte von Leopardi und Carducci. Weiter danke ich Herrn Umberto Troni (Venedig) und Herrn Carl Weiner (Paris) für ihre Hilfe bei der Materialbeschaffung, Herrn Dr. Paul Klopsch und Herrn Dr. Peter Jacobsen (beide Köln) für die Klärung einiger mittellateinischer Textstellen und Herrn Prof. Dr. Alphons Silbermann (Lausanne und Köln) für Hinweise zur Literatur.

VORWORT

Seit Erscheinen der ersten Auflage dieses Buches (1964) sind Entwicklungen zu verzeichnen, zu deren Verständnis der Bezug auf die Tradition des Satanskultes Wichtiges beizutragen vermag.

»Beatniks, Gammler, Voyous, Provos, Happeners, Capelloni, Hippies, Blumenkinder, revolutionäre Studenten oder Vietniks und Peaceniks haben rundum das Bestehende in Frage gestellt, die Schläfrigen geweckt und die Etablierten in Sorge versetzt. 1968 wurde zum Jahr der protestierenden Jugend, die in den anglo-amerikanischen Staaten eine Gegenkultur aufzubauen begann, in aller Welt Universitäten und Amtsgebäude besetzte, in Frankreich Revolte und Konterrevolte ausbrechen ließ, allerwärts die zum Ritus erstarrte Demokratie in Bewegung brachte und das Establishment zwang, seine Herrschaftsstrategie zu enthüllen.«[1] Die gesellschaftliche Revolution vollzog sich zum Teil als sexuelle Revolution, deren Banner vor allem den Namen Wilhelm Reich trägt[2]. Es kann kein Zweifel darüber bestehen, daß diese weltweite Protestbewegung eine Antithese zur traditionell-christlichen Kultur darstellt. Teilweise knüpft sie – direkt oder verfremdend – an Motive und Tendenzen des Satanskultes an, in erheblichem Maße aber geschieht in ihr etwas, das – und gerade darum sind ihre Folgen so unabsehbar – in einen Bereich diesseits des Satanismus führt.

Die direkt-satanistischen Züge in der modernen Subkultur lassen sich leicht identifizieren und als epigonal durchschauen. Am bekanntesten ist jene unter der Führung von Charles Manson (der sich nach Pressemeldungen bisweilen als ›Satan‹ bezeichnet haben soll) stehende Hippiegruppe in Hollywood geworden, die mindestens fünf Menschen, darunter den Filmstar Sharon Tate, ermordete. Manson hatte sich der ›Church of Scientology of California‹ (später einer Splittergruppe von ihr) angeschlossen, deren Oberhaupt unter anderem von Aleister Crowley (siehe S. 154 f.) inspiriert worden war[3]. Das Spektrum dieses epigonalen Satanismus der Gegenwart umfaßt beispielsweise auch einschlägige Kirchenschändungen[4] oder harmlose Imitationen vom Stil einer ›Schwabinger Schwarzen Messe‹[5]. Roman Polanskis Film ›Rosemaries Baby‹ (1967) hatte dazu beigetragen, weitere Kreise mit der satanistischen Thematik bekannt zu machen.

Motive des Satanskultes können aber auch in reflektierter und distanziert-verfremdender Weise in künstlerische Provokationen eingehen. Ansätze dazu finden sich im revolutionären Straßentheater[6]; klar ausgeprägt ist das gemeinte Phänomen etwa bei Otto Muehl, dessen Braunschweiger Materialaktion vom Dezember 1969 eine intensive Reaktion der Öffentlichkeit hervorrief[7].

Angesichts der Tatsache, daß die Subkultur der Gegenwart eine deutliche Tendenz hat, die dualistische Tradition des Christentums im ganzen zu überschreiten (als Symbol dafür kann die Anrufung des Wassermanns in der Eingangsszene des Musicals ›Hair‹ gelten, und auch das Problem der Verwendung der Halluzinogene muß in diesem Horizont gesehen werden), ergibt sich eine Fragestellung, die eine Vorüberlegung erfordert.

Der Psychoanalytiker Wolfgang Loch hat in seiner Arbeit ›Über die Zusammenhänge zwischen Partnerschaft, Struktur und Mythos‹[8] dargestellt, daß die frühkindlich-symbiotische Zweipersonenbeziehung zwischen Mutter und Kind durch die Ausklammerung des Bösen gekennzeichnet ist: In der Dual-Union sind beide Partner gut, das Böse befindet sich ›draußen‹, wird externalisiert gehalten. Erst dann, wenn sich die Zweipersonenbeziehung zur Dreipersonenbeziehung erweitert, wenn also der Vater ins Spiel kommt und damit das ödipale Bezugssystem wirksam zu werden beginnt, wird die Berücksichtigung des Bösen akut, »der Ausweg, sich durch Abspaltung des bösen Objektes bzw. des bösen Selbstes zu entledigen«, ist »versperrt«[9]. Da man böse Objekte nicht lieben oder zum Vorbild nehmen kann, erfordert die Auseinandersetzung mit dem Bösen in ihrer Konsequenz die Anerkennung des Bösen als Bestandteil der eigenen Psyche und somit seine Internalisierung und Integration.

Der christliche Dualismus samt dem Satanismus entspricht dem Modell der Dreipersonenbeziehung, wobei aber der Prozeß der Integration des Bösen nicht gelungen ist und durch spezifische Abwehrprozesse blockiert wird (siehe das Kapitel ›Die psychopathologischen Züge des Satanskultes‹, S. 23 ff.). In der modernen Subkultur nun wird – vornehmlich in Anlehnung an Elemente indischer Religion und Meditation – ein Weg beschritten, der ein Rückgriff auf das Modell der Zweipersonenbeziehung ist und darum regressiven Charakter besitzt. Mit anderen Worten: Es handelt sich um die Wirksamkeit einer symbiotischen Phantasie mit einem entsprechenden Allmachtsgefühl. »... to be really just that:/ Invisible & in complete control of everything«, heißt es in einem Underground-Gedicht[10].

Eine nicht regressive Lösung des Problems des Bösen würde das ergeben, was Michael Balint als ›genitale Liebe‹ bezeichnet[11]. Im Unterschied zu den prägenital determinierten Formen der Liebe, bei denen das Ausweichen vor dem Problem, das das Böse aufgibt, mit einem entscheidenden Verlust an Autonomie bezahlt wird, erfordert die genitale Liebe eine beständige Anpassungs- und Eroberungsarbeit, die eine unermüdliche Wachheit des Ich voraussetzt und nur in glücklichen Augenblicken »zur kurzfristigen Wiederherstellung einer vollkommenen Einheit des Mikrokosmos und des Makrokosmos[12]« führt. Ist das, was in der heutigen Subkultur den traditionell-christlichen Dualismus transzendiert, nur eine Bewegung zurück, oder ist darin vielleicht doch schon der Reflex einer Entwicklung nach vorn gegeben? Das ist eine bewegende Frage unserer Zeit.

Köln, im März 1970 G. Z.

EINFÜHRUNG

Die vorliegende Darstellung behandelt einen wesentlichen Aspekt des sogenannten *Satanismus*, den die ›Enciclopedia Cattolica‹ definiert als »Zustand dessen, was satanisch ist, das heißt unterworfen der Aktion Satans oder geweiht dem Gegenspieler Gottes oder durchdrungen von seinem Geist (Stato di ciò che è satanico, cioè sottoposto all'azione di Satana, o consacrato all'antagonista di Dio, o pervaso dal suo spirito)«[1]. Der Gegensatz Gott – Satan gehört zu den spezifischen Grundlagen des Christentums, und somit steht der Satanismus in einer typischen, unmittelbaren Beziehung zur christlichen Tradition, ja wir haben in ihm *die zentrale Erscheinung der ›Nachtseite‹ des Christentums* vor uns[2].
Der *Satanskult,* in dem sich der Satanismus in besonderer Stärke manifestiert, stellt eine *Antithese zum christlichen Kult* dar. Wie letzterer seinen Mittelpunkt im Mysterium der Messe hat, so *gipfelt* der satanistische Kult in einer Pervertierung der römischen Meßliturgie, für die sich gegen Ende des neunzehnten Jahrhunderts[3] der Terminus *›Schwarze Messe‹* allgemein eingebürgert hat. Das Attribut ›schwarz‹ wurde dabei sowohl wegen seiner Symbolik gewählt wie auch speziell wegen der Tatsache, daß bei dieser Meßfeier zeitweise – konträr zum kirchlichen Gebrauch – schwarzgefärbte Rübenscheiben oder aus einer schwarzfarbenen Materie bestehende Hostien Verwendung fanden.
In der christlichen Konzeption ist – aus Gründen, die im ersten Teil dieses Buches erörtert werden – der Bereich des Satanischen in erheblichem Maße *mit den Bereichen des Dionysischen, des dunklen ›Großen Weiblichen‹*[4] *und des Sexuellen verschmolzen.* Entsprechend wurden die drei letztgenannten Bezirke zu bevorzugten Domänen des Satanismus und damit des Satanskultes. Deshalb dehnt sich das Feld unserer Untersuchung streckenweise weitgehend auf Gebiete wie zum Beispiel die der kultischen Ekstasen, des Hexenwesens und der religiösen Orgien aus. In etlichen Fällen tragen dionysisch, matriarchal oder sexuell gefärbte Riten *per se,* das heißt ohne ausdrücklich formulierte Tendenz, satanistische oder zumindest gegen das offizielle Christentum revoltierende Züge. Diese *Grenzphänomene* beziehen wir gleichfalls in die Darstellung ein.
Der Tatsachenkomplex, den dieses Buch zum Gegenstand hat, bildet bis heute eine Art Stiefkind der Wissenschaft. Während es zu den Überlieferungen des Hexenwesens im engeren Sinne, der Schwarzen Magie, des Satanismus in der Literatur und so weiter eine größere Reihe von fundierten und wertvollen Arbeiten gibt, ist der Satanskult beziehungsweise die Schwarze Messe bis auf wenige Ausnahmen ein beliebtes Objekt subjektiv-pathetischer, tendenziöser oder flach-sensationeller Ver-

öffentlichungen geblieben. Zudem findet sich unter den Gesamtdarstellungen zu diesem Thema keine, die in größerem Umfang Quellentexte bringt.
Die Absicht des vorliegenden Beitrages zur Phänomenologie der Religion ist es, einem bisher also relativ vernachlässigten Kapitel dieser Disziplin, das unter vielerlei Gesichtspunkten Beachtung verdient, stärker zur Berücksichtigung und Diskussion zu verhelfen. Um die in Frage stehenden Fakten möglichst plastisch werden zu lassen und um dem Leser fortlaufend ein eigenes Urteil zu ermöglichen, werden *im Hauptteil* der Untersuchung wesentliche Quellenzeugnisse aus allen Epochen vorgelegt; diese – durch Abbildungen ergänzten – Dokumente geben den Ausgangspunkt für die Interpretation ab. *Der einleitende Teil* will den Horizont erschließen, innerhalb dessen der satanistische Kult verstanden werden muß. *Der abschließende Teil* beschäftigt sich mit Fragen und Problemen, die durch die behandelten Phänomene aufgeworfen werden.
Der Verfasser orientiert sich *an jenen Prinzipien*, die der große holländische Religionswissenschaftler *G. van der Leeuw* (1890–1950) *für die religionsphänomenologische Forschung* entwickelt hat[5]. »Die Phänomenologie sucht das *Phänomen*. Das Phänomen aber ist dasjenige, *was sich zeigt* ... Das Phänomen wird vom Subjekt nicht produziert; noch weniger wird es von ihm erhärtet oder erwiesen. Sein ganzes Wesen ist darin gegeben, daß es sich zeigt, sich ›jemandem‹ zeigt. Fängt dieser ›jemand‹ an, über das Sich-Zeigende zu reden, so ist die Phänomenologie da.«[6]
Nach van der Leeuw hat die Phänomenologie, nachdem sie die Phänomene benannt und sodann zu ihrem schauenden Erlebnis geführt hat, die Aufgabe, das Geschaute zu klären, seine Struktur zu verstehen, die Phänomene in einen größeren Sinnzusammenhang einzuordnen und schließlich vom Verstandenen ›Zeugnis‹ abzulegen. Die Religionsphänomenologie darf nicht mit Religionsgeschichte, Theologie, Religionsphilosophie, Religionspsychologie oder Religionssoziologie gleichgesetzt werden. Was bedeutet das im Hinblick auf unsere Darstellung?
Zunächst: mein Vorhaben war es *nicht*, eine *Geschichte des Satanskultes und der Schwarzen Messe* zu schreiben, wenn auch das Material, das phänomenologisch erhellt werden soll, in chronologischer Reihenfolge vorgebracht wird und jeweils mit historischen Angaben eingeführt wird. Der Leser erwarte daher *keine Vollständigkeit* (die bei der Fülle des Stoffes in *einem* Buch sowieso nicht annähernd zu erreichen wäre). Für die Auswahl der Texte und Abbildungen sowie für den Umfang der geschichtlichen Ausführungen ist vielmehr *der Informationsgehalt entscheidend;* nur so viel wird gegeben, wie für die phänomenologische Bearbeitung von Wert und ausreichend ist, um dem Leser die Verifizierung und das Verständnis entsprechender Erscheinungen zu ermöglichen. Weil dieses Buch keine historische Untersuchung darstellt, wurde auch die Frage der Historizität der behandelten Fakten nicht mit jener Schärfe gestellt, wie dies von der Geschichtswissenschaft verlangt wird. Abgesehen davon, daß gerade bei unserem Thema vieles im Dunkeln bleibt und die Grenze zum Imaginierten beziehungsweise wissentlich Gefälschten streckenweise gar nicht gezogen werden kann, ist *das Problem der physischen Realität* für die phänomenologische Betrachtungsweise insofern *irrelevant*, als auch Einbildungen und so weiter eine Realität *sui generis* zukommt, deren

Bedeutung in denselben Raum verweist wie diejenige des ›tatsächlich‹ Vorgefallenen.

Von Wichtigkeit ist sodann die *Abgrenzung* unserer Unternehmung *gegenüber der Theologie und der Philosophie.* »Die Theologie redet von Gott. Gott ist in der Phänomenologie weder Subjekt noch Objekt, er müßte denn ein Phänomen sein, d. h. sich zeigen.«[7] Wenn wir also von Gott und dem Göttlichen oder von theologischen Konzeptionen sprechen, so ist *immer nur eine Manifestation, ein zur Erscheinung Gelangtes* gemeint; die göttliche Realität selbst verbleibt in der ›*Epoché*‹, der ›Klammer‹[8]. Ebenso werden Spekulationen philosophischer Art ausgeschlossen, indem auch hier die ›Epoché‹ zur Anwendung kommt. An dieser Stelle sei, um Mißverständnisse – vor allem von theologischer Seite – auszuschließen, betont, daß die Bezeichnung ›dualistisch‹, die durchgängig zur Anwendung kommt, gleichfalls phänomenologisch, nicht aber theologisch oder philosophisch zu verstehen ist.

Wir betreiben auch *keine bloße Religionspsychologie.* Diese Wissenschaft löst, um den Gegenstand ihrer Forschung zu gewinnen, aus dem religiösen Phänomen, in dem das Göttliche und das Menschliche miteinander verschränkt sind, den menschlichen Anteil heraus, bei welchem sie hinwiederum nur den seelischen Aspekt berücksichtigt. Die Gefahr einer Verwechslung unserer Anschauungsweise mit derjenigen der Religionspsychologie ist deshalb besonders groß, weil Leser, die in den Kategorien des traditionellen Christentums zu denken gewohnt sind, zu der Vorwegnahme neigen werden, daß der Satanskult beziehungsweise die Schwarze Messe lediglich eine Ausgeburt psychischer Verirrungen unter widergöttlichem Einfluß sein könne, nicht aber *gleichzeitig etwas, in dem sich ein Göttliches verbirgt.* Diese Leser möchte ich bitten, ihr Vor-Urteil zu suspendieren, da anderenfalls der phänomenologische Mitvollzug blockiert wird.

In unserer Zeit ist die Religionspsychologie überkommener Prägung mehr und mehr *der tiefenpsychologischen Interpretation religiöser Erscheinungen* gewichen. Da die Tiefenpsychologie wichtiges Handwerkzeug für unsere Arbeit zur Verfügung stellt, muß die *Grenze* gerade dieser Disziplin gegenüber *deutlich hervorgehoben* werden. Das ist um so notwendiger, weil die tiefenpsychologische Erschließung des Religiösen noch immer unter dem Zeichen einer psychologistischen, die religiösen Phänomene reduzierenden und damit verfälschenden Einstellung steht. Während der ältere Psychologismus Freudscher Provenienz, der die religiösen Vorstellungen als Projektionen von Inhalten des persönlichen Unbewußten auffaßt, heute als überwunden angesehen werden darf, trifft dies für den Psychologismus der Jungschen Schule keineswegs zu, obwohl C. G. Jung in seinem Spätwerk sowie einige seiner Schüler den psychologistischen Standpunkt im Prinzip aufgegeben haben[9]. Der Psychologismus der zweiten Art sieht die religiösen Manifestationen als Erscheinungsformen der ›Archetypen des kollektiven Unbewußten‹ an, womit die Tiefe der menschlichen Psyche als Absolutum gesetzt wird (woran auch die – dem Positivismus des neunzehnten Jahrhunderts verhaftete – Beteuerung nichts ändert, daß man nicht an ›metaphysische‹ Realitäten rühren wolle). Entscheidend ist ja, daß *den religiösen Phänomenen als solchen der unablösbare*

Bezug zu einer Innen- und Außenwelt im Ganzen übersteigenden Wirklichkeit innewohnt. Daher ist die folgende Feststellung G.R.Heyers von Wichtigkeit: »die Beschränkung ... auf das psychologisch Aussagbare, unter strenger Vermeidung jedes transzendierenden Schließens, birgt die Gefahr, daß ... im Sinn (bzw. Unsinn) des ›nichts als‹ gedacht wird; das heißt, daß das Wie der Erscheinungen für das Was des Durchscheinenden und Durchwirkenden gehalten wird.«[10] Wenn wir uns also der von C. G. Jung entwickelten Methode der sogenannten *Amplifikation*[11], der das Verständnis der Symbole bereichernden Symbolvergleichung, bedienen, so sehen wir die Archetypen, auf welche dabei rekurriert wird, unter *kosmologischem* und nicht nur unter begrenzt-psychologischem Aspekt. Analoges gilt für alle unsere Entlehnungen aus der Tiefenpsychologie.

Die Religionsphänomenologie *unterscheidet sich auch von der Religionssoziologie,* indem letztere sich ausschließlich mit der sozialen Funktion der Religion beschäftigt. Obgleich die Tradition des Satanskultes und der Schwarzen Messe gerade unter soziologischen Gesichtspunkten außerordentlich interessant ist, können wir diese Seite des von uns behandelten Themas *nur in sekundärer Weise* ins Auge fassen. Es wäre zu wünschen, daß der satanistische Kult einmal von soziologischer Seite eingehender untersucht wird.

Ein Wort noch zu den *Quellendokumenten.* Die Urtexte wurden – abgesehen von einigen formalen Transkriptionen, die üblich sind[12] – nicht verändert. Die Übertragungen sind so wörtlich wie möglich, um zugleich auch die Atmosphäre der Zeugnisse hervorscheinen zu lassen. Zur Vermeidung unnötiger Härten ist nur auf längeren Strecken die direkte in die indirekte Redeform verwandelt worden (bezüglich der Edition Ravaisson ist dies zudem eine Wiederangleichung an die handschriftlichen Originale). Für die deutsche Fassung des Textes aus Huysmans' ›Là-Bas‹ wurde ausnahmsweise eine etwas freiere Übersetzung gewählt, weil so das ›Klima‹ der Quelle besser wiedergegeben zu werden vermag.

GRUNDLAGEN

So unerläßlich die Frage nach den Grundlagen des Satanskultes ist, so falsch wäre das Bemühen, Voraussetzungen zu finden, aus denen sich die in diesem Buch geschilderten Phänomene gleichsam ableiten ließen. Die nachfolgenden Ausführungen wollen den Satanskult nicht im Sinne einer Deduktion aus gegebenen Umständen reduzieren, sondern sie möchten jene *conditiones sine qua non,* also jene notwendigen Bedingungen sichtbar machen, unter denen er zustande kommen konnte. Nur das beständige Zusammenwirken dieser Bedingungen mit spontan-irrationalen Faktoren erzeugte jene Erscheinungen, deren Tradition den Gegenstand unserer Untersuchung bildet.

1. Die religions- und kulturgeschichtlichen Voraussetzungen für den Satanskult

Vor der hellenistischen Zeit gibt es *in der Antike keine dem Satan vergleichbaren Gestalten.* Wohl kennen die Religionen der alten europäischen Kulturen dunkle Mächte verschiedenster Art, aber diese sind nicht abgespalten oder ausgeschlossen aus dem Kosmos des Göttlichen, sondern unablösbar in ihn einbezogen.
Im Mittelpunkt der *Religion des minoischen Kreta* stand die Große Göttin, deren Bezug zum Chthonisch-Dunklen einerseits durch ihre Verehrung in Erdhöhlen, andererseits durch ihre Schlangenattribute zum Ausdruck kommt (Tafel 1. Es ist strittig, ob es sich bei den Figuren der ›Schlangengöttin‹ um Kultbilder der Magna

Minotauros. Münze aus Knossos, spätere Griechenzeit

Mater handelt oder um Statuetten von Priesterinnen, die Attribute der Göttin tragen[1]). Die kretische Welt hatte im ganzen einen erdhaft-dionysischen Charakter, ja sie ist vielleicht – wie Karl Kerényi annimmt[2] – als Ursprungsort der Dionysosreligion anzusehen. Auch das in griechischer Zeit ausgebildete Mythologem vom Minotauros ist ein Zeugnis für die Integration des Dunklen in das Göttliche, muß doch der Minotauros, der im Mythos als ›Asterios‹ (›Stern‹), einem Namen des Dionysos, bezeichnet wird, als eine Erscheinungsform dieses Gottes aufgefaßt werden.[3]

Daß die Polarität des Apollinisch-Hellen und des Dionysisch-Dunklen einen entscheidenden Wesenszug *der griechischen Religion* bildete, ist seit Nietzsches ›Geburt der Tragödie aus dem Geiste der Musik‹ (1872) Bestandteil des Allgemeinbewußtseins geworden. (Heute wissen wir allerdings, daß Nietzsches Gleichsetzung des Dionysischen mit dem Rauschhaften zu eng ist; das Dionysische umgreift das Vegetativ-Naturhafte schlechthin[4]). Dionysos mit seinem Gefolge (Tafel 2 und 3) repräsentiert jene Tiefe, die mit der lichten Sphäre der olympischen Gottheiten in einer umfassenden Beziehung steht. »Mit dem Bund zwischen Dionysos und Apollon hat die griechische Religion ihre erhabenste Höhe erreicht... Apollon mit Dionysos, dem trunkenen Reigenführer des Erdkreises, das ist das ganze Ausmaß der Welt« (Walter F. Otto[5]).

Für die hell-dunkle Ganzheit des Göttlichen in der griechischen Religion gibt es viele Beispiele. Die erdhaften Titanen erscheinen sowohl als die Stammeltern der Olympier wie als deren erbitterte Gegner. Die Pythonschlange wird nach ihrer Besiegung durch Apollon zur Wächterin des Weltnabels in Delphi. Hermes, der Seelenführer und Bote der Götter, ist zugleich ein – manchmal grausamer – Schelm[6].

Hekate. Römische Gemme

1 Kretische ›Schlangengöttin‹. Fayencestatue aus Knossos

2 Dionysos zwischen Mänaden. Griech. Vase um 500 v. Chr.

4 Aphrodite, Eros, Pan. Späthellenist. Marmorgruppe

5 Der Engelsturz. Miniatur, 1415

hab& caracterem nominiſ beſtię · aut nu
merum nominiſ · Hiſ ſapientia eſt · qui
hab& intellectum comput& numerū
beſtię · Numeruſ hominiſ eſt · & nume
ruſ euiſ eſt · ſexcentiſ · ſexaginta · ſex ·

6 Die Anbetung des Tieres. Reichenauer Buchmalerei, um 1000

7 Jan van Eyck. Das Jüngste Gericht, um 1420

8 Die Qualen und Greuel der Hölle. Kupferstich, 16. Jahrh.

Wilde Naturhaftigkeit verkörpert sich in seinem Sohne Pan (Tafel 4), dem »ziegenfüßigen, doppelt gehörnten Freunde der Rasseln, der durch baumige Triften mit tanzfrohen Nymphen zusammen wandert«[7]. Die durch ihre drei Gesichter als Mondgöttin gekennzeichnete Hekate ist nicht nur eine von winselnden Hunden umgebene, an Scheidewegen spukende Schreckgestalt und die Mutter von Gespenstern, sondern sie hilft auch den Schiffern und Jägern, den Rechtsuchenden und den Frauen im Kindbett.

Für *die römische Religion* gilt vor der hellenistischen Zeit Analoges. Erst in dieser Epoche *wandelte* sich das Bild, nachdem die alten Götter ihre ursprüngliche Kraft verloren hatten. »Mit den orientalischen Kulten und ihrer Vorstellungswelt strömte auch allerlei Dämonenglaube in die westliche Welt ein ... Neben ägyptischen und chaldäischen Einflüssen spielen dabei besonders solche eine Rolle, die aus dem iranischen Dualismus stammen: die Gestalt des Teufels und das Heer seiner üblen Geister, die sich von Opferfleisch und Opferdampf nähren, die in menschliche Leiber hineinzuschlüpfen begehren und Krankheiten und allerlei Böses wirken.«[8] Das, was wir die hell-dunkle Ganzheit des Göttlichen genannt haben, war damit endgültig zerbrochen.

Zur Charakterisierung *des iranischen Dualismus,* der auf diese Weise eine – von unabsehbaren Folgen begleitete – Wirkung auf das Abendland gewann, sei eine Stelle aus dem Avestā zitiert, in der der absolute Gegensatz zwischen dem guten Prinzip (verkörpert in Ahura Mazdāh) und dem bösen Prinzip (verkörpert in Angra-mainyu) zum Ausdruck kommt:

»Und ich will reden von den beiden Geistern im Anbeginn des Lebens, von denen der *Heilige* also sprach zum *Argen:* Nicht werden unsere beiderseitigen Gedanken, noch Lehren, noch Erkenntnisse, noch Bekenntnisse, noch Worte, noch Werke, noch Gewissen, noch Seelen zusammenstimmen.«[9]

Dieser Dualismus wurde eine der Hauptquellen für die Bewegung *der Gnosis,* deren Ursprünge in vorchristlicher Zeit gesucht werden müssen[10]. Den mannigfaltigen gnostischen Richtungen war die dualistische Grundkonzeption gemeinsam, und sie bildete auch den tragenden Grund für die gnostische Erlösungsfrömmigkeit.

Im Christentum verschmolz das antik-hellenistische Erbe mit *dem jüdischen Erbe,* dessen Substanz das *Alte Testament* darstellt. In dieser Tradition war die anfängliche hell-dunkle Ganzheit des Göttlichen ebenfalls durch einen zum Dualismus tendierenden Differenzierungsprozeß aufgehoben worden.

Riwkah Schärf hat in ihrer wichtigen Arbeit ›Die Gestalt des Satans im Alten Testament‹[11] durch eine Fülle von Einzelinterpretationen deutlich gemacht, daß sich die Figur des Satans als eines Widersachers Jahwes erst im Laufe der – im Rahmen der vorderorientalischen Religionsgeschichte zu sehenden – alttestamentlichen Entwicklung herauskristallisiert hat. Der Prozeß führte vom ›mal'āk Jahwe‹, dem die dunkle Seite des ambivalenten Gottesbildes verkörpernden Engel der Bileam-Erzählung (Num. XXII, 22 ff.), über den Satan als einer der ›benē hā-'elōhīm‹, das heißt der Söhne Gottes, im Hiob-Buch (I, 6 ff. und II, 1 ff.) bis zur Ausgestaltung des Satans zum Gegenspieler des ›mal'āk Jahwe‹ (Zach. III, 1 ff.) und zum selbständigen Dämon (1. Chr. XXI, 1). »Die Ablösung des Satans von Gott, durch die er von seiner Dunkelheit ›gesäubert‹ wurde, barg ungeheure Konsequenzen. Sie bildete die Voraussetzung für die neutestamentliche Entwicklung des Satans zur Gegenpersönlichkeit Gottes und zu seiner völligen Abspaltung, wie sie sich im Mythologem des eingesperrten Drachens der Johannesapokalypse ausdrückt.«[12]

Zum jüdischen Erbe des Christentums gehörte auch *die spätjüdisch-apokalyptische Tradition.* Von ihr übernahm die Kirche in späterer neutestamentlicher Zeit die Vorstellung vom Antichristus, deren Anfänge bis in die vorexilische Epoche zurückverfolgt werden können. In der Gestalt des Antichristus verkörpert sich der endzeitliche Aspekt des Satans[13].

Zu den religionsgeschichtlichen Bedingungen, unter denen sich das Christentum bildete, kam *die kulturgeschichtliche Situation der römischen Spätantike:* es handelte sich um die Zeit einer ausgesprochenen Verfallskultur, in der destruktive Triebhaftigkeit – Roheit und Raffinesse zugleich – dominierte und zu einer allgemeinen Zersetzung der Sitten geführt hatte. Ein Gegengewicht, wie es sich etwa auch in der Mysterienreligion des indo-iranischen Lichtgottes Mithra formte[14], war zur dringenden Notwendigkeit geworden.

Hier setzte *die junge Kirche* mit ihrem scharfen Kontra, mit ihrer Entgöttlichung und Dämonisierung der dunklen göttlichen Mächte, deren Kult damals in den Strom des allseitigen Zerfalles hineingerissen war, und mit ihren moralischen Forderungen *ein.* Gestützt auf die dualistische Einstellung des Spätjudentums sowie beeinflußt durch den hellenistischen Dämonenglauben und den gnostischen Dualismus – die Kirche hat nicht nur die Gnosis bekämpft, sondern stand gleichzeitig in mannigfacher Weise unter ihrem Einfluß[15] – vertrat sie das Prinzip des ›Apollinischen‹ gegenüber dem des ›Dionysischen‹, das Prinzip des hellen und guten, in Christus menschgewordenen Gottes gegenüber der Finsternis und Bosheit der in Satan gipfelnden widergöttlichen Mächte. Mit glühendem Pathos verkündete das frühe Christentum seine Position. Zwei Texte mögen dies illustrieren.

In seinem ›Logos protreptikos‹ stellt Clemens von Alexandrien (gestorben vor 215) den dionysischen Mysterien die christlichen Mysterien entgegen:

»Komme, vom Gotte Geschlagener, nicht gelehnt auf den Weinlaubstab, nicht das Haupt mit Efeu umwunden. Fort die Binde von deiner Stirn, fort das Rehfell, und werde verständig. Den *Logos* will ich dir zeigen, des *Logos* Mysterien ... Da ist der Berg zu sehen, der vielgeliebte Gottes, doch nicht wie der Kithairon beliebt bei den Tragödien, der Berg in hoher Wolke, im Schatten keuscher Wälder. Nicht rasen heilig-trunken auf ihm Semeles Schwestern, der blitzgetroffenen Göttin, geweiht zur Fleischzerreißung, unheilig die Mainaden. Hier rasen die Töchter Gottes, die schönen Lämmer, kündend die Weihefeste des *Logos*, anhebend weise-nüchternen Chor. Der Chor die Gerechten, das Lied ein Hymnus dem König des Alls. Da singen Jungfrauen, verherrlichen Engel, Propheten reden, der Schall geht aus der tönenden Weise, im Lauf verfolgen den Weihegang sie. Berufene laufen, den Vater zu fangen, begehren sie. Komme, Alter, auch du. Verlasse Theben, Wahrsagerkunst, wirf ab von dir bacchischen Trug, zur Wahrheit lasse dich hingeleiten. Das Kreuz will ich als Stab dir geben. Teiresias, eile! Glaube. Dann siehst du. Christus leuchtet, mehr als die Sonne leuchtet er, daß Blinde sehen. Nacht entflieht dir, Feuer erschrickt, Tod geht fort. O Alter, du sollst den Himmel sehen, wie vordem Theben du nie gesehen. O wahre Weihe-Mysterien! O ungetrübtes, reines Licht! Von Fackeln geleitet, erblicke ich Gott und die Himmel in der Schau. Während man weihet, werde ich heilig. Mysterienkünder ist der Herr, erleuchtet den Mysten und siegelt ihn und stellt den Gläubigen dar dem Vater, ihn zu bewahren in Ewigkeit. Das meiner Mysterien bacchische Feier. Wenn es beschlossen, so weihe auch du dich und führe mit den Engeln den Chor – *Gott Logos* singt den Hymnus mit uns – dem unvergänglichen, ungezeugten, ureinen Gott.«[16]

Der zweite Text, ein Passus aus der ersten ›Mystagogischen Katechese‹ des Cyrill von Jerusalem aus dem Jahre 348 bezieht sich auf die zum Taufritus gehörende Abschwörung des Satans:

»Zuerst tratet ihr in die Vorhalle des Baptisteriums. Nachdem ihr euch gegen Westen aufgestellt hattet, fingt ihr an zu hören. Dann wurde euch befohlen, die Hand auszustrecken, und ihr widersagtet dem Satan, als wäre er anwesend gewesen ... Da der Westen die Gegend der sichtbaren Finsternis ist, der Satan aber, die Finsternis, in der Finsternis regiert, darum schaut ihr, um dies sinnbildlich auszuprägen, gegen Westen, wenn ihr jenem dunklen, finsteren Herrscher widersaget. Was hat nun jeder von euch stehend gesprochen? ›Ich sage mich los von dir, Satan‹, von dir, dem schlimmen, grausamsten Tyrannen ... Ich sage mich los von dir, der schlauen und gar verschmitzten Schlange ... Ich sage mich los von dir, o Satan, dem Urheber und Diener aller Bosheit ... Eine zweite Formel lehrt dich sodann zu sagen: ›und von allen deinen Werken‹. Zu den Werken des Satans gehört jede Sünde ... Du sagst dich ... los ... von allen vernunftwidrigen Handlungen und Gedanken ... Weiter erklärst du: ›und von allem seinem Gepränge‹. Zu diesem Pomp des Teufels aber gehören Bühnenleidenschaft, Pferderennen, Treibjagden und alle derartigen Eitelkeiten ... Auch das, was in Götzentempeln und auf festlichen Märkten aufgehängt ist, sei es Fleisch oder Brot oder anderes dergleichen, gehört, weil durch Anrufung der unreinen Dämonen beschmutzt, zum Pompe des Teufels ... Hierauf sagst du: ›und deinem Dienste‹. Teufelsdienst aber ist das Beten in den Götzentempeln und, was zur Ehre der leblosen Götterbilder geschieht, das Anzünden der Lampen und das Räuchern an Quellen oder Flüssen ... Wenn du dich nun vom Satan lossagst und den ganzen Bund mit ihm, die alten Verträge mit der Hölle, vollständig auflösest, dann öffnet sich dir das Paradies Gottes, welches er gegen Osten gepflanzt hatte, woraus aber unser Stammvater seiner Sünde wegen vertrieben worden war. Zum Zeichen dafür wandtest du dich von Westen nach Osten, der Gegend des Lichtes ...«[17]

In den folgenden Jahrhunderten baute die Dogmatik *eine systematische Dämonologie* aus[18].

Es können hier nur deren Umrisse angegeben werden. Ursprünglich gab es ausschließlich gute Engel. Irgendwann vor Erschaffung der Welt lehnte sich ein Teil von ihnen unter der Anführung von Luzifer (›Lichtträger‹) gegen Gott auf. Diese Engelsünde wird von den Theologen verschieden interpretiert: manche sehen in ihr die Weigerung, die – den Engeln im voraus geoffenbarte – Menschwerdung Christi und die damit verbundene Erhöhung Marias anzuerkennen, weil damit eine Unterwerfung unter die menschliche Natur verlangt wurde; andere sprechen von dem hybriden Verlangen Luzifers, gottgleich zu sein, also der hypostatischen Union mit Gott teilhaftig zu werden; wieder andere sagen, Luzifer habe gefordert, seine Herrschaft unabhängig von Gott auszuüben und von den anderen Engeln angebetet zu werden. Der Auflehnung folgte der Engelsturz, bei dem Luzifer und seine Anhänger vom Erzengel Michael oder von dessen Kriegern auf Geheiß Gottes in den Abgrund der Hölle gestürzt wurden (Tafel 5). Satan (dieser Name bezeichnet den gestürzten Luzifer) und die bösen Geister erhielten nunmehr einen festen Platz in der Heilsökonomie. Augustinus sagt: »Als Künstler, und zwar als großer Künstler, bedient sich Gott auch des Teufels. Wüßte er sich seiner nicht zu bedienen, so ließe er ihn überhaupt nicht existieren.«[19] In Schlangengestalt verführte Satan die ersten Menschen zum Sündenfall (Gen. III, 1 ff.), wodurch das göttliche Erlösungswerk notwendig und damit erst – wie verschiedene Theologen annehmen – ermöglicht wurde. Ausführlich werden von den Dämonologen die Wirkungen Satans und der anderen Teufel auf die Menschen beschrieben, die damit mannigfaltigen Prüfungen unterworfen und zur Entscheidung für oder gegen Gott herausgefordert werden. In der Endzeit wird sich die Macht Satans als des Antichristus (1. Joh. II, 18, Textabbildung Seite 21) noch einmal zusammenballen. Die Apokalypse schildert in großen Bildern, wie sich in dem feurigen Drachen vom Himmel (XII, 1 ff.), in dem von den seit Anbeginn verworfenen Menschen angebeteten Tier aus dem Meer (XIII, 1 ff., Tafel 6), in dem Tier aus dem Festland (ebd. 11 ff.) und in der Buhlerin Babylon (XVII, 1 ff.) die antichristlichen Gewalten vor ihrem Untergang konzentrieren. Beim Jüngsten Gericht (Apokal. XX, 11 ff., Tafel 7) werden Satan und die bösen Geister zusammen mit den Verdammten dann endgültig von den Guten getrennt und auf ewig den Qualen der Hölle (Tafel 8) überliefert. Der neue Himmel und die neue Erde, die danach aufgerichtet werden (ebd. XXI, 1 ff.), werden frei sein von jeder Einwirkung Satans.

Die dogmatischen Vorstellungen vom Satan und von den bösen Geistern wurden im Laufe der Zeit durch vielfältige *folkloristische Bestandteile,* die teilweise aus mythologischen Traditionen verschiedener Völker (so zum Beispiel der germanischen) stammen, angereichert beziehungsweise variiert. Auf diesen Aspekt, der für das Verständnis des Satanskultes streckenweise von besonderer Wichtigkeit ist, werden wir in unserer Darstellung an den gegebenen Stellen zu sprechen kommen.

Im christlichen *Kult* spielte von Beginn an die Überwindung der Macht des Satans eine wesentliche Rolle, angefangen von der bis heute erhaltenen ›abrenuntiatio‹, der Absage an den Satan im Taufritus (siehe oben). Nicht nur der Exorzismus im engen Sinne, sondern viele rituelle Verrichtungen haben dämonenabwehrende Bedeutung. Ebenso verhält es sich mit zahlreichen christlichen *Volksbräuchen.*

Wie nun ist – unter den geschilderten Voraussetzungen – die Tradition des Satanskultes und der Schwarzen Messe *aufzufassen?* Phänomenologisch ist festzustellen:

Erstens. Der Satanskult entwickelte sich auf der Grundlage der dualistisch geprägten Einstellung des Christentums. In ihm gelangt *jener Bereich* zur direkten, wenn auch verzerrten Erscheinung, der von der christlichen Kollektiv-Einstellung – aus den angegebenen Gründen – *abgelehnt und verfemt* worden ist.

Zweitens. Der Satanskult stellt eine kollektive – hier nicht näher psychologisch oder anders zu begründende – Protestäußerung dar, das heißt er trägt *extrem antithetische* und damit einseitig-überspitzende *Züge,* woraus sich seine Verzerrung und sein meist destruktiver Charakter ergibt.

Drittens. Neben dieser negativ-antithetischen Funktion hat der Satanskult *eine kompensierende Funktion* gegenüber der christlich-kirchlichen Tradition. Dies gilt in besonderem Maße, seitdem sich die historischen Bedingungen, unter denen sich das Christentum gebildet hat, wesentlich gewandelt haben.

Viertens. Der Satanskult ist also *durchaus ambivalent:* er ist zerstörerisch und

Der predigende Antichristus. Holzschnitt, 15. Jahrh.

schöpferisch zugleich; er tendiert – durch radikale Bekämpfung des Bestehenden – zur Verwirklichung einer grandiosen Einseitigkeit und ebenso – durch Repräsentation des Diskriminierten – zur Wiederherstellung der Ganzheit.
Fünftens. Christentum und Satanismus, christlicher Kult und Satanskult sind unlösbar aufeinander bezogen. *Beide Pole erst* machen jenes Spannungsfeld sichtbar, das – schicksalhaft – unsere Kultur bestimmt.

2. Soziologische Aspekte satanistischer Bewegungen

In den zuletzt formulierten Punkten sind bereits soziologische Gesichspunkte enthalten. Die nähere Betrachtung der Tradition des Satanskultes macht deutlich, wie wichtig auch im einzelnen *die sozialen Bedingungen* für das Zustandekommen und die Struktur der Phänomene sind. Wir können jedoch, wie in der Einführung gesagt worden ist, diese Seite nur in sekundärer Weise berücksichtigen, und so muß es hier bei einigen allgemeinen Hinweisen bleiben.
In der Arbeit ›Diakonie, Festfreude und Zelos in Verbindung mit der altchristlichen Agapefeier‹ von Bo Reicke[1] wird gezeigt, daß die im Neuen Testament immer wieder scharf kritisierten Entartungserscheinungen bei den ›Liebesmahlen‹ eng mit politisch-sozialen Strömungen der damaligen Zeit zusammenhingen, indem sie im Zeichen jüdischer oder heidnischer revolutionär-antirömischer Bewegungen standen. Analoges gilt für viele Satanskult-Gemeinschaften: in ihnen schlossen sich Menschen zusammen, die von der jeweiligen gesellschaftlichen Ordnung und ihren Normen *frustriert* und deswegen in den Zustand einer mehr oder weniger großen Desintegration geraten waren. Die Praktiken der auf diese Weise entstandenen satanistischen Gemeinden, in denen es regelmäßig zu neuen, gruppeninternen Normbildungen kam, ermöglichten sowohl den Ausdruck des Protestes wie *eine kompensatorische Erfüllung* der von der institutionalisierten Kultur enttäuschten Erwartungen. Der Fanatismus der Satanisten und ihrer Verfolger entspricht der Erfahrung, daß Konflikte zwischen Gruppen um so heftiger sind, je näher sich die einander bekämpfenden Gruppen stehen[2], handelt es sich ja beim Satanskult um eine direkte Pervertierung des kirchlichen Kultes durch Apostaten.
Der Satanskult wäre unter verschiedenen *gruppensoziologischen* und teilweise auch *massensoziologischen Gesichtspunkten* (letzteres vor allem in bezug auf den spätmittelalterlichen Hexensabbat) zu untersuchen[3]. Wir werden uns darauf beschränken, an den entsprechenden Stellen Marginalbemerkungen zu dieser Thematik zu machen.
Alfred Weber sagt in seinem Werk ›Kulturgeschichte als Kultursoziologie‹, er glaube nicht, daß eine »kollektive Aktivität wirklich zu wecken ist, wenn nicht das unmittelbar erfaßte Menschen- und Daseinsbild innerlich in irgendeiner, wenn auch vielleicht unbewußten Art einen transzendenten Hintergrund besitzt. Nur auf dieser Ebene sind die Erfahrungen, die dafür nötig sind, zu machen, Erfahrungen, welche die erforderliche seelische Kraft auslösen.«[4] In diesen Worten wird auf jenen Bereich verwiesen, den die Religionsphänomenologie *im Unterschied zur Soziologie*

im Auge hat. Unsere Aufmerksamkeit muß sich also auf den im Satanskult zur Erscheinung gelangenden ›transzendenten Hintergrund‹ konzentrieren.

3. Die psychopathologischen Züge des Satanskultes

Im engen Sinne des Begriffes versteht man unter Psychopathien »seelische Abwegigkeiten angeborenen Charakters, die dauernd vorhanden sind und keinen prozeßhaften Verlauf aufweisen, sondern stationär bleiben«[1]. So definiert grenzen sich die Psychopathien einerseits gegen die prozeßhaft verlaufenden Psychosen, andererseits gegen die erworbenen seelischen Krankheiten, die Neurosen, ab. Im folgenden gebrauchen wir jedoch die Bezeichnung ›psychopathisch‹ *im weiten Sinne:* Wir meinen damit ›seelisch krankhaft‹ überhaupt.

Schon ein oberflächlicher Überblick über die Erscheinungsformen des Satanskultes läßt erkennen, daß die Initiatoren und die Teilnehmer derartiger Riten in sehr vielen Fällen als psychopathische oder zumindest als in dieser Richtung außerordentlich gefährdete Persönlichkeiten angesehen werden müssen. Es wäre hingegen – wie bereits in der Einführung betont – dem Phänomen durchaus inadäquat, den Satanskult einfach aus psychopathologischen Voraussetzungen ableiten zu wollen. Daher betrifft dieses Kapitel *nur einen begrenzten Aspekt* des Gegenstandes unserer Untersuchung.

Zunächst ist zu sagen, daß seelische Abnormität eine besonders günstige *Bedingung* für die Realisierung extremer Verhaltensweisen darstellt, eine Tatsache, die ja auch für eine relativ hohe Zahl von Heiligen und deren Nachahmer – hier allerdings mit entgegengesetzten Konsequenzen – zutrifft. Sodann gewährt der Satanskult seinen Anhängern in hohem Maße die Möglichkeit, abnorme, das heißt von der Normalgesellschaft verpönte *Triebbefriedigungen* zu finden, worin ein wesentlicher Grund für seine Attraktionskraft auf seelisch Kranke liegt.

Will man den Satanskult einer näheren psychopathologischen Analyse unterziehen, so ist es notwendig, zwischen dem Gesichtspunkt der männlichen und dem der weiblichen Psychologie zu unterscheiden.

In Hinblick auf *die männliche Psychologie* hat Sigmund Freud (dem wir hier nur in seiner psychoanalytischen Deutung, nicht aber in seiner psychologistischen Reduzierung des Gedeuteten folgen) in seiner 1923 veröffentlichten Arbeit ›Eine Teufelsneurose im siebzehnten Jahrhundert‹[2] aufgewiesen, daß die Figur des Teufels als Projektionsträger *der negativen Seite der Vater-Imago* fungiert. Wegen der Wichtigkeit dieses Gesichtspunktes folge ein etwas ausführlicheres Zitat: »Es braucht nicht viel analytischen Scharfsinns, um zu erraten, daß Gott und Teufel ursprünglich identisch waren, eine einzige Gestalt, die später in zwei mit entgegengesetzten Eigenschaften zerlegt wurde.[3] In den Urzeiten der Religionen trug Gott selbst noch alle die schreckenden Züge, die in der Folge zu einem Gegenstück von ihm vereinigt wurden. Es ist der uns wohlbekannte Vorgang der Zerlegung einer Vorstellung mit gegensinnigem – ambivalentem – Inhalt in zwei scharf kontrastierende Gegensätze. Die Widersprüche in der ursprünglichen Natur Gottes sind aber eine Spiegelung der Ambivalenz, welche das Verhältnis des Einzelnen zu seinem persönlichen Vater beherrscht. Wenn der gütige und gerechte Gott ein Vaterersatz ist, so darf man sich nicht darüber wundern, daß auch die feindliche Einstellung, die ihn haßt und fürchtet und sich über ihn beklagt, in der Schöpfung des Satans zum Ausdruck gekommen ist. Der Vater wäre also das individuelle Urbild sowohl Gottes wie des Teufels.«[4] Und in einer Anmerkung sagt Freud: »Wenn man sich getraut, die Idee des Teufels als Vaterersatz kulturgeschichtlich zu verwerten, so kann man auch die Hexenprozesse des Mittelalters in einem neuen Lichte sehen.«[5] Daß der christliche Teufelshaß im männlich-inquisitorischen Sinne auf dieser Grundlage gut interpretiert werden kann, liegt auf der Hand. Wie aber verhält es sich mit dem antichristlichen Teufelskult?

Um letzteren zu verstehen, muß die Wirksamkeit von zwei sogenannten ›*Abwehrmechanismen*‹ angenommen werden.[6] Den ersten hat die Psychoanalyse als ›Verkehrung ins Gegenteil‹ beschrieben. In unserem Falle heißt das: der ödipale Haß gegen die durch den Satan repräsentierte negative, kastrierende Seite der Vater-Imago wird – unter Zuhilfenahme einer Überkompensierung, einer sogenannten ›Reaktionsbildung‹ in Form der rituellen Verfestigung – in Liebe umgewandelt; dabei wird der negative Aspekt der Vater-Imago selbst ins Gegenteil verkehrt, indem aus dem feindlich-kastrierenden ein in jeder Weise potenzverleihender Vater gemacht wird. Hinzu aber kommt die Tätigkeit eines zweiten Abwehrmechanismus: die ›Identifizierung mit dem Angreifer‹. Man versteht darunter die Introjektion des Angstobjektes, die der Umwandlung von Angst in Sicherheit dient. In einer auffälligen Analogie zur Teilhabe der Christen am ›Corpus Christi mysticum‹ identifizieren sich die Satanisten mit der Satansgestalt und ihren negativen Tendenzen, woraus ihr aggressives Verhalten gegenüber der christlichen Gesellschaft entspringt. Vermittels dieser ›Ableitung‹ des Negativen wird die Kampffront gewissermaßen aus dem Innern nach Außen verlegt[7]: nachdem die Innenwelt der Psyche durch die Abwehrmechanismen abgesichert ist, vollzieht sich die Auseinandersetzung mit der negativen Vater-Imago in der Außenwelt, das heißt im Streit mit den Leitbildern des traditionellen Christentums.

Betrachtet man den Satanskult unter dem Blickpunkt *der weiblichen Psychologie*, so verändert sich das Bild. Auch hier repräsentiert der Satan eine Seite der Vater-Imago, jedoch nicht die negative, sondern die den unvollständig verdrängten frühkindlichen Triebregungen *entgegenkommende Seite*. Wenn man sieht, welch entscheidende Rolle im Satanskult der Frauen das Motiv der sexuellen Vereinigung mit dem Teufel (oder mit dessen Stellvertretern) spielt, wird man annehmen müssen, daß dieser – per Projektion – für seine weiblichen Anhänger jenes ödipale Liebesobjekt darstellt, dessen Unerreichbarkeit nicht verwunden wurde und das nun, im Satanskult, endlich verfügbar wird. (Auch dazu gibt es in der christlichen Tradition Parallelen, man denke an die oft sexuell getönten Gotteserlebnisse der Mystikerinnen.) Wieder wird ein Abwehrmechanismus wirksam, er betrifft jedoch bei den Frauen die gegenteiligen, sich auf *die Mutter* beziehenden Haß-Impulse. Durch den Vorgang der ›Objektverschiebung‹ werden diese auf die christliche Umwelt ge-

richtet, wodurch auch hier die Kampffront von innen nach außen verlegt wird.
Im Rahmen der satanistischen Kultgemeinschaften hingegen, wo die Frau – aus später zu erörternden Gründen – meist in quantitativ und qualitativ dominierender Weise (letzteres beispielsweise als ›Königin des Hexensabbats‹) auftritt, ermöglicht sie *den Männern* die Projektion ihres ödipalen Wunschobjektes, das heißt *der Mutter-Imago*, und die Befriedigung der entsprechenden libidinösen Strebungen. In dieser Hinsicht besaßen die mittelalterlichen Hexen auch für ihre Verfolger größte Faszinationskraft, die auf dem Weg über den erwähnten Mechanismus der ›Verkehrung ins Gegenteil‹ in haßerfüllte Austilgungssucht verwandelt wurde.
Im ganzen gesehen steht der Satanskult, psychopathologisch betrachtet, im Zeichen *einer umfassenden Regression* im psychoanalytischen Sinne, also eines Rückfalles in frühkindliche Phasen der Triebentwicklung. Dabei fungiert die Satansgestalt nicht nur als Vater-Imago im engen Sinne, sondern auch als die diese Regression ausdrücklich konzedierende und damit Schuldgefühle fernhaltende väterliche Instanz oder – innerpsychisch aufgefaßt – als *gewährendes Über-Ich.* Neben der regressiven Erfüllung inzestuöser Triebwünsche (streckenweise sogar in direkt-familiärer Form) sowie der ihnen korrespondierenden aggressiven Triebwünsche verschafft der Satanskult seinen Teilnehmern eine besonders umfassende Möglichkeit zur Regression auf die sogenannte anal-sadistische Stufe der Triebentwicklung. Es ist einleuchtend, daß er so zum Sammelbecken für in vielerlei Art psychopathisch geprägte Menschen wird.
Zum Thema der Psychopathologie des Satanskultes konnte nur einiges umrißhaft sichtbar gemacht werden. Auf manches werden wir noch zurückkommen, prinzipiell aber bewegt sich unsere Untersuchung in anderer Richtung, in die Richtung *jenes Horizontes,* in dem auch die psychopathologischen Gegebenheiten erst ihren richtigen *Stellenwert* erhalten können.

ZEUGNISSE FÜR DEN SATANSKULT
UND DIE SCHWARZE MESSE

1. Grenzphänomene des Satanskultes in den ersten christlichen Jahrhunderten

In der ersten Entwicklungsphase des Satanskultes handelt es sich insofern um Grenzphänomene, als in den satanistisch gefärbten Ritualen noch nicht eine dem christlichen Gott beziehungsweise Christus ausdrücklich entgegengesetzte Gestalt erscheint. Es *fehlt* noch *die Vereinigung* des Bildes vom Satan mit den zentralen Vorstellungen, die diesen Kultformen zugrunde liegen.

a) Gnostische Kulte: das Phibioniten- und das Ophitenmahl

1. *Die Phibioniten* gehören zu einer Gruppe von gnostischen Sekten, die Hans Leisegang unter der Bezeichnung ›Barbelo-Gnostiker‹ zusammenfaßt[1], weil im Mittelpunkt der Lehre dieser Richtungen die Figur der ›Barbelo‹ (oder ›Barbero‹) steht. Barbelo – über die Ableitung des Namens bestehen verschiedene Ansichten[2] – ist die ›obere‹, das heißt in der göttlichen Seinsfülle, dem Pleroma des Vaters, befindliche ›Mutter‹. Als solche stellt sie eine Verkörperung der asiatisch-ägyptischen Großen Muttergottheit dar. Ihr Gegenspieler ist ihr Sohn, der ›Archon dieser Welt‹, der böse Schöpfergott, dem es gelungen ist, durch seine Geschöpfe der Mutter die göttlichen Kräfte zu rauben und sie in die Welt hinein zu zerstreuen. Die Sendung der Gnostiker besteht darin, diese Kräfte dem Archon zu entreißen und sie den ›oberen Himmeln‹ und damit der Allmutter wieder zuzuführen. Dem so verstandenen Erlösungswerk ist der Kult geweiht.

Die Gemeinschaft der Phibioniten entstand in Syrien (wo sie ›Koddianer‹ hießen). Sie breitete sich sowohl nach Armenien wie nach Ägypten aus. Um das Jahr 200 drangen Phibioniten-Kreise *in die christliche Kirche* ein, und aus der Verschmelzung ihrer ursprünglichen Riten mit der christlichen Eucharistiefeier bildete sich das Phibionitenmahl.[3]

Gegen das Jahr 335 kam der – damals etwa zwanzigjährige – Kirchenlehrer Epiphanius von Salamis in Ägypten mit den Phibioniten in engere Berührung. Er studierte ihre Schriften und ihren Kult und hätte sich beinahe dazu überreden lassen, der Sekte, deren Mitglieder Angehörige der christlichen Gemeinden waren, beizutreten. Epiphanius sagte sich jedoch nach einiger Zeit von den Phibioniten los und zeigte sie, als diese über ihn spotteten, bei den kirchlichen Behörden an, worauf an die achtzig Anhänger der Sekte aus der Kirche ausgestoßen wurden. Der folgende Bericht des Epiphanius kann also geradezu als Augenzeugenbericht angesehen werden:

Epiphanius, Panarion haer. XXVI, 4. 5,
ed. Holl I, S. 280 ff. (Migne PG XLI, 337 ff.). – Übers. Leisegang, S. 190 ff.

»(4) . . . κοινὰς τὰς ἑαυτῶν γυναῖκας ἔχουσιν. Καὶ εἴ τις ξένος παραγένοιτο τοῦ αὐτῶν δόγματος, σημεῖόν ἐστι παρ' αὐτοῖς ἀνδρῶν πρὸς γυναῖκας καὶ γυναικῶν πρὸς ἄνδρας, ἐν τῷ ἐκτείνειν τὴν χεῖρα, δῆθεν εἰς ἀσπασμόν, ὑποκάτωθεν τῆς παλάμης ψηλάφησίν τινα γαργαλισμοῦ ἐμποιεῖν, διὰ τούτου ὑποφαίνοντες ὡς τῆς αὐτῶν θρησκείας ἐστὶν ὁ παραγενόμενος. Ἐντεῦθεν λοιπὸν ἐπιγνόντες ἀλλήλους τρέπονται εὐθὺς εἰς ἑστίασιν · δαψιλῆ δὲ τὰ ἐδέσματα κρεοφαγίας καὶ οἰνοποσίας παρατιθέασι, κἂν τε πένητες εἶεν. Ἐκ τούτου δὲ συμποσιάσαντες καὶ ὡς ἔπος εἰπεῖν τὰς φλέβας τοῦ κόρου ἐμπλήσαντες ἑαυτῶν εἰς οἶστρον τρέπονται. Καὶ ὁ μὲν ἀνὴρ τῆς γυναικὸς ὑποχωρήσας φάσκει λέγων τῇ ἑαυτοῦ γυναικὶ ὅτι ›ἀνάστα, ποίησον τὴν ἀγάπην μετὰ τοῦ ἀδελφοῦ‹. Οἱ δὲ τάλανες μιγέντες ἀλλήλοις καί, ὡς ἐπὶ ἀληθείας αἰσχύνομαι εἰπεῖν τὰ παρὰ τοῖς αὐτοῖς αἰσχρὰ πραττόμενα (ὅτι κατὰ τὸν ἅγιον ἀπόστολον τὰ παρ' αὐτοῖς γινόμενα ›αἰσχρόν ἐστι καὶ λέγειν‹[a]), ὅμως οὐκ αἰσχυνθῶ λέγειν ἃ αὐτοὶ ποιεῖν οὐκ αἰσχύνονται, ἵνα κατὰ πάντα τρόπον φρῖξιν ἐργάσωμαι τοῖς ἀκούουσι τὰ παρ' αὐτῶν τολμώμενα αἰσχρουργήματα – μετὰ γὰρ τὸ μιγῆναι πάθει πορνείας πρὸς ἐπὶ τούτοις ἀνατείνοντες τὴν ἑαυτῶν βλασφημίαν εἰς οὐρανὸν δέχεται μὲν τὸ γύναιον καὶ ὁ ἀνὴρ τὴν ῥύσιν τὴν ἀπὸ τοῦ ἄρρενος εἰς ἰδίας αὐτῶν χεῖρας καὶ ἵστανται εἰς οὐρανὸν ἀνανεύσαντες, ἐπὶ χεῖρας δὲ ἔχοντες τὴν ἀκαθαρσίαν καὶ εὔχονται δῆθεν, οἱ μὲν Στρατιωτικοὶ καλούμενοι καὶ Γνωστικοί, τῷ πατρὶ φύσει τῶν ὅλων προσφέροντες αὐτὸ τὸ ἐπὶ ταῖς χερσί, καὶ λέγουσιν ›ἀναφερομέν σοι τοῦτο τὸ δῶρον, τὸ σῶμα τοῦ Χριστοῦ‹. Καὶ οὕτως αὐτὸ ἐσθίουσι μεταλαμβάνοντες τὴν ἑαυτῶν αἰσχρότητα καί φασι ›τοῦτό ἐστι τὸ σῶμα τοῦ Χριστοῦ καὶ τοῦτό ἐστι τὸ πάσχα, δι' ὃ πάσχει τὰ ἡμέτερα σώματα καὶ ἀναγκάζεται ὁμολογεῖν τὸ πάθος τοῦ Χριστοῦ‹. Ὡσαύτως δὲ καὶ τὸ ἀπὸ τῆς γυναικός, ὅταν γένηται αὐτὴν γενέσται ἐν ῥύσει τοῦ αἵματος, τὸ καταμήνιον συναχθὲν ἀπ' αὐτῆς αἷμα τῆς ἀκαθαρσίας ὡσαύτως λαβόντες κοινῇ ἐσθίουσι. Καὶ ›τοῦτο, φασίν, ἐστὶ τὸ αἷμα τοῦ Χριστοῦ.‹ (5) Διὸ καὶ ἐν ἀποκρύφοις ἀναγινώσκοντες ὅτι ›εἶδον δένδρον φέρον δώδεκα καρποὺς τοῦ ἐνιαυτοῦ καὶ εἶπέν μοι τοῦτό ἐστι τὸ ξύλον τῆς

»(4) . . . Sie haben ihre Frauen gemeinsam, und wenn einer dazukommt, dem ihre Lehre fremd ist, so haben die Männer gegenüber den Frauen und die Frauen bei den Männern ein Erkennungszeichen in der Art, wie sie die Hand zum Gruße geben, indem sie unter der Handfläche eine Art kitzelnder Berührung verursachen, wodurch sie herausbekommen, ob der Ankömmling zu ihrem Dienst gehört. Nachdem sie nun einander erkannt haben, gehen sie darauf sofort zur Mahlzeit. Üppige Speisen tragen sie auf, essen Fleisch und trinken Wein, auch wenn sie arm sind. Wenn sie so miteinander getafelt und sozusagen die Adern mit ihrem Überschuß an Kraft angefüllt haben, gehen sie zur Anreizung über. Und der Mann verläßt den Platz an der Seite seiner Frau und spricht zu seinem eigenen Weibe: Stehe auf und vollziehe die Agape mit dem Bruder. Die Unseligen aber vereinen sich miteinander, und wie ich mich in Wahrheit schäme, ihre schimpflichen Handlungen zu erzählen (weil, um mit den Worten des heiligen Apostels zu sprechen, das, was bei ihnen geschieht, ›auch zu sagen schändlich‹[a] ist), so werde ich mich dennoch nicht scheuen, das zu sagen, was sie zu tun sich nicht scheuen, damit ich in jeder Hinsicht bei den Lesern der von ihnen verübten Unzüchtigkeiten einen Schauder errege. Nachdem sie sich nämlich vereint haben, erheben sie, nicht genug an dem Laster der Hurerei, noch ihre eigene Schande gen Himmel: Weib und Mann nehmen das, was aus dem Manne geflossen ist, in ihre eigenen Hände, treten hin, richten sich nach dem Himmel zu auf mit dem Schmutz an den Händen und beten als sogenannte Stratiotiker und Gnostiker, indem sie dem Vater, der Allnatur, das, was sie an den Händen haben, selbst darbringen mit den Worten: ›Wir bringen dir diese Gabe dar, den Leib des Christus.‹ Und dann essen sie es, kommunizieren ihre eigene Schande und sagen: ›Das ist der Leib des Christus, und das ist das Passah, um dessentwillen unsere Leiber leiden und gezwungen werden, das Leiden des Christus zu bekennen.‹ So machen sie es auch mit dem Abgang des Weibes, wenn es in den Zustand des Blutflusses gerät. Das von ihrer Unreinheit gesammelte Menstrualblut nehmen sie

ζωῆς‹[b], αὐτοὶ ἀλληγοροῦσιν εἰς τὴν κατὰ μῆνα γινομένην γυναικείαν ῥύσιν.

ebenso und essen es gemeinsam. Und sie sagen: ›Das ist das Blut Christi.‹ (5) Und wenn sie daher in der Apokalypse lesen: ›Ich sah einen Baum, der trug zwölfmal Früchte im Jahre, und er sprach zu mir: das ist der Baum des Lebens‹[b], so deuten sie das allegorisch auf den in jedem Monat eintretenden weiblichen Blutgang.

Μισγόμενοι δὲ μετ' ἀλλήλων τεκνοποιίαν ἀπαγορεύουσιν. Οὐ γὰρ εἰς τὸ τεκνοποιῆσαι παρ' αὐτοῖς ἡ φθορὰ ἐσπούδασται ἀλλ' ἡδονῆς χάριν, τοῦ διαβόλου ἐμπαίζοντος τοῖς τοιούτοις καὶ καταχλευάζοντος τὸ ἐκ θεοῦ πλάσμα πεπλασμένον. Ἀλλὰ τὴν μὲν ἡδονὴν ἐπιτελοῦσιν, εἰς ἑαυτοὺς δὲ ἀπολαμβάνουσι τὰ τῆς ἀκαθαρσίας αὐτῶν σπέρματα, μὴ εἰς τεκνογονίαν καταβαλλόμενοι, ἀλλ' αὐτοὶ τὸ τῆς αἰσχρότητος ἔσθοντες. Ἐὰν δὲ καὶ προληφθῇ τις αὐτῶν ἐγκατασπεῖραι, τὴν καταβολὴν τῆς κατὰ φύσιν [αὐτῶν] ἀπορροίας καὶ ἐγκυμονήσῃ ἡ γυνή, τί δεινότερον τολμῶσιν οἱ τοιοῦτοι ἄκουε. Κατασπάσαντες γὰρ τὸ ἔμβρυον καιρῷ οἵῳ δᾶν ἐπιχειρήσωσι, λαμβάνουσιν ἐκτρωθὲν τοῦτο τὸ βρέφος καὶ ἐν ὅλμῳ τινὶ κόπτουσιν ὑπέρῳ, καὶ ἐγκαταμίξαντες μέλι καὶ πέπερι καὶ ἄλλα τινὰ ἀρώματα καὶ μύρα πρὸς τὸ μὴ ναυτιᾶν αὐτοὺς οὕτως συναχθέντες πάντες οἱ τῆς τῶν χοίρων τούτων καὶ κυνῶν θιασῶται μεταλαμβάνουσιν ἕκαστος τῷ δακτύλῳ ἀπὸ τοῦ κατακοπέντος παιδίου. Καὶ οὕτως τὴν ἀνθρωποβορίαν ἀπεργασάμενοι εὔχονται λοιπὸν τῷ θεῷ, ὅτι οὐκ ἐνεπαίχθημεν, φησίν, ἀπὸ τοῦ ἄρχοντος τῆς ἐπιθυμίας, ἀλλὰ συνελέξαμεν τὸ παράπτωμα τοῦ ἀδελφοῦ. Καὶ δῆθεν τοῦτο τὸ τέλειον πάσχα ἡγοῦνται.

Wenn sie sich aber auch miteinander vermischen, so lehren sie doch, daß man keine Kinder zeugen dürfe. Denn nicht zur Kinderzeugung wird bei ihnen die Schändung betrieben, sondern um der Lust willen, da der Teufel mit ihnen sein Spiel treibt und das von Gott geschaffene Gebilde verhöhnt. Sie treiben aber die Wollust bis zur Vollendung, nehmen den Samen ihrer Unreinheit für sich und lassen ihn nicht zur Kindererzeugung tiefer eindringen, sondern essen die Frucht ihrer Schande selbst. Wenn aber einer von ihnen dabei ertappt wird, daß er den natürlichen Samenerguß tiefer einströmen ließ und das Weib schwanger wurde, so höre, was sie noch Schlimmeres unternehmen: Sie reißen nämlich den Embryo heraus zu dem Zeitpunkt, wo sie ihn mit den Händen fassen können, nehmen diese Fehlgeburt und zerstoßen sie in einer Art Mörser mit der Mörserkeule, und hierein mengen sie Honig und Pfeffer und andere bestimmte Gewürze und wohlriechende Öle, damit es sie nicht ekelt, und dann versammeln sie sich alle, diese Genossenschaft von Schweinen und Hunden, und jeder kommuniziert mit dem Finger von dem zerstampften Kinde. Und nachdem sie diesen Menschenfraß vollbracht haben, beten sie schließlich zu Gott: ›Wir ließen nicht Spiel mit uns treiben vom Archon der Lust, sondern sammelten die Verfehlung des Bruders.‹ Auch das halten sie nämlich für das vollkommene Passah.

Ἄλλα δὲ ὅσα δεινὰ αὐτοῖς τετόλμηται. Ὅταν γὰρ πάλιν ἐμμανεῖς ἐν ἑαυτοῖς γένωνται, φύραντες ἑαυτῶν τὰς χεῖρας τῇ ἑαυτῶν αἰσχρότητι τῆς ἀπορροίας ἐγείρονται καὶ τὰς ἑαυτῶν μεμολυσμένας ἔχοντες χεῖρας εὔχονται γυμνοὶ ὅλῳ τῷ σώματι, ὡς διὰ τῆς τοιαύτης ἐργασίας εὑρίσκειν πρὸς θεὸν τὴν παρρησίαν. Τὰ σώματα δὲ αὐτῶν νύκτωρ τε καὶ μεθ' ἡμέραν τημελοῦσι, γυναικάρια καὶ ἀνθρωπάρια,

Noch vielerlei anderes Abscheuliche wird von ihnen unternommen. Wenn sie nämlich wieder einmal unter sich in Ekstase geraten sind, besudeln sie ihre Hände mit der Schande ihres Samenergusses, strecken sie aus und beten mit den befleckten Händen und nackt am ganzen Körper, um durch diese Handlung eine freie Aussprache mit Gott finden zu können. Ihre Leiber aber pflegen sie bei Nacht und bei Tage,

μυριζόμενοι λουόμενοι θοιναζόμενοι, κοίταις τε καὶ μέθαις σχολάζοντες. Καὶ καταρῶνται τὸν νηστεύοντα, λέγοντες, οὐ δεῖ νηστεύειν· τοῦ γὰρ ἄρχοντος τούτου τοῦ ποιήσαντος τὸν αἰῶνά ἐστιν ἡ νηστεία. Δεῖ δὲ τρέφεσθαι εἰς τὸ τὰ σώματα εἶναι ἰσχυρά, εἰς τὸ δύνασθαι τὸν καρπὸν ἀποδιδόναι κατὰ καιρὸν αὐτοῦ.«

Weiber und Männer, mit Salben, Baden und Speisen und widmen sich dem Schlaf und Trunk. Wer aber fastet, den verwünschen sie und sagen: man darf nicht fasten; denn das Fasten ist ein Werk dieses Archons, der den Äon geschaffen hat. Man muß sich vielmehr nähren, damit die Körper kräftig sind, auf daß sie Frucht bringen können zu ihrer Zeit.«

[a] Eph. V, 12.
[b] Frei nach Apokal. XXII, 2.

Ein *Erkennungszeichen,* wie es der Text anfangs beschreibt, finden wir in vielen Geheimgesellschaften, so auch bei den frühen Christen der Verfolgungszeit. Wenn die Phibioniten sich beim Erkennungsgruß an den Innenflächen der Hände kitzeln, so liegt – in Hinblick auf den Charakter ihres Kultes – die Vermutung nahe, daß dabei eine erotische Komponente mitspielt.[4]

Am Beginn des Rituals stehen die Mahlzeit und der Vollzug der ›Agape‹. Die Mahlzeit ist ausgesprochen üppig, und die Agape besteht in der sexuellen Vereinigung der Teilnehmer. Damit ist ein krasser Gegensatz zur Einstellung der alten Kirche gegeben, die einen konzentrierten Ausdruck in der – in Zusammenhang mit der Bekehrung des heiligen Augustinus berühmt gewordenen – Stelle des Römerbriefes findet, in der Paulus dazu auffordert, »nicht in Schwelgereien und Gelagen, nicht in Wollust und Ausschweifung« zu leben, sondern die Werke der Finsternis abzulegen (XIII, 13). Es hieße jedoch, den Sinn des Phänomens verfehlen, wollte man es bei dieser Feststellung bewenden lassen. *Mahl und sexuelle Vereinigung* sind ja hier ›res sacrae‹, *heilige Verrichtungen.*

Das gemeinsame Essen und Trinken dient – in Entsprechung zur altchristlichen Agapefeier (die bis zum Ende des zweiten Jahrhunderts die Eucharistiefeier einleitete und sich erst dann als Sonderbrauch von ihr ablöste) und zu zahlreichen Bräuchen in vielen religiösen Traditionen – dazu, die Glieder der Kultgemeinschaft miteinander zu verbinden und sie zu wirklichen Teil-nehmern des Mysteriums zu machen. Die Üppigkeit der Mahlzeit hat einen deutlich *antispiritualistischen Zug:* während die christliche Kirche die materielle Seite der beim Kult gebrauchten Substanzen und der kultischen Aktionen möglichst beschränkt und das Schwergewicht auf die geistig-unsichtbare Wirkung legt (ein Faktum, auf das wir später näher zu sprechen kommen werden), wird hier das Stoffliche außerordentlich stark betont. Hinzu aber kommt etwas Wesentliches. Die Gnostiker haben die Aufgabe, möglichst viele der vom Archon in die Geschöpfe und somit auch in die Tiere und Pflanzen hineingebannten Kräfte zu befreien und sie zu *sammeln* (συλλέγειν), um sie der Weltpsyche – hier der Barbelo – wiederzuzuführen. Dieses Befreien und Einsammeln geschieht nun gerade im Akt des Essens. Daher garantiert die Üppigkeit des Mahles, daß möglichst viele Kräfte eingefangen und ihrem himmlischen Ursprung zugeleitet werden können.

Was den antispiritualistischen Charakter angeht, so ist dieser noch deutlicher beim Vollzug der Agape. Die Kirche meint mit dem griechischen Wort ›Agape‹ die spirituelle Liebe im Gegensatz zur sinnlichen Liebe. Hier aber entspricht das ›ποιεῖν τὴν ἀγάπην‹ genau dem französischen ›faire l'amour‹, das heißt der Begriff ›Agape‹ wird *ganz konkret und körperlich* verstanden. In ihrer spiritualistischen Grundhaltung erkennt die christliche Tradition dem Sexualakt nur innerhalb der legitim geschlossenen Einehe einen religiösen Symbolwert zu, für die Phibioniten aber hat der Akt als solcher – in Übereinstimmung mit den Hierosgamos- (Heilige Hochzeits-)Riten vieler Völker – eine kultisch-symbolische Funktion. Die Promiskuität (»sie haben ihre Frauen gemeinsam«) unterstreicht, wie es bei den entsprechenden Bräuchen oft der Fall ist, den überpersönlichen Aspekt des sexuellen Ritus. Dieser erscheint vom christlichen Standpunkt aus natürlich als bloßes Suchen nach ›ἡδονή – Lust‹, das Epiphanius auf teuflischen Einfluß zurückführt, eine Interpretation, die eine spezifische Rechtfertigung dafür ist, das Phibionitenmahl als Grenzphänomen des Satanskultes zu behandeln.

Nach Vorschrift der Phibioniten darf der sexuelle Akt *nicht zur Kindererzeugung* führen, vielmehr wird das Sperma aufgefangen, um beim folgenden Ritus Verwendung zu finden. Der Gegensatz zur christlichen Lehre ist hier extrem: nach Meinung der Theologen ist die Erzeugung von Nachkommenschaft einer der wichtigsten Zwecke – nach etlichen sogar der erste Zweck (finis primarius) – der sexuellen Vereinigung, weswegen die katholische Moraltheologie alle mechanischen Praktiken, dieses Ziel auszuschließen, streng verbietet. Manche mittelalterliche Theologen sind sogar so weit gegangen, zu behaupten, daß aus dem Samen, der seiner natürlichen Bestimmung entzogen werde, Dämonen gezeugt würden.

Zum Verständnis der von den Phibioniten geforderten Verhütung von Nachkommenschaft muß man wissen, daß nach der zugrundeliegenden gnostischen Anschauung der Samen an sich als Träger himmlischer Kraft etwas Gutes und Göttliches ist, die Zeugung neuer Menschen aber zu verhindern ist, um das Reich des die Geschöpfe beherrschenden Archon möglichst klein zu halten. Der Archon soll also beim Sexualakt *gleichsam überlistet* werden.

Es folgt nunmehr *die Darbringung des Spermas* (das Epiphanius hier als ›ἀκαθαρσία – Schmutz‹ bezeichnet). Die Phibioniten erheben ihre das Sperma tragenden Hände gegen den Himmel – nach Aussage des Schlußabsatzes unseres Textes sind sie dabei nackt – und richten an Gottvater die Worte: ›Wir bringen dir diese Gabe dar (ἀναφέρομεν), den Leib des Christus.‹ Es handelt sich um eine genaue Parallele zur kirchlichen Darbringung der Opfergaben, zur sogenannten ›Anaphora‹. Um die Bedeutung dieser Handlung sichtbar zu machen, muß zunächst etwas näher auf die Symbolik des Spermas bei den Gnostikern aufmerksam gemacht werden.

Nach uralter Vorstellung ist das *Sperma* ein mit geheimnisvoller Macht, mit *Mana*[5] geladener Stoff. Deshalb spielt es in vielen magischen Riten eine Rolle, so auch im antiken Volksglauben.[6] Auf einer höheren Stufe wird das Sperma unmittelbar mit dem *Pneuma*, dem lebenerweckenden Geisthauch assoziiert, eine Verbindung, die besonders deutlich bei Demokrit, bei Aristoteles und in der Stoa erscheint.[7] Die Septuaginta hat das hebräische Wort für den am Anfang der Schöpfung über den

Wassern schwebenden Geist Gottes (›rūaḥ‹) mit ›πνεῦμα‹ übertragen. Daran knüpft die gnostische Spekulation an. Man glaubt, »daß dieses Pneuma nichts anderes als Sperma, als lebenzeugender, die Welt und den Menschen schaffender Stoff ist. Als solcher ist das Pneuma das Göttliche überhaupt, und der Mensch besitzt es in seinem eigenen Samen ... Sich mit Gott verbinden, heißt nun, seinen Samen mit der Zeugungssubstanz des Weltalls in eins verschmelzen. Erlöst werden, heißt jetzt, seinen Samen der irdischen Bestimmung entziehen und dem himmlischen Urquell allen Samens wieder zuführen.«[8]

Wenn das Sperma beim Phibionitenmahl – entsprechend dem Brot in der kirchlichen Liturgie – zum Leib Christi wird, so beruht dies auf zwei Voraussetzungen. Einmal liegt hier ein Rückgriff auf jene frühchristliche, vornizänische Auffassung vor, nach der Christus und Heiliger Geist, Logos und Pneuma, nahezu als dasselbe gelten[9], sodann wird Christus als das Pneuma mit dem nach gnostischer Anschauung im Sperma anwesenden göttlichen Pneuma identifiziert.

In der Abendmahlsliturgie der Kirche stellt die Anaphora das Kernstück dar; sie hat hymnischen Charakter und umfaßt eine Reihe von festen Strukturelementen (Eucharistia, Anamnese, Epiklese).[10] Die Anaphora hat zwei Grundgedanken: den der Konsekration und den der Opferung. Die phibionitische Anaphora beschränkt sich auf *den Opferaspekt* und drückt diesen in einem einzigen Satz aus (wie es in den alten Liturgie-Formularen meist am Ende der Anamnese, dem Gedächtnis des Heilswerkes Christi, geschieht). Durch die Darbringung des Spermas an die Allnatur des Vaters, in dessen Pleroma die Allmutter ruht, wird die Gewalt des Archon, der die göttlichen Kräfte aus den Himmeln raubte, gebrochen: in Gestalt des Spermas konzentrieren sich diese Kräfte in Christus, dem ›Gegen-Archon‹, und kehren als ›δῶρον – Gabe‹ zu ihrem Ursprung zurück.

Als Grund für die liturgische *Nacktheit* der Phibioniten wird von Epiphanius die Ermöglichung einer besonders freien Annäherung an Gott angegeben. Die bei vielen Völkern verbreitete sakrale Nacktheit[11] hat oft diese Bedeutung. In unserem Falle spielt sicherlich auch der sexuelle Gesichtspunkt mit.

Auf die Anaphora folgt die *Spermakommunion*. Nachdem durch die Darbringung des göttlichen, im Menschen ruhenden Geist-Stoffes an den Allvater der kultische Erlösungsakt eingeleitet worden ist, kommt er nun zur Vollendung, indem die das Sperma kommunizierenden Gnostiker in das Zurückströmen der himmlischen Kräfte einbezogen und damit erst in Wahrheit erlöst werden. Die bei der Kommunion gesprochenen – etwas abgewandelten – Einsetzungsworte des Abendmahls bringen *den konsekratorischen Aspekt* des rituellen Vollzuges zum Ausdruck, jedoch nicht im Sinne eines Mittels zur Herbeiführung der Konsekration, sondern als Feststellung, daß das kommunizierte Sperma konsekriert, das heißt Leib Christi ist.[12] In den weiteren Worten der Kommunionformel wird von dem *›Passah‹* gesprochen (später ›vollkommenes Pascha‹ genannt), das auf dem Weg über die volkstümliche Ableitung von ›πάσχα‹ aus ›πάσχειν‹[13] mit dem *Leiden Christi* gleichgesetzt wird. Die Worte meinen offensichtlich den ganzen kultischen Vollzug. Wie die kirchliche Eucharistiefeier als Erneuerung des Kreuzesopfers Christi und als Teilnahme des Menschen an ihm verstanden wird, so ist es auch hier, nur mit dem

Sinngehalt der gnostischen Spekulation. Das Leiden des im Sperma gegenwärtigen Christus besteht in seiner durch den Archon herbeigeführten Verbannung aus den Himmeln und seiner Ausstreuung in die Schöpfung. Der den Leib Christi unter der Gestalt des Spermas kommunizierende Gnostiker nimmt an diesem Leiden teil, das erst dann sein Ende finden wird, wenn der in die Welt ›ausgeflossene‹ Christus vollständig in das göttliche Pleroma zurückgekehrt ist, wenn also die Schöpfung, das Reich des Archon, nicht mehr existiert. Das Phibionitenmahl gewinnt somit – wie die christliche Liturgie – einen eschatologischen Aspekt: es ist Beginn und Vorwegnahme des Endes der Welt.

Vertritt das Sperma bei den Phibioniten das eucharistische Brot, so *das Menstrualblut* den eucharistischen Wein. Das Menstrualblut wird – wie das Sperma – seit den ältesten Zeiten als eine Substanz angesehen, die von Mana, also von übermenschlicher Macht erfüllt ist. Als Zaubermittel spielt es eine große Rolle, im glück- wie im unglückbringenden Sinne.[14] In der Antike faßte man das Menstrualblut nicht selten als *weiblichen Samen* auf. So sagt Plinius: »... dieses ist der Stoff zur Erzeugung des Menschen, mit welchem sich der Same des Mannes wie eine geronnene Masse vereinigt und mit der Zeit Leben und Form bekommt.«[15] Es ist anzunehmen, daß die parallele Verwendung des Menstrualblutes mit dem Sperma beim Phibionitenmahl auf dieser Anschauung beruht. Die himmlischen Kräfte sind also nicht nur im männlichen, sondern auch im weiblichen ›Sperma‹ anwesend. Außerdem aber erhält die rituelle Verwendung des Menstrualblutes im Phibionitenmahl noch eine besondere Bedeutung in Hinblick auf den Barbelo-Glauben: das dem Bereich des Matriarchalen zugehörende Menstrualblut ist ja ein spezielles Medium für die Kräfte der Großen Mutter.

So furchtbar *das Embryo-Mahl* der Phibioniten ist, von dem Epiphanius im weiteren Text berichtet, so konsequent erscheint es im Rahmen der religiösen Grundkonzeption dieser Sekte. Die Gefahr, daß das Reich des Archon durch die Geburt eines neuen Menschen vergrößert wird, muß beseitigt werden, und durch die Kommunion der Fehlgeburt wird die vom Archon in das entstandene Geschöpf hineingebannte göttliche Kraft wieder befreit und ›eingesammelt‹, damit sie der Allmutter erneut zur Verfügung gestellt werden kann. Die Phibioniten identifizieren sich dabei *mit dem negativen, verschlingenden Aspekt des* in der Barbelo personifizierten *Großen Weiblichen.* »Dieses furchtbare Weibliche ist die gierige Erde, welche ihre eigenen Kinder frißt und sich mit ihren Leichen mästet, der Totengeier und der Sarg, der fleischfressende Sarkophag, dessen zähnefletschendes Erdmaul gierig den Blut-Samen der Menschen und Tiere aufleckt ...«[16] Barbelo entspricht hier der grauenerregenden indischen Göttin Kali und die Phibioniten ihren Dienern.[17]

Das Christentum hat in seiner Lehre und in seinem Kult einseitig die helle und positive Seite des Großen Weiblichen akzeptiert (Ausführlicheres darüber später). Daher zieht sich die Manifestation des Negativ-Weiblichen in andere Bezirke zurück. Nur unter dem Gesichtspunkt eines Spaltungsvorganges ist der Gegensatz zwischen der heiligen Kirche und der unheiligen »Genossenschaft von Schweinen und Hunden«, wie Epiphanius die Phibioniten nennt, zu verstehen.

In Antithese zur kirchlichen Forderung nach Abtötung des Fleisches stehen die

Pflege des Körpers und die Ablehnung des Fastens bei den Phibioniten – auch hier wieder ein antispiritualistischer Zug. Für das Fastenverbot ist gleichzeitig wohl auch die Vorstellung vom ›Einsammeln‹ göttlicher Kräfte durch das Essen maßgebend.

2. Als *Ophiten* (von griechisch ›ὄφις‹ = ›Schlange‹) bezeichnen die Kirchenväter eine Familie von gnostischen Sekten, in deren Lehren und Kultbräuchen die Schlange im Mittelpunkt steht.[18] Hippolytus kennt drei ophitische Gemeinschaften: die Naassener, die Peraten und die Sethianer. Die folgende Schilderung des Epiphanius bezieht sich vermutlich auf die liturgische Praxis einer den Peraten[19] nahestehenden Gruppe:

Epiphanius, Panarion haer. XXXVII, 5,
ed. Holl I, S. 57 f. (Migne PG XLI, 648 f.).

»Ἔχουσι γὰρ φύσει ὄφιν τρέφοντες ἐν κίστῃ τινί, ὃν πρὸς τὴν ὥραν τῶν αὐτῶν μυστηρίων τοῦ φωλεοῦ προφέροντες καὶ στιβάζοντες ἐπὶ τραπέζης ἄρτους προσκαλοῦνται τὸν αὐτὸν ὄφιν· ἀνοιχθέντος δὲ τοῦ φωλεοῦ πρόεισι. Καὶ οὕτως ἀνελθὼν κατὰ τὴν αὐτοῦ φρόνησιν ὁ ὄφις καὶ πανουργίαν, ἤδη γινώσκων τὴν αὐτῶν μωρίαν ἄνεισιν ἐπὶ τὴν τράπεζαν καὶ ἐνειλεῖται τοῖς ἄρτοις. Καὶ ταύτην φασὶν εἶναι τελείαν θυσίαν. Ὅθεν καί, ὡς ἀπό τινος ἀκήκοα, οὐ μόνον κλῶσι τοὺς ἄρτους ἐν οἷς ὁ αὐτὸς ὄφις εἰλήθη καὶ ἐπιδιδόασι τοῖς λαμβάνουσιν, ἀλλὰ καὶ ἕκαστος ἀσπάζεται τὸν ὄφιν ἐκ στόματος, ἤτοι γοητείᾳ τινὶ ἐπᾳσθέντος τοῦ ὄφεως εἰς ἡμερότητα ἢ ἐξ ἑτέρας ἐνεργείας διαβόλου πρὸς ἀπάτην τούτων ὑποκοριζομένου τοῦ ζῴου. Προσκυνοῦσι δὲ τὸν τοιοῦτον, καὶ εὐχαριστίαν ταύτην ἐπιφημίζουσι τὴν δι' αὐτοῦ ἐνειληθέντος γεγενημένην καὶ αὖθις δι' αὐτοῦ, ὥς φασι, τῷ ἄνω Πατρὶ ὕμνον ἀναπέμποντες οὕτως τὰ μυστήρια αὐτῶν ἐπιτελοῦσι.«

»Sie halten nämlich eine natürliche Schlange und ziehen sie in einem Behälter auf, die sie zur Zeit ihrer Mysterien aus dem Schlupfwinkel hervorholen, und, während sie Brote auf einem Tisch anhäufen, rufen sie ebendiese Schlange herbei; wenn nun der Schlupfwinkel geöffnet ist, kommt sie hervor. Und wenn so die Schlange vermöge ihrer Weisheit und Klugheit herbeikommt und schon deren Dummheit erkennt, geht sie auf den Tisch und wälzt sich in den Broten. Und dies, sagen sie, sei das vollkommene Opfer. Und dann, wie ich von jemandem gehört habe, brechen sie nicht nur die Brote, in denen sich die Schlange gewälzt hat, und teilen sie an die Kommunizierenden aus, sondern jeder küßt auch die Schlange mit dem Munde, da die Schlange durch einen magischen Beschwörungsgesang zahm gemacht worden ist oder das Tier durch eine andere teuflische Kraft zu ihrer Täuschung milde gemacht worden ist. Sie werfen sich also vor diesem nieder und nennen dies Eucharistie, die das geworden ist durch sie [die Schlange], die sich herumgewälzt hat, und indem sie dann dem oberen Vater durch sie [die Schlange], wie sie sagen, einen Hymnus emporsenden, vollenden sie so ihre Mysterien.«

Zunächst müssen wir auf *die Symbolik der Schlange*[20] eingehen. Das soll etwas ausführlicher geschehen, da die Schlange bei allem, was mit dem Satan und dem Satanskult zusammenhängt, eine große Rolle spielt.

Dem Schlangensymbol begegnen wir auf seiner *ersten Bedeutungsebene* in Gestalt des Uroboros, der sich in den Schwanz beißenden Kreisschlange.[21] Als Uroboros stellt die Schlange eine kosmische – und psychische – *Ursprungssituation* dar, in der alle Gegensätze noch ungeschieden sind. Ein Bild der Ewigkeit vor allem Werden ist der Uroboros in Form der sich ringförmig um den Himmel windenden Tierkreis-Schlange.

Auf *der zweiten Bedeutungsebene* verkörpert die Schlange *die chthonisch-dunkle Seite* der Natur, des Menschlichen und des Göttlichen. Weil sie damit in den Bereich des Matriarchalen gehört, wird die Große Muttergottheit oft mit Schlangenattributen versehen (siehe Tafel 1). Psychologisch betrachtet symbolisiert die Schlange hier die Instinkt- und Triebsphäre oder das Unbewußte überhaupt. Dieser Sinngehalt ist etwa der Ansatzpunkt für die indische Vorstellung der Kundalinischlange, die im Rückenmark nach oben, das heißt zum Bewußtsein, aufsteigt. Auf der gleichen Ebene kann die Schlange auch den chthonisch-triebhaften Aspekt des Männlichen bedeuten (Schlange = Phallus).

Die dritte Bedeutungsebene wird in *dualistisch* bestimmten Religionssystemen erreicht. Das Schlangensymbol wird nunmehr ausgesprochen *ambivalent:* es hat einen negativen und einen positiven Bedeutungsaspekt.

Negativ tritt die Schlange, die häufig mit dem Drachen assoziiert wird, als *Urfeindin der himmlischen Götter oder des Göttlichen überhaupt* auf. Im Unterschied zur matriarchalen Kultur Kretas kennt die patriarchale Kultur Griechenlands – ohne dabei schon die hell-dunkle Ganzheit des Göttlichen aufzugeben – diesen Gegensatz, man denke an die schlangenförmigen Kinder der Gaia, an die Schlangengöttin Echidna, die Mutter der aus der Herakles-Erzählung bekannten Schlange von Lerna, oder an die Schlange der Hesperiden. Eine Schlange ist es, die Gilgamesch das Lebenskraut raubt. Im Alten Testament ist die Schlange die Versucherin im Paradiese, und als drachenförmiger Leviathan ist sie der Feind Jahwes. Aus der germanischen Mythologie sei der schlangenhafte Drache Nidhöggr genannt, der die Wurzeln der Weltesche Yggdrasil benagt und in Feindschaft mit dem Adler auf der Höhe des Baumes lebt, ebenso die Midgardschlange, die bei der Götterdämmerung ihre uroborische Funktion aufgibt und die Elemente entfesselt. Besonders ausgeprägt ist die negative Symbolik der Schlange im Christentum: hier wird sie – in Anknüpfung an die Paradies-Geschichte – zur Verkörperung des Teufels und der teuflischen Mächte (siehe Tafel 6 und 8). Psychologisch gesehen handelt es sich bei diesem Bedeutungsaspekt der Schlange um die Verbildlichung eines konträren Gegensatzes zwischen Trieb und Geist oder zwischen dem Unbewußten und dem Bewußtsein, wobei sich diese Spannung bis zur Unversöhnlichkeit steigert.

Es ist nun außerordentlich interessant, daß die Schlange schon früh einen vollkommen entgegengesetzten, *positiven Aspekt* erhält: sie wird – gleichzeitig – zur *Vermittlerin von Erkenntnis, Heil und Erlösung.* Als erhöhte ›eherne Schlange‹ bringt sie den Israeliten die Heilung vom Biß der Feuerschlangen (Lev. XXI, 8 f.), worin die christliche Symbolik ein Vor-Bild des gekreuzigten Erlösers sieht (Joh. III, 14 f. siehe Tafel 46). Die Schlange steht in enger Beziehung zum Heilgott

Asklepios. In der Spätantike gilt sie als Symbol des Geistes. So schreibt Philo von Biblos (erstes Jahrhundert nach Christus): »Von allen Tieren gilt die Schlange als das geistigste; ihre Natur ist die des Feuers, ihre Schnelligkeit gewaltig und ohne Bedarf der Beihilfe irgendeines besonderen Gliedes. Viele Gestalten kann sie annehmen und zusammengerollt sich plötzlich aufschwingen. Sie hat langes Leben, kehrt aus dem Alter zur Jugend zurück und gewinnt neue Kräfte, bis sie nach Vollendung eines gesetzten Zeitraumes wieder in sich aufgelöst wird. Darum wird sie in den Religionskult und in die Mysterien aufgenommen.«[22] Philo berührt den Wandlungscharakter der Schlange, der mit ihrer jährlichen Häutung zusammenhängt, der Anlaß, der sie zum Symbol der Wiedergeburt, ja der Unsterblichkeit werden läßt. In vielen Mythen und Märchen sowie im Volksglauben ist die Schlange die Hüterin geheimer Schätze oder die Bringerin des Lebenskrautes. Für die Alchemisten steht die Schlange in enger Beziehung zum Lapis Philosophorum, und als Doppelschlange symbolisiert sie die Vereinigung der Gegensätze (siehe Tafel 43). Aus ihrem Gift glaubt man die ›höchste Medizin‹ gewinnen zu können. Der positive Aspekt der Schlangensymbolik ist psychologisch verständlich, wenn man sich vor Augen hält, daß die Schlange für eine einseitig vergeistigte Einstellung, der die Quellen des Naturhaft-Instinktiven nicht mehr zugänglich sind, jenen Bereich darstellt, der in dieser Situation das Erlösende, Heilende und Ganzmachende enthält. Im Gegensatz zur abstrakten Erkenntnis vermittelt die Schlange Erkenntnis durch Erfahrung (siehe dazu die Paradies-Erzählung), im Gegensatz zu blutleer gewordenen Ideen und Normen erschließt sie die Schätze der geheimnisvollen Tiefe und der erdhaften Fülle. Auf diese Weise kann die Schlange *zum Heilbringer schlechthin und zum Logoserlöser* werden. Dies trifft für etliche hellenistische Mysterienkulte zu. In den Sabazios-Mysterien ist die Schlange beispielsweise die oberste Gottheit. Als Zeichen der Vereinigung mit dem Gott wird den Mysten eine Schlange durch den Schoß gezogen, ein Ritus, der sich auch in anderen, ähnlichen Kulten findet.

Ein sehr eindrucksvolles Zeugnis für den hellenistischen Schlangenkult hat Hans Leisegang beschrieben.[23] Das Innere einer spätantiken Alabasterschale (Tafel 9) zeigt eine Mysteriengemeinde im höchsten Stadium der Kulthandlung, der Versetzung in den himmlischen Raum. Die Gottheit ist in Gestalt einer großen geflügelten Schlange erschienen. Die Frauen erwarten die Empfängnis durch den Gott, während die Männer eine Gebetshaltung einnehmen. Eine gewisse Parallele dazu ist in einem – viel später zu betrachtenden – Macumba-Ritus sichtbar (siehe Tafel 42).

Bedeutsam ist das Symbol der Schlange *in der Gnosis*. Auf der nachstehend abgebildeten Gemme ist Abraxas, der Himmelsfürst der Basileidianer, zu sehen. (Da der Zahlwert des Namens ›Abraxas‹ dreihundertfünfundsechzig ergibt, glauben die Anhänger des Basileides, daß der Gott über ebenso viele Himmel herrsche. Auch die Zahl der Tage des Jahres wird damit in Zusammenhang gebracht). Abraxas, der einen Hahnenkopf wegen der Lichtsymbolik dieses den Tag verkündenden Tieres trägt, hat schlangenförmige Beine[24]:

Abraxas. Gnostische Gemme

Bei *den Ophiten* hat die Schlange, wie gesagt, eine zentrale Stellung: sie ist das ›ἓν τὸ πᾶν – ein und alles‹. Die Peraten erblicken in der Schlange den Logos, der zwischen dem unbewegten Gottvater und der bewegten Materie seinen Platz hat: »bald wendet sie sich zum Vater und nimmt die Kräfte in ihr Angesicht auf; nach Empfang der Kräfte aber wendet sie sich der Materie zu, und ihr, die qualitäts- und formlos ist, werden vom Sohne die Ideen eingeprägt, die dem Sohne zuvor vom Vater eingeprägt wurden.«[25] Niemand kann ohne die vom göttlichen Pleroma erfüllte Schlange gerettet werden. In immer neuen Variationen, die vornehmlich an die eherne Schlange des Moses anknüpfen, spricht die ophitische Lehre diesen Gedanken aus. Alle Hoffnung ruht auf der Schlange, alle Kraft kommt von ihr, sie allein entreißt den Menschen dem Verderben. Die ganze Bibel wird anhand dieses Leitmotives ausgelegt: die Schlange ist der Fluß, der aus Eden fließt, das Zeichen, das dem Kain gesetzt wurde, damit niemand ihn töte, sie ist der ›Anfang‹, von dem am Beginn des Johannesevangeliums die Rede ist und so fort.[26]

Aufgrund des Gesagten wird unser Quellentext verständlich. Der Logos, der sich in der durch Weisheit und Klugheit auszeichnenden Schlange verkörpert, konsekriert das eucharistische Brot. Das geschieht durch ihr Herumwälzen in den Broten, ein Faktum, das auch insofern interessant ist, als einige Theologen noch bis ins sechzehnte Jahrhundert hinein die Gültigkeit einer ›consecratio per contactum – Konsekration durch Kontakt‹ angenommen haben.[27] Die Kommunion erfüllt die Teilnehmer *mit Schlangenkraft,* also mit der Kraft des erlösenden Logos. Durch die Schlange, die mit Proskynese und Kuß verehrt wird, sendet man dem Vater einen Hymnus empor – eine exakte Parallele zu dem ›per Christum – durch Christus‹ der kirchlichen Liturgie. Wenn die Bezeichnung ›τελεία θυσία – vollkommenes

Opfer‹ gebraucht wird, so liegt darin vielleicht die Erinnerung an ein ursprünglich der Schlange selbst dargebrachtes Opfer.[28] Es kann damit aber auch einfach – bezogen auf die ganze Kultfeier – die Hingabe an Gottvater ›δι᾽ αὐτοῦ – durch sie‹ [die Schlange] gemeint sein.

Die christliche Tradition sieht das Symbol der Schlange überwiegend unter negativem Aspekt; im Bilde Christi kommt jener Bereich, der durch die Schlange dargestellt wird, so gut wie nicht zum Ausdruck, vielmehr wird er fast ausschließlich dem Satan zugeordnet. So verhält sich die ophitische Schlangen-Imago mit dem ihr entsprechenden Kult *antithetisch und kompensatorisch* zur kirchlichen Imago Christi und der dieser entsprechenden Liturgie. Das Ophitenmahl wird damit zu einer *Vorstufe des eigentlichen Satanskultes.*

Nur die beiden wichtigsten Grenzphänomene des Satanskultes bei den Gnostikern konnten behandelt werden. Für ein weiteres Eindringen in die Materie sei auf den ›Dialogus de operatione Daemonum‹ des Michael Psellus[29] verwiesen.

b) Die orgiastischen Tänze an den Märtyrergräbern

Als das Christentum im vierten Jahrhundert zur Staatsreligion und damit zur Massenreligion wurde, bildete sich *ein Komplex von dionysisch gefärbten Bräuchen* innerhalb der Kirche aus: die ekstatisch-orgiastischen Tänze an den Gräbern der Märtyrer. Aus den zahlreichen Quellentexten, die vorliegen, seien zwei ausgewählt:

Basilius, Homilia XIV in ebriosos, 1.
Migne PG XXXI, 445 f. Übers. BKV, Bd. 47, S. 319.

»Γυναῖκες ἀκόλαστοι, ἐπιλαθόμεναι τοῦ φόβου τοῦ Θεοῦ, τοῦ πυρὸς τοῦ αἰωνίου καταφρονήσασαι, ἐν ἡμέρᾳ τοιαύτῃ, ὅτε αὐτὰς ἐχρῆν διὰ τὴν ἀνάμνησιν τῆς ἀναστάσεως καθῆσθαι ἐν τοῖς οἴκοις, καὶ ἔννοιαν λαμβάνειν τῆς ἡμέρας ἐκείνης, καθ᾽ ἣν ἀνοιγήσονται μὲν οἱ οὐρανοί, ἐπιφανήσεται δὲ ἡμῖν ὁ κριτὴς ἐξ οὐρανῶν, καὶ σάλπιγγες Θεοῦ, καὶ ἀνάστασις νεκρῶν, καὶ κρίσις δικαία, καὶ ἀντίδοσις ἑκάστῳ κατὰ τὸ ἔργον αὐτοῦ · ἀντὶ τοῦ ταῦτα ἔχειν ἐν τοῖς διαλογισμοῖς, καὶ καθαίρειν μὲν ἑαυτῶν τὰς καρδίας ἀπὸ πονηρῶν ἐνθυμήσεων, ἐξαλείφειν δὲ τοῖς δάκρυσι τὰ προημαρτημένα, ἑτοιμάζεσθαι δὲ πρὸς τὴν ἀπάντησιν τοῦ Χριστοῦ κατὰ τὴν μεγάλην ἡμέραν τῆς ἐπιφανείας αὐτοῦ, ἀποσεισάμεναι τὸν ζυγὸν τῆς δουλείας τοῦ Χριστοῦ, ῥίψασαι ἀπὸ τῶν κεφαλῶν τὰ τῆς εὐσχημοσύνης καλύμματα, κατα-

Schamlose Weiber haben, vergessend die Furcht Gottes und verachtend das ewige Feuer, eben an dem Tage, an dem sie in Erinnerung an die Auferstehung hätten zu Hause bleiben und jenes Tages gedenken sollen, an dem der Himmel sich öffnen und der Richter vom Himmel her uns erscheinen wird, die Posaunen Gottes erschallen und die Toten auferstehen werden, gerechtes Gericht gehalten und einem jeden nach seinen Werken vergolten wird, solche Weiber haben, anstatt mit solchen Gedanken sich zu beschäftigen und ihre Herzen von bösen Begierden zu reinigen, die früheren Sünden mit Tränen abzuwaschen und sich auf die Begegnung mit Christus am großen Tage seiner Ankunft vorzubereiten, das Joch der Dienstbarkeit Christi abgeschüttelt, haben die Schleier der Sittsamkeit von ihrem Haupte entfernt, Gott

φρονήσασαι τοῦ Θεοῦ, καταφρονήσασαι τῶν ἀγγέλων αὐτοῦ, καταναισχυντήσασαι πάσης ἄρρενος ὄψεως, σοβοῦσαι τὰς κόμας, σύρουσαι τοὺς χιτῶνας, καὶ τοῖς ποσίν ἅμα παίζουσαι, ὀφθαλμῷ ἀσελγεῖ, γέλωτι ἐκκεχυμένῳ πρὸς ὄρχησιν ἐκμανεῖσαι, πᾶσαν νέων ἀκολασίαν ἐφ' ἑαυτὰς προσκαλούμεναι, ἐν τοῖς πρὸ τῆς πόλεως μαρτυρίοις χοροὺς συστησάμεναι, ἐργαστήριον τῆς οἰκείας αὐτῶν ἀσχημοσύνης τοὺς ἡγιασμένους τόπους πεποίηνται. Ἐμίαναν μὲν τὸν ἀέρα τοῖς ᾄσμασιν τοῖς πορνικοῖς, ἐμίαναν δὲ τὴν γῆν τοῖς ἀκαθάρτοις ποσίν, ἣν ἐν ταῖς ὀρχήσεσι κατεκρότησαν, θέατρον ἑαυταῖς νεανίσκων ὄχλον περιστησάμεναι, σοβάδες ὄντως καὶ παράφοροι παντελῶς, μανίας οὐδεμίαν ὑπερβολὴν ἀπολείπουσαι. Ταῦτα πῶς μὲν σιωπήσω; πῶς δὲ κατ' ἀξίαν ὀδύρωμαι; Οἶνος ἡμῖν τῶν ψυχῶν τούτων τὴν ζημίαν ἐποίησεν · οἶνος, τὸ παρὰ Θεοῦ δῶρον εἰς παραμυθίαν τῆς ἀσθενείας δεδομένον τοῖς σωφρονοῦσιν · ὅπλου δὲ νῦν γενόμενον ἀκολασίας τοῖς ἀσελγαίνουσιν.«

verachtet, seine Engel verachtet, haben sich jedem männlichen Blicke schamlos ausgesetzt, die Haare schüttelnd, die Kleider schleppend, mit den Füßen trippelnd, mit lüsternem Blicke und ausgelassenem Gelächter wie rasend sich in den Tanz gestürzt, haben allen Mutwillen der jungen Leute gegen sich herausgefordert und vor der Stadt bei den Gräbern der Märtyrer Tänze aufgeführt und so die geheiligten Orte zur Werkstätte ihrer Schamlosigkeit gemacht. Sie haben die Luft mit ihren buhlerischen Gesängen entweiht, entweiht mit ihren unreinen Füßen die Erde, die sie bei ihren Tänzen stampften, haben einen Schwarm junger Leute als Zuschauer um sich versammelt, wahre Buhldirnen und ganz verrückt, daß sie verrückter nicht hätten sein können. Wie kann ich dazu schweigen? Wie das recht beklagen? Der Wein hat uns um diese Seelen gebracht, jene Gabe Gottes, die den Mäßigen zur Labung in der Krankheit gegeben ist, aber jetzt bei den Unmäßigen ein Werkzeug der Zügellosigkeit ward.«

Augustinus, Sermo CCCXI, 5.
Migne PL XXXVIII, 1415.

»... Aliquando ante annos non valde multos etiam istum locum[a] invaserat petulantia saltatorum. Istum tam sanctum locum, ubi jacet tam sancti Martyris corpus, sicut meminerunt multi qui habent aetatem; locum, inquam, tam sanctum invaserat pestilentia et petulantia saltatorum. Per totam noctem cantabantur hic nefaria, et cantantibus saltabatur. Quando vuluit Dominus per sanctum fratrem nostrum episcopum vestrum, ex quo hic coeperunt sanctae vigiliae celebrari, illa pestis aliquantulum reluctata, postea cessit diligentiae, erubuit sapientiae.«

»... Einst, vor nicht sehr vielen Jahren, war auch in diese Stätte[a] die Frechheit der Tänzer eingedrungen. In diese so heilige Stätte, wo eines so heiligen Märtyrers Leib ruht, wie sich viele erinnern, die älter sind; in eine so heilige Stätte, sage ich, war die Seuche und Frechheit der Tänzer eingedrungen. Die ganze Nacht hindurch wurde hier Frevelhaftes gesungen und während sie sangen, wurde getanzt. Weil es der Herr durch unseren heiligen Bruder, euren Bischof so wollte, wich jene Pest, sobald man hier begann, die heiligen Vigilien zu feiern, nach einigem Sträuben der Sorgfalt, errötete vor der Weisheit.«

[a] Es handelt sich um das Grab des Märtyrers Cyprian.

Religionsgeschichtlich handelt es sich bei diesen Bräuchen, die für eine ganze Reihe von Ländern im Osten und Westen bezeugt sind, um den Vorgang einer *Paganisierung* durch die Übernahme der antiken Sitte des Leichenschmauses und Leichentanzes in den christlichen Raum.[30] Um die phänomenologische Erfassung zu ermöglichen, müssen wir ein wenig ausholen.

Wie bereits gesagt, hat sich die Kirche – aus Protest gegen die spätantike Verfallskultur – dem Dionysischen gegenüber entschieden ablehnend verhalten. Entsprechend *verurteilte* sie auch den – damals weitgehend dekadent und obszön gewordenen – *Tanz.* Mehrere Synoden zählten den Tänzerberuf zu den für die Christen verbotenen Berufen, und die Kirchenväter wurden nicht müde, gegen den Tanz zu polemisieren. So sagt Johannes Chrysostomus in einer Predigt, die das damals beliebte Thema des Salome-Tanzes zum Gegenstand hat: »Auch der Teufel half ihr [der Salome] ja mit dazu, durch ihren Tanz das Wohlgefallen zu erregen und so den Herodes zu fangen. Wo eben ein Tanz ist, da ist auch der Teufel dabei. Nicht zum Tanze hat uns ja Gott die Füße gegeben, sondern damit wir auf dem rechten Wege wandeln; nicht damit wir ausgelassen seien, nicht damit wir Sprünge machen wie Kamele (denn auch diese führen widerliche Tänze auf, nicht bloß die Weiber), sondern damit wir mit den Engeln den Chorreigen bilden.«[31]

Es ist jedoch sehr wichtig zu wissen, daß das dionysische Element im frühen Christentum nicht gänzlich ausgemerzt wurde: es entfaltete sich in begrenzter und verwandelter Form *auf einer anderen Ebene.* Hierhin gehören die urchristliche Prophetie, das Zungenreden und vor allem die Tatsache, daß in den ersten Jahrhunderten der Liturge die – nur in ihrer Grundstruktur festgelegten – kultischen Texte *in ekstatischer Improvisation* frei formulierte, was analog auch in bezug auf den Gesang galt[32]. Die Seite 18f. wiedergegebenen Worte des Clemens von Alexandrien atmen diesen Geist.

Vom dritten Jahrhundert an aber setzte ein *Erstarrungsprozeß* ein, der zuerst den liturgischen Text, dann den Gesang erfaßte. Mehr und mehr wich alles Ekstatische aus dem christlichen Kult. Texte und Gesänge wurden fossilisiert, ›eingefroren‹, was zur Folge hatte, daß der kultische Vollzug einen ausgesprochen *reproduktiven* Charakter bekam.

Als das Christentum im vierten Jahrhundert zur Volksreligion wurde, war es nicht mehr möglich, den Damm gegenüber dem Dionysischen in seiner Geschlossenheit aufrecht zu erhalten. Da für die Realisierung der dionysischen Impulse des Volkes keine christlich-sublimierten Formen mehr zur Verfügung standen, brachen diese Impulse in heidnischer Form ein. Wenn man auch daranging, an die Stelle der orgiastischen Tänze liturgisch geordnete Vigil-Feiern zu setzen, und wenn auch manche Bischöfe die Tänze sogar tolerierten, das Grundproblem war damit nicht beseitigt. Eine Erneuerung des urchristlichen Enthusiasmus, die allein eine Lösung hätte bringen können, war in einer Massenkirche nicht mehr möglich. So war *ein bleibender Stachel gesetzt:* von den rasenden Frauen an den Märtyrergräbern führt eine gerade – wenn auch durch etliche Jahrhunderte verborgene – Linie zu den rasenden Hexen des Mittelalters.

2. Die Blütezeit des Satanskultes im Mittelalter

Erst die mittelalterliche Ausformung des Christentums ergab *jene Grundlage*, auf der sich das Phänomen des eigentlichen Satanskultes bilden und entwickeln konnte. Die Blütezeit des christlichen Kultmysteriums im Früh- und Hochmittelalter erhielt – mit einer Phasenverschiebung, deren Grund zu besprechen ist – *ihr Pendant* in der Blütezeit des Satanskultes im Spätmittelalter. Zuvor müssen jedoch noch einige Grenzphänomene besprochen werden.

a) Grenzphänomene: die Tanzwut, die Narren- und Eselsfeste

1. Erscheinungen von spontan auftretender *Tanzwut*[1] gab es bereits im siebten und achten Jahrhundert, erst im elften und zwölften Jahrhundert aber kam es zu Tanzepidemien größeren Ausmaßes. Ihren Höhepunkt erreichte diese Massenpsychose in der zweiten Hälfte des vierzehnten Jahrhunderts. Kollektive Tanzausbrüche in mehr begrenzter Form ereigneten sich noch bis ins siebzehnte Jahrhundert hinein.

Im elften und zwölften Jahrhundert brach die Tanzwut vor allem auf Kirchhöfen aus. An Sterbetagen oder an kirchlichen Festtagen, so wird berichtet, wurden Männer und Frauen auf den um die Kirche herum liegenden Friedhöfen plötzlich von einem unwiderstehlichen Zwang zum Tanzen und zum Singen von weltlichen Liedern befallen, meist zur Zeit des Gottesdienstes. Die Störenfriede wurden gewöhnlich von Priestern dazu verflucht, ununterbrochen weiterzutanzen. Nach einigen Erzählungen mußten sie dies bis zu einem Jahr tun, solange bis ein Bischof den Bann aufhob.[2] In der Folgezeit entzündete sich die Tanzwut vornehmlich anläßlich der – auf heidnische Ursprünge zurückgehenden – Tänze in den Johannisnächten, die in der christlichen Motivierung an den Tanz der Herodias erinnern sollten. Die ›*Johannistänze*‹ verbreiteten sich mit rapider Schnelligkeit. Der Name ›*St. Veitstanz*‹, den diese Tänze bekamen, beruht wahrscheinlich auf einer Verwechslung des slawischen Sonnengottes Swantewit mit dem heiligen Veit (›sante Vît‹), einem frühchristlichen Märtyrer, dessen Fest am fünfzehnten Juni, fast zur Zeit der Johannisnächte, gefeiert wurde. Die Namensverwechslung lag um so näher, als in diesen Tagen einstmals kultische Tänze zu Ehren des Sonnengottes veranstaltet wurden.[3] In Süditalien bildete der *Tarantismus* ein paralleles Phänomen. Es handelt sich um einen wilden Tanz, der ursprünglich zur Heilung von den Vergiftungserscheinungen, die durch den Biß der apulischen Erdspinne Lycosa tarantula hervorgerufen waren, dienen sollte, dann aber zu einer ekstatischen Massenerscheinung wurde, aus der sich später der Volkstanz der Tarentella entwickelte. Kirchliche und weltliche Behörden suchten der Tanzwut auf alle möglichen Weisen beizukommen, so durch strenge Verbote, Exorzismus, Isolierung der Befallenen, Anwendung von Schlägen und kaltem Wasser oder sogar durch Steigerung der Tänze mit dem Ziel, die Tanzenden zu erschöpfen. All diesen Maßnahmen war jedoch meist nur ein geringer Erfolg beschieden.

Der folgende Quellentext schildert den Beginn jener großen Welle der Tanzwut, die im Jahre 1374 in der Rhein- und Moselgegend ihren Anfang nahm:

Aus der Limburger Chronik,
ed. Vogel, S. 71

»Anno 1374 zu mitten im Sommer, da erhub sich ein wunderlich Ding auff Erdreich, und sonderlich in Teutschen Landen, auff dem Rhein und auff der Mosel, also daß Leute anhuben zu tantzen und zu rasen, und stunden je zwey gegen ein, und tantzeten auff einer Stätte ein halben Tag, und in dem Tantz da fielen sie etwan offt nieder, und ließen sich mit Füßen tretten auff ihren Leib. Davon nahmen sie sich an, daß sie genesen wären. Und lieffen von einer Stadt zu der andern, und von einer Kirchen zu der andern, und huben Geld auff von den Leuten, wo es ihnen mocht gewerden. Und wurd des Dings also viel, da man zu Cölln in der Stadt mehr dann fünff hundert Täntzer fand. Und fand man, daß es eine Ketzerey war, und geschahe um Gelds willen, daß ihr ein Theil Frau und Mann in Unkeuschheit mochten kommen, und die vollbringen. Und fand man da zu Cölln mehr dann hundert Frauen und Dienstmägde, die nicht eheliche Männer hatten. Die wurden alle in der Täntzerey Kinder-tragend, und wann daß sie tantzeten, so bunden und knebelten sie sich hart um den Leib, daß sie desto geringer wären. Hierauff sprachen ein Theils Meister, sonderlich der guten Artzt, daß ein Theil wurden tantzend, die von heißer Natur wären, und von andern gebrechlichen natürlichen Sachen. Dann deren war wenig, denen das geschahe. Die Meister von der heiligen Schrift, die beschwohren der Täntzer ein Theil, die meynten, daß sie besessen wären von dem bösen Geist. Also nahm es ein betrogen End, und währete wohl sechszehen Wochen in diesen Landen oder in der Maß. Auch nahmen die vorgenannten Täntzer Mann und Frauen sich an, daß sie kein roth sehen möchten. Und war ein eitel Teuscherey, und ist verbottschaft gewesen an Christum nach meinem Bedünken.«

Wie oft betont worden ist, müssen die Tanzwut und die ihr ähnlichen Phänomene wie Flagellantentänze oder die epidemischen Kindertänze (eine Erinnerung an letztere ist die Sage vom Rattenfänger von Hameln) *im Zusammenhang mit den Pestepidemien und den schweren sozialen Notständen* des Mittelalters gesehen werden. Als Reaktion auf die Hoffnungslosigkeit des Lebens enstand eine überhitzte religiöse Atmosphäre, die für das Auftreten von hysterisch gefärbten massenpsychotischen Phänomenen besonders günstig war. Soziologisch ist interessant, daß nur die niederen Stände von der Tanzwut befallen wurden; niemals hören wir davon, daß Angehörige der höheren Stände mitgerissen wurden. Die Tanzbewegungen waren in der Hauptsache Nachahmungen von Arbeitsbewegungen der Bauern und der Handwerker.[4]
Die religionsphänomenologische Betrachtung muß einen Schritt weiter gehen. Nietzsche sagt in seiner ›Geburt der Tragödie aus dem Geiste der Musik‹ bei der Besprechung des dionysischen Rausches: »Auch im deutschen Mittelalter wälzten sich unter der gleichen dionysischen Gewalt immer wachsende Schaaren, singend und tanzend, von Ort zu Ort: in diesen Sanct-Johann- und Sanct-Veits-Tänzern erkennen wir die bacchischen Chöre der Griechen wieder, mit ihrer Vorgeschichte in Kleinasien, bis hin zu Babylon und den orgiastischen Sakäen.«[5] Damit ist der Kern getroffen. In psychischen Grenzzuständen, wie sie im Mittelalter durch den ›schwarzen Tod‹, durch Hungersnöte und soziale Unterdrückung verursacht waren,

brechen alte, von der apollinisch-christlichen Kultur, die der Situation nicht mehr Herr zu werden vermochte, *zurückgedrängte dionysische Kräfte hervor* und bieten sich als das Erlösende an. Da diese Kräfte seit vielen Jahrhunderten desintegriert und darum ›ungeübt‹ waren, führen sie zu unkontrolliert-destruktiven Entladungen. Folgerichtig bezeichnet unser Text – in Parallele mit vielen anderen Quellen – die Tanzwut als Ketzerei, die sich, so auch nach Meinung eines Teiles der Tänzer, aus der Besessenheit ›durch den bösen Geist‹ ergibt. Die Nachbarschaft zum Satanskult ist einleuchtend.

2. In Erinnerung an die Bräuche bei den antiken Saturnalien wurde an verschiedenen Orten Frankreichs (und vereinzelt auch anderer Länder) vom Ende des zwölften Jahrhunderts an in der Neujahrszeit das sogenannte *›Festum fatuorum – Narrenfest‹* gefeiert.[6] Seine harmlosen Vorstufen und Nebenformen waren Tänze des niederen Klerus und der Kinder in der Kirche, das ›Festum innocentium – Fest der Unschuldigen [Kinder]‹, bei dem ein Kinderbischof (episcopus puerorum) eingesetzt wurde[7], das entsprechende ›Festum hypodiaconorum‹ und so fort. Das Narrenfest läßt sich bis zum Beginn des sechzehnten Jahrhunderts nachweisen. Hier ein Passus aus einem Schreiben des Erzbischofs von Sens aus dem Jahre 1445:

Ludovicus archiepiscopus Senonensis in Stat. ann. 1445.
Inter Instr. tom 12. Gall. Christ. col. 96.
Du Cange IV, S. 484.

»Paveant igitur et erubescant observantes cujusdam festivitatis ritum nefarium, quem sui praepositores Festum fatuorum vocant, quem procul dubio diabolica institutio sub venerabili nomine Domini et jocunditatis dierum natalitiorum ejus sacerdotibus et clericis in multis ecclesiis observandum tradidit, quibus diebus omni sanctimoniae studere deberent, et spurcitiis et immunditiis se se conferunt et applicant tempore divini servitii, larvatos et monstruosos vultus deferendo cum vestibus mulierum, aut lenonum[a] vel histrionum, choreas in ecclesia et choro ejusdem ducendo, cantilenas inhonestas cantando, offas pingues super cornu altaris juxta celebrantem missam comedendo, ludum taxillorum ibidem exercendo, de fumo fetido et ex corio veterum sotularium thurificando, per totam ecclesiam liguriendo, saltando, turpitudinem suam non erubescendo, nudos homines sine verendorum tegmine inverecunde ducendo per villam et theatra in curribus et vehiculis sordidis ad infamia spectacula pro risu astantium et concurrentium se transferendo, turpes gesticulationes sui corporis faciendo, ver-

»Zittern und erröten mögen die, die den ruchlosen Ritus einer gewissen Festlichkeit befolgen, den ihre Anführer das Fest der Narren nennen, das eine unzweifelhaft teuflische Einrichtung unter dem ehrwürdigen Namen des Herrn und der Freude der Tage seiner Geburt den Priestern und Klerikern in vielen Kirchen als zu befolgen überliefert hat; an den Tagen, an denen sie nach ganzer Heiligkeit streben sollten, überlassen sie sich Unflätigkeiten und Unanständigkeiten zur Zeit des Gottesdienstes, indem sie, gespenstische und monströse Masken tragend und als Frauen, Kuppler[a] oder Schauspieler verkleidet, Tänze in der Kirche und in ihrem Chor aufführen, unanständige Lieder singen, fette Speisen von einer Ecke des Altars neben dem die Messe Zelebrierenden essen, ebendort das Würfelspiel betreiben, mit stinkendem Rauch, und zwar vom Leder alter Schuhe, weihräuchern, durch die ganze Kirche rennen und springen, wegen ihrer Schändlichkeit nicht erröten, nackte Männer ohne Bedekkung der Schamteile auf schmutzigen Wagen und Fuhrwerken unverschämt durch die Stadt

ba impudicissima atque scurrilia proferendo et multas alias abominationes, quarum pudet reminisci, faciendo, et quod recte vocatum est hoc flagitiosum coagulum, Festum fatuorum, videlicet coagulatio malorum hominum exultantium in rebus pessimis.«

und die Theater führen, sich zu schimpflichen Schauspielen zum Gelächter der Dabeistehenden und Zusammenlaufenden hergeben, schändliche Gesten mit ihrem Körper ausführen, schamloseste und possenreißerische Reden halten und viele andere Greuel, deren man sich zu erinnern schämt, vollbringen; und mit Recht wird dieses schmähliche Zusammentreffen Fest der Narren genannt, d. h. eine Zusammenballung von üblen Menschen, die über übelste Dinge frohlocken.«

[a] Ev. zu lesen als *leonum (Löwen)*. Vergl. Brief der Pariser Theologischen Fakultät vom 12. 3. 1444 (Du Cange ebd., S. 482).

Das Fest der Narren, das im Text eine ›procul dubio diabolica institutio – unzweifelhaft teuflische Einrichtung‹ genannt wird, ist eine *Kompensationserscheinung* gegenüber der apollinischen Helle, Würde und Erhabenheit des kirchlichen Kultes. Man muß sich dabei vor Augen halten, daß die Teilnehmer dieser Feste gläubige Anhänger der Kirche sind, die an den übrigen Tagen des Jahres ohne Widerstreben die Gottesdienste besuchen. Nur einmal im Jahr nehmen sie eine Narrenfreiheit in Anspruch und persiflieren die Liturgie und die kirchlichen Prozessionen. Auch hier wieder sind dionysisch-antispiritualistische Kräfte am Werk. Eine französische Miniatur aus dem fünfzehnten Jahrhundert (Tafel 10) gibt eine ähnliche Szene wieder: im Vorraum einer Kirche halten sich Tänzer, nackte Flagellanten und Zechende auf, vielleicht nach einer Beerdigung.[8] Ein Bischof spricht dazu die Worte: »Immolaverunt demonis et non deo – Sie haben den Dämonen geopfert und nicht Gott.«

Daß die Kirche ein gewisses Verständnis für diese Bräuche, die gleichsam der *seelischen ›Hygiene‹* dienen, aufbrachte, zeigt die ausdrückliche Duldung der milderen Formen solcher Gewohnheiten (siehe oben). Auch der Karneval ist in diesem Zusammenhang zu nennen.

Einige aus dem Rahmen des üblichen Kultes herausfallende Riten wurden sogar kirchlich geregelt. Besonders interessant ist das Ballspiel in der Kathedrale von Auxerre: am Osterfest fand über einem labyrinthischen Bodenmosaik (hier klingt ein dionysisches Motiv an) zum Gesang der Ostersequenz ›Victimae paschali laudes‹ ein liturgisches Ballspiel des Bischofs mit seinen Klerikern statt. Die Satzungen des Klosters Auxerre vom Jahre 1396 enthalten eine Ballspielordnung. Der Brauch konnte sich bis zum Jahre 1538 behaupten.[9]

3. Dem Narrenfest verwandt ist das sogenannte *›Festum asinorum – Eselsfest‹*[10], das ursprünglich zur Erinnerung an die Flucht nach Ägypten gefeiert wurde. In Frankreich entstand daraus ein eigenartiges Ritual. In feierlichen Prozession wurde ein Esel, auf dem ein Mädchen – wohl zur Darstellung der Maria – saß, in die Kirche geführt, wobei man allerlei Schabernack trieb (Tafel 11). Nachdem der

Esel seinen Platz auf der Evangelienseite des Altars erhalten hatte, begann der Gottesdienst. Aus einem Kodex des vierzehnten Jahrhunderts, der das Eselsfest in Beauvais schildert, sollen ein Stück aus den Rubriken und ein Teil aus dem Eselshymnus der Messe vorgelegt werden:

Rubricae et Hymnus inter Missarum solemnia, Bellovaci die 14. Januarii. MS codex XIV. s.
Du Cange III, S. 461.

»In fine Missae Sacerdos versus ad populum vice, Ite Missa est, ter hinhannabit: populus vero vice, Deo gratias, ter respondebit, Hinham, Hinham, Hinham.«

»Am Schluß der Messe wird der Priester, zum Volk gewandt, an Stelle des ›Ite Missa est‹ dreimal wiehern, und das Volk wird an Stelle des ›Deo gratias‹ dreimal antworten: ›Hinham, Hinham, Hinham‹[a].«

»Orientis partibus,
Adventavit Asinus,
Pulcher et fortissimus,
Sarcinis aptissimus.

Hez, Sire Asnes, car chantez,
Belle bouche rechignez,
Vous aurez du foin assez
Et de l'avoine à plantez.
. . . . . .
Aurum de Arabia,
Thus et myrrham de Saba
Tulit in Ecclesia
Virtus Asinaria.

Hez, Sire Asnes, etc.
. . . . . .
Amen, dicas, Asine,
(hic genuflectebatur)
Jam satur de gramine:
Amen, amen itera
Aspernare vetera[b].
Hez va! hez va! hez va, hez! . . .«

»Aus östlichen Gegenden
Ist der Esel angekommen,
Der schöne und stärkste,
Der beste Lastträger.

He, Herr Esel, singt also!
Ihr weist den Leckerbissen zurück?
Ihr werdet Heu genug haben
Und Hafer in Fülle.
. . . . . .
Gold aus Arabien,
Weihrauch und Myrrhe aus Saba
Hat dargebracht in der Kirche
Die Eselskraft.

He, Herr Esel etc.
. . . . . .
Sag Amen, Esel,
(hier wurde gekniet)
Nun satt von Gras,
Wiederhole Amen, Amen,
Verschmähe das Alte[b].
He, geh! He, geh! Heh, geh, he! . . .«

[a] = ›I-a, i-a, i-a‹.
[b] Gemeint ist altes Futter.

Bei den alten Völkern ist *der Esel*[11] einerseits ein vornehmes, ja heiliges und orakelkündendes Tier, andererseits ein Symbol der Bosheit und Finsternis. In Griechenland erscheint er als Reittier des Dionysos und seines Gefolges. »Die wilde Brunst, für die er bekannt ist, ließ seine Gegenwart im Dionysischen Kreise natürlich erscheinen . . ., und die Vasenbilder verfehlen nicht, diesen Charakter nachdrücklich

hervorzuheben.«[12] In Entsprechung dazu ist der Esel bei den Römern ein bevorzugtes Opfertier für den Gott Priapus. Die christliche Tradition sieht den Esel als Sinnbild der Demut an (so in der Auslegung der Geschichte vom Einzug Christi in Jerusalem), aber auch als Symbol der Torheit und der Fleischeslust. Auf dem bekannten Spottkruzifix vom Palatin (Tafel 12), das ein römischer Soldat zu Beginn des dritten Jahrhunderts auf die Wand einer Wachtstube des Kaiserpalastes einritzte, ist der Gekreuzigte mit einem Eselskopf versehen. Hinzugefügt sind ein gnostisches Geheimzeichen (Y) und die einen christlichen Kameraden verspottenden Worte: »Alexamenos betet seinen Gott an.« (Vergleiche dazu die Eselslitanei und das folgende ›Eselsfest‹ in Nietzsches ›Also sprach Zarathustra‹[13]). Im Mittelalter wurde der Esel oftmals mit dem Satanischen und Dämonischen in Verbindung gebracht.
Beim Eselsfest identifizieren sich die Priester und das Volk durch ihr ›I-a‹ – Rufen mit dem Esel, der als ›Sire‹ angeredet wird. Die gepriesene ›Virtus Asinaria – Eselskraft‹ scheint eine fast magische Wirkung auszuüben. Gemäß dem, was zur Symbolik des Tieres gesagt wurde, ist diese Kraft als Triebenergie anzusehen. Auch im ›Festum asinorum‹ manifestiert sich das von der Kirche sonst ausgeklammerte Dionysische, wobei im besonderen *dessen Triebaspekt* in Erscheinung tritt. Ob die Esel-Identifikation der Festteilnehmer auch unter soziologischem Gesichtspunkt Interesse verdient (als Identifikation mit einem *Last*tier, das sich als überaus stark erweist), vermag ich nicht zu entscheiden.

b) Satanistische Kultformen mittelalterlicher Häretiker

Wir erreichen nunmehr das Gebiet des eigentlichen Satanskultes. Die Besprechung von satanistischen Kultformen mittelalterlicher Häretiker, die als erstes erfolgen muß, ist insofern außerordentlich schwierig, als das Sektenwesen des Mittelalters noch nicht vollständig wissenschaftlich durchleuchtet ist[14] und zu der uns in diesem Bereich speziell beschäftigenden Thematik bisher keine brauchbaren Untersuchungen vorliegen. Es kann nicht unsere Aufgabe sein, eine geschichtliche Klärung durchzuführen; dies muß den Historikern überlassen bleiben. Wir beschränken uns darauf, aus dem greifbaren Material einige besonders markante Dokumente herauszustellen.[15]
Die häretischen Bewegungen des Mittelalters waren – durch Vermittlung des Manichäismus[16] – in stärkstem Maße von den dualistischen Ideen der Gnosis beeinflußt. Der böse Demiurg, der ›Archon dieser Welt‹ der Gnostiker wurde *mit dem christlichen Satan identifiziert,* und bald entwickelte sich die Vorstellung vom Satan als dem bösen Gegen-Gott oder dem Sohn des bösen Gottes.[17] In ewigem, unversöhnlichem Gegensatz stehen sich die Reiche des guten und des bösen Gottes gegenüber. Dieser extreme Dualismus führte zu einer rigoros spiritualistischen Einstellung, zu einer radikalen Ablehnung des Irdischen mit allen Konsequenzen. Um so erstaunlicher sind die satanistischen Riten der Häretiker, bei denen das Sexuelle meist eine zentrale Bedeutung hat. Auch wenn ein erheblicher Teil von

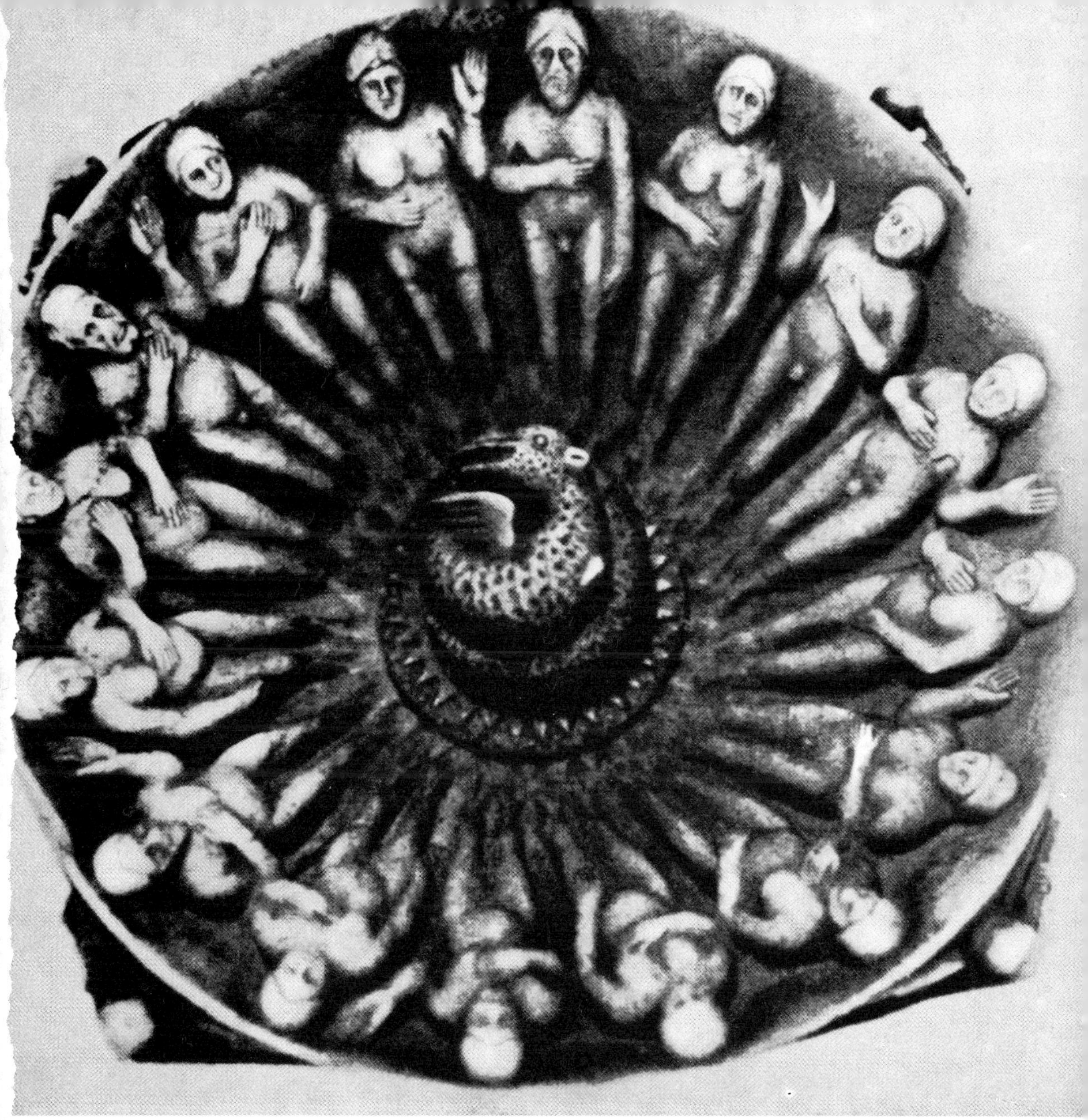

9 Die Anbetung der Schlange. Hellenist. Alabasterschale

10 Flagellanten und Tänzer. Miniatur, 15. Jahrh.

11 Eselsfest in einer französischen Kathedrale. Radierung, 15. Jahrh.

12 Spottkruzifix. Graffito vom Pädagogium auf dem Palatin, 3. Jahrh.

dem, was die Quellen berichten, auf Verleumdung beruhen sollte, ein historischer Kern ist vorhanden. Wie erklärt sich dieser Widerspruch?
Verschiedene Auffassungen sind es, auf denen *die Paradoxie* beruht.[18] Man glaubt, daß die Sünde am leichtesten zu überwinden sei, wenn sie durch die Sünde getötet werde. Oder man ist der Anschauung, daß der wahrhaft ›Reine – Καθαρός – Catharus‹ (aus diesem Wort hat sich die Bezeichnung ›Ketzer‹ entwickelt) sich ruhig in jeder Weise mit dem Irdisch-Fleischlichen, also dem Satanischen einlassen könne, da er ja vollständig über dieses erhaben sei und somit nicht verunreinigt werden könne. Im Gegenteil: durch den ›Reinen‹ würden selbst die Werke des Bösen zum Guten gewendet, so daß zum Beispiel alle, mit denen der Vollkommene sich sexuell einläßt, geheiligt würden. Welche Grunderfahrung hinter diesen Thesen zu vermuten ist, soll die Interpretation der Quellentexte zeigen.

1. Die wichtigste Quelle der frühen Zeit, auf die man sich später immer wieder berief, findet sich in den Akten der Synode von Orléans aus dem Jahre 1022. Sie bezieht sich auf Kultbräuche der *Neumanichäer*, deren Bewegung vor dem Jahre 1019 von Südfrankreich her in diese Stadt eingedrungen war[19]:

Gesta Synodi Aurelianensis an. MXXII[a], adversus novos Manichaeos.
Bouquet X, S. 538.

»... Congregabantur siquidem certis noctibus in domo denominata, singuli lucernas tenentes in manibus, ad instar letaniae daemonum nomina declamabant, donec subito Daemonem in similitudine cujuslibet bestiolae inter eos viderent descendere. Qui statim, ut visibilis illa videbatur visio, omnibus extinctis luminaribus, quamprimum quisque poterat, mulierem, quae ad manum sibi veniebat, ad abutendum arripiebat; sine peccati respectu, et utrum mater, aut soror, aut Monacha haberetur, pro sanctitate et religione ejus concubitus ab illis aestimabatur: ex quo spurcissimo concubitu infans generatus, octava die in medio eorum copioso igne accenso probatur per ignem more antiquorum Paganorum, et sic in igne cremabatur. Cujus cinis tanta veneratione colligebatur, atque custodiebatur; ut christiana religiositas corpus Christi custodire solet, aegris dandum de hoc saeculo exituris ad viaticum. Inerat enim tanta vis diabolicae fraudis in ipso cinere, et de eodem cinere quamvis sumendo parum praelibavisset, vix unquam postea de eadem haeresi gressum mentis ad viam veritatis dirigere valeret ...«

»... Sie versammelten sich nämlich in gewissen Nächten in dem genannten Hause, wobei alle Laternen in den Händen hielten, ebenso wie sie die Anrufungen der Dämonen-Litanei hersagten, bis sie plötzlich einen Dämon in Gestalt irgendeines Tieres unter sich herabsteigen sahen. Sogleich riß jeder – nachdem, damit ihnen jene Vision glaubhaft erschien, alle Lichter gelöscht waren – eine Frau, die ihm unter die Hände kam, zum Mißbrauch an sich; ohne Rücksicht auf Sünde, und ob Mutter oder Schwester oder Nonne besessen wurde, die Begattung wurde von ihnen als etwas für sie Heiliges und Religiöses geschätzt; wenn in dieser schmutzigen Begattung ein Kind gezeugt worden war, wurde es am achten Tage in ihrer zahlreich versammelte Mitte bei angezündetem Feuer geprüft, durch das Feuer nach Sitte der alten Heiden, und so im Feuer verbrannt. Seine Asche wurde mit so großer Verehrung gesammelt und aufbewahrt, wie die christliche Frömmigkeit den Leib Christi aufzubewahren pflegt, um ihn den Kranken, die aus dieser Welt gehen, zur Wegzehrung zu geben. Es wohnte nämlich eine solche Kraft teuflischen Betruges dieser Asche inne, daß jeder, der von der besagten Häresie angesteckt war, und dem von dieser Asche, wenn er auch noch so wenig genommen hatte, vorgesetzt worden war, kaum jemals später den Schritt des Geistes von dieser Häresie weg zum Weg der Wahrheit zu lenken vermochte ...«

* Zur Datierung siehe: Borst, a.a.O. (Anm. 14), S. 76, Anm. 13.

Schon auf den ersten Blick fällt die Ähnlichkeit mit dem gnostischen Phibionitenmahl (siehe oben Seite 30 ff.) auf, nur liegt hier der Akzent auf dem sexuellen Akt selbst. Dieser wird von den Versammelten ›pro sanctitate et religione – als etwas Heiliges und Religiöses‹ angesehen. Der sexuelle Vollzug stellt sich als Orgie dar, bei der selbst die Inzestschranken fallen.

Kultische Orgien kommen bei vielen Völkern vor.[20] Manchmal sind sie magische Fruchtbarkeitsrituale, in den meisten Fällen aber liegen die Bedeutungsaspekte in anderer Richtung. Die Orgie kann als unmittelbares Ergriffensein von einer überpersönlich-göttlichen, sich im Sexus manifestierenden Gewalt erlebt werden, als Rückkehr in einen paradiesischen Zustand beziehungsweise als Vorwegnahme eines zukünftigen solchen Zustandes, aber auch als reinigende Befreiung von allem Irdisch-Persönlichen und Sinnlichen, als Ausbruch aus der Gefangenschaft durch das Triebhafte. In diesem letzteren Sinne muß wohl – entsprechend dem dualistischen Weltbild der Teilnehmer – der vorliegende Ritus aufgefaßt werden. Man zielt also »auf eine Katharsis und eine ›Waschung‹ des Geistes ab, auf eine Neuspaltung aller Schichtungen des empirischen Bewußtseins durch das Mittel der Sexualität.«[21] Somit wird der ›Reine‹ noch reiner durch die Orgie, und das Sexuelle ist das Medium seiner Heiligung. Das Sinnliche schlägt um in das Geistige. Mit anderen Worten: die Orgie wird hier zu einem *Ritus der ekstatischen Befreiung und der Wiedergeburt*. Indem sich dieser Ritus im Zeichen eines in Tiergestalt (als Triebsymbol) erscheinenden Dämons vollzieht, erhält er satanistischen Charakter. Im Unterschied zum spätmittelalterlichen Hexensabbat liegt jedoch – gemäß dem Ausgeführten – nur ein ›temporärer‹, *vorläufiger Santanismus* vor. Die durch den Dämon repräsentierte satanische Sexualität dient den Versammelten gewissermaßen nur als ›Absprung‹ zur Reinheit und Vollkommenheit.

Die Verhinderung und Beseitigung von Nachkommenschaft muß analog zu der Sitte der Gnostiker aufgefaßt werden: das Reich des Fürsten dieser Welt darf nicht vergrößert werden. Von Wichtigkeit ist *die Asche* des getöteten Kindes. Nach weitverbreitetem Glauben enthält die Asche die Substanz des Lebewesens; sie hat – in Anknüpfung an ihre medizinische Wirksamkeit – magische Kraft und wird oft als Zaubermittel angewendet.[22] Hier ist sie wohl vor allem deshalb manahaltig, weil das durch das Feuer ›geprüfte‹ Kind einen prototypischen Weg der Erlösung aus dem Kerker des Irdischen gegangen ist, also zu einem ›Heiligen‹ geworden ist. Der Genuß der Aschen-Reliquie ist darum ein mystischer Akt, der die Essenden aufs engste an die Kultgemeinschaft bindet.

Die Neumanichäer von Orléans sind die ersten Ketzer des Abendlandes, die zum

Scheiterhaufen verurteilt wurden. Lachend, so sagen die Quellen, gingen sie am 28. Dezember 1022 in den Tod.[23]

2. Aus dem frühen zwölften Jahrhundert stammt der folgende Bericht des Guibert von Nogent über ketzerische Kultbräuche:

Guibert von Nogent, De vita sua III, 17.
Migne PL CLVI, 951.

»Conventicula faciunt in hypogeis aut penetralibus[a] abditis, sexus simul indifferens, qui candelis accensis cuidam mulierculae sub obtutu omnium, retectis, ut dicitur, natibus, procumbenti eas a tergo offerunt; hisque mox extinctis chaos undecunque conclamant, et cum ea quae ad manum venerit prima quisque coit.

»Die Versammlungen halten sie in geheimen Gewölben oder Innenräumen ab, dabei ohne Unterscheidung des Geschlechtes, [sie], die bei angezündeten Kerzen einer nach vorn gebeugten Dirne mit, wie gesagt wird, entblößtem Gesäß unter dem Blicke aller sie [die Kerzen] von hinten darbringen; und sobald dann diese [Kerzen] ausgelöscht sind, verkünden sie laut das Chaos in jeder Weise, und jeder vereinigt sich mit der, die ihm als erste unter die Hände kommt.

Quod si inibi femina gravidetur, partu demum fuso in idipsum reditur.

Wenn nun eine Frau daselbst schwanger wird, kehrt sie erst nach erfolgter Geburt ebendahin zurück.

Ignis multus accenditur, a circumsedentibus puer de manu in manum per flammas jacitur, donec extinguitur. Deinde in cineres redigitur; ex cinere panis conficitur; cuique pars pro eucharistia tribuitur, qua assumpta nunquam pene ab haeresi ipsa resipiscitur.«

Ein großes Feuer wird entzündet, von den um es Sitzenden wird das Kind von Hand zu Hand durch die Flammen geworfen, bis es [das Feuer] ausgelöscht ist. Darauf wird es [das Kind] zu Asche gemacht; aus der Asche wird Brot bereitet; wem [davon] ein Teil als Eucharistie ausgeteilt wird, der kommt nach solchem Genuß fast niemals mehr von dieser Häresie weg zur Vernunft.«

[a] Migne: pennalibus [penetralibus, vel penatibus].

Eigenartig ist hier *der Kerzen-Ritus*. Die Dirne, die vermöge ihres unpersönlich-erotischen Fluidums in etlichen Kulturen als manaerfüllt gilt, tritt als eine Art weiblicher Dämon auf, dem man – deutlich als Phallus-Symbole erscheinende – Kerzen darbringt. Das Gesäß, auf das sich die Darbringung richtet, wird in der alten Körpersymbolik als Zone des Teufels und der Hölle betrachtet (siehe Tafel 19. Näheres darüber unter Seite 90). Als Auftakt der kultischen Feier ist die Opferung der Kerzen ein symbolischer Vermählungsritus mit einer das Triebhaft-Satanische in seinem weiblichen Aspekt zur Darstellung bringenden Gestalt. Das übrige entspricht fast genau der Quelle von Orléans.

3. Veranlaßt durch Berichte aus Deutschland, die sich auf häretische Kreise *in Nordwestdeutschland* (es handelte sich um die Stadinger) bezogen, erließ Papst Gregor IX., ein besonders eifriger Ketzerverfolger, im Jahre 1233 das Dekretale ›Vox in rama‹, dem wir die Schilderung des Rituals entnehmen:

Gregor IX., Dekretale ›Vox in rama‹ vom 13. Juni 1233 an König Heinrich (VII.)
(Parallelschreiben an Erzbischof Siegfried III. von Mainz und Bischof Konrad von Hildesheim).
Mansi, Bd. 23, Kol. 324 f. (Potthast, Nr. 9229 u. 9230).

»... Nam dum novitius in ea quisdam recipitur, et praedictorum primitus scholas intrat; apparet ei quaedam species ranae, quam bufonem consueverunt aliqui nominare. Hanc quidam a posterioribus, et quidam in ore damnabiliter osculantes, linguam bestiae infra ora sua recipiunt et salivam. Haec apparet interdum indebita quantitate, et quandoque in modum anseris vel anatis; plerumque etiam furni quantitatem assumit. Deinde novitio procedenti occurrit miri palloris homo, nigerrimos habet oculos, adeo extenuatus et macer, quod consumptis carnibus sola cutis relicta videtur ossibus superducta. Hunc novitius osculatur, et sentit frigidum sicut glaciem; et post osculum catholicae fidei memoria evanescit de ipsius corde totaliter. Ad convivium postmodum discumbentibus et surgentibus, completo ipso convivio, per quadam statuam, quae in scholis hujus esse solet, descendit retrorsum ad modum canis mediocris catus, niger, retorta cauda; quem a posterioribus primo novitius, post magister, deinde per ordinem osculantur, qui tamen digni sunt et perfecti. Imperfecti vero qui se dignos non reputent, pacem recipiunt a magistro, et ceteris singulis per loca sua positis, dictisque quibusdam carminibus, versus catum capitibus inclinatis, † ›per se nobis‹ † dicit magister, et proximo ›Quis haec precipit[a]‹ respondente, ac dicente tertio ›Summus magister‹, quartus ait ›nos oboedire debemus[b]. Et his ita peractis extinguuntur candelae, et proceditur ad foedissimum opus luxuriae nulla discretione habita inter extraneas et propinquas. Quod si forte virilis sexus, supersunt aliqui ultra numerum mulierum, tandiu in passiones ignominiae in desideriis suis invicem exardentes masculi in masculos turpidinem operantur. Similiter et foeminae immutant naturalem usum in eum, qui est contra naturam, hoc ipsum se damnabiliter facientes. Completo vero tam nefandissimo scelere, et candelis iterum reaccensis, singulisque

»... Denn wenn ein Novize in sie [die Gemeinschaft] aufgenommen wird und zum ersten Mal in die Versammlungsräume der Vorgenannten eintritt, erscheint ihm eine Art Frosch, den einige eine Art Kröte zu nennen gewohnt sind. Indem einige diesen auf das Hinterteil und andere auf das Maul verdammenswert küssen, nehmen sie die Zunge und den Speichel des Tieres in ihren Mund auf. Dieser [Frosch] erscheint bisweilen in ungebührlicher Größe und manchmal vom Ausmaß einer Gans oder Ente; sehr oft auch nimmt er die Größe eines Backofens an. Dem weitergehenden Novizen begegnet darauf ein Mann von verwunderlicher Blässe, er hat ganz schwarze Augen [und ist] so abgezehrt und mager, daß bei geschwundenem Fleisch einzig die übriggebliebene Haut über die Knochen gezogen scheint. Diesen küßt der Novize, und er empfindet ihn kalt wie Eis; und nach dem Kuß schwindet die Erinnerung an den katholischen Glauben vollständig aus seinem Herzen. Nachdem sie sich bald darauf zum Mahl niedergelassen haben und, wenn dieses Mahl beendet ist, sich erhoben haben, steigt aus einer Statue, die in solchen Versammlungsräumen zu sein pflegt, rückwärts ein Kater vom Ausmaß eines mittelgroßen Hundes, schwarz, mit erhobenem Schwanze, den zuerst der Novize, dann der Meister, darauf alle einzelnen, jedoch nur die, die würdig und vollkommen sind, nach ihrer Rangordnung auf das Hinterteil küssen. Die Unvollkommenen aber, die sich nicht für würdig halten, empfangen den Friedenskuß vom Meister, und nachdem sich alle [wieder] auf ihre Plätze gesetzt haben und, das Haupt zum Kater hin geneigt, gewisse Sprüche gesagt haben, sagt der Meister: ›Durch sich für uns‹; während der Nachbar antwortet: ›Wer befiehlt dies?‹ und ein dritter sagt: ›Der höchste Meister‹, sagt ein vierter: ›Wir müssen gehorchen.‹ Und wenn dies so vollzogen ist, werden die Kerzen ausgelöscht, und man schrei-

in suo ordine constitutis, de obscuro scholarum angulo, quo non carent perditissimi homines, quidam homo procedit a renibus sursum fulgens et sole clarior, sicut dicunt, et deorsum insipitus sit catus, cujus fulgor illuminat totum locum. Tunc magister excerpens quid de veste novitii, fulgido illi dicit: ›Magister hoc mihi datum do tibi.‹ Illo fulgido respondente: ›bene mihi servivisti; pluries et melius servies, tuae committo custodiae quod dedisti.‹ Et his dictis protinus evanescit. Corpus etiam Domini singulis annis in Pascha de manu recipiunt sacerdotis, et illud ad domos suas ore portantes, in latrinam projiciunt in contumeliam Redemptoris ...«

tet zum schändlichsten Werke der Unzucht, wobei man keine Unterscheidung macht zwischen Fernstehenden und Verwandten. Und wenn etwa vom männlichen Geschlecht einige über die Zahl der Frauen hinaus übrig sind, so vollziehen die Männer, die zu den Leidenschaften der Schande in ihren Begierden gegenseitig entbrennen, bei den Männern die Schimpflichkeit. Ebenso kehren auch die Frauen die natürliche Ausübung um in die, die gegen die Natur ist, indem sie bei sich dasselbe verdammungswürdigerweise tun. Nachdem aber der so außerordentlich gottlose Frevel vollbracht ist und die Kerzen wiederum angezündet sind, tritt, nachdem sie sich alle wieder an ihren Plätzen befinden, aus einer dunklen Ecke der Versammlungsräume, die den ruchlosen Menschen nicht fehlt, ein Mann hervor, oberhalb der Hüften glänzend und heller als die Sonne, sei er auch darunter ein alberner Kater, dessen Glanz den ganzen Raum erleuchtet. Alsdann sagt der Meister, indem er etwas vom Gewand des Novizen ausreißt, zu jenem Glänzenden: ›Meister, dieses mir Gegebene gebe ich dir.‹ Worauf der Glänzende antwortet: ›Gut hast du mir gedient; mehr und besser wirst du dienen, deiner Sorge vertraue ich an, was du [mir] gegeben hast.‹ Und nachdem dies gesagt worden ist, verschwindet er sogleich. Außerdem empfangen sie in jedem Jahr am Osterfest den Leib des Herrn aus der Hand des Priesters und, indem sie diesen im Munde in ihre Häuser tragen, werfen sie ihn in den Abtritt zur Schmähung des Erlösers ...«

[a] Statt ›percipit‹ (wegen ›oboedire‹).
[b] Interpunktion dieses Passus und Kleinschreibung von ›respondente‹ abweichend von Mansi.

Der Text beschreibt eine Initiationsfeier (zur Initiation siehe weiter unten Seite 62). Dem Neuling erscheint der Satan zuerst in Gestalt eines *Frosches* beziehungsweise einer *Kröte.* Wegen seiner außerordentlichen Fruchtbarkeit und seiner Verbindung zu Wasser und Erde, den Elementen des Lebens, wurde der Frosch vielerorts – so im alten Ägypten und im koptischen Christentum – als Symbol der Lebenserneuerung und der Wiedergeburt aufgefaßt.[24] Er kann aber auch zum Gegenstand des Ekels und zum Symbol der Unreinheit und des Unheils werden (siehe etwa Exod. VIII, 2 ff. und Apokal. XVI, 13). In der christlichen Tradition tritt der Frosch schon früh als Bild des Teufels auf, da er sich, wie gesagt wird[25], im Schlamm der niedrigsten Sinnlichkeit aufhält. Die Größe des Frosches, von der unser Text spricht, unterstreicht die Bedeutung dieser Teufelsepiphanie. Das Gesäß des Frosches, das rituell geküßt wird, bringt den chthonischen Aspekt des Tier-

symbols noch besonders zum Ausdruck. Was die Aufnahme des Speichels betrifft, so ist dabei die alte Anschauung vom Speichel als Träger von geheimen Lebenskräften und als Lebenssaft[26] zu berücksichtigen.
Im weiteren Verlauf der Aufnahmefeier zeigt sich der Satan als blasser, abgezehrter und sich eiskalt anfühlender Mann. Es handelt sich also um ein Wesen, das *seiner Lebenssubstanz weitgehend beraubt* ist, was insofern sinnvoll ist, als ja dies innerhalb der christlichen Welt – im bildlichen Sinne – für den Teufel zutrifft. Beim rituellen Mahl setzt sich die Satans-Metamorphose fort. *Der Kater* ist ein besonders beliebtes Teufelssymbol[27], sowohl wegen seiner schwarzen Farbe wie wegen seiner sexuellen Aggressivität. *Der Kuß-Ritus* entspricht dem Brauch des Friedenskusses bei der Messe. Nach einigen rituellen Sätzen (die zum Teil im Urtext unklar sind) folgt wieder *die Orgie.* Wenn hier deren homosexuelle Seite betont wird, so wird damit – weil nur das quantitative Verhältnis von Männern und Frauen zur Rede steht – die Tatsache bestätigt, daß es nicht um eine Begegnung der Geschlechter, sondern um den sexuellen ›actus purus‹, den Sexualakt *an sich* geht.
Der Satan verwandelt sich schließlich in *ein Mischwesen:* die untere Hälfte seines Körpers bleibt die eines Katers, sein Oberkörper ist der eines Mannes, der ›fulgens et sole clarior – glänzend und heller als die Sonne‹ ist. Letzteres ist eine deutliche Parallele zum Leib des auf dem Berg Tabor verklärten Jesus (Matth. XVII, 1 f.; Mark. IX, 3; Luk. IX, 29). In dem Mischwesen gelangt also eine Art Synthese der Gestalt Christi und der Gestalt des Satans zur Erscheinung. Damit ist *ein Ganzheitssymbol* gegeben, wie es im Satanskult nur höchst selten zu finden ist. Der Ritus mit dem abgerissenen Gewandstück versinnbildet die Hingabe des Initianden, die sich durch Vermittlung des Meisters der Versammlung vollzieht.
Die volle Bedeutung des angeführten Brauches, Hostien in den Abtritt zu werfen, kann nur ermessen werden, wenn man sich vergegenwärtigt, daß die Anhänger des Satanskultes fest von der *Konsekrationsgewalt* des Priesters und von der *Realpräsenz* Christi in den eucharistischen Elementen *überzeugt* sind. Das Festhalten an diesen kirchlichen Glaubensvorstellungen, das den Anhängern satanistischer Kulte bis zum neunzehnten Jahrhundert eigen ist, verleiht ihren blasphemischen Handlungen erst das ganze Gewicht.

Als Ergänzung aus späterer Zeit, nämlich aus dem siebzehnten Jahrhundert, bringen wir noch ein Bilddokument (Tafel 13), das eine Gruppe von *Adamiten* in ihrem Versammlungsraum zeigt. Der Begriff ›Adamiten‹ ist sehr verwaschen, man meint damit eine Reihe von Sekten, bei denen die rituelle Nacktheit – aufgefaßt im Sinne einer Rückkehr zum Zustand des ersten Menschen – im Vordergrund steht. In welchem Maße sexuelle Riten mit dem adamitischen Kult verbunden waren, bleibt unklar.
Noch einmal sei betont, daß die Frage, inwieweit den satanistischen Kultbräuchen der Häretiker historische Tatsächlichkeit zukommt, für uns irrelevant ist. Auch bloße Vorstellungen der Ankläger besitzen eine Realität, die religionsphänomenologisch und psychologisch voll ernstzunehmen ist. Gesagt sei auch, daß der so-

ziologische Aspekt der häretischen Bewegungen[28] hier nicht berücksichtigt werden konnte.

c) Das Ritual des Hexensabbats

Bereits im neunten Jahrhundert sind einzelne Elemente des Hexensabbats – so vor allem der Flug – zu finden, die Ausbildung seines eigentlichen Rituals erfolgte jedoch im vierzehnten und fünfzehnten Jahrhundert, und erst im sechzehnten Jahrhundert wurde *der ›Sabbat‹*, wie ihn die spätmittelalterlichen Dämonologen kurz nannten, zum festen Bestandteil des Hexenwesens. In diesem Jahrhundert und zu Beginn des siebzehnten Jahrhunderts erreichte er seine differenzierteste Gestalt.[29]
Der ›Dictionnaire Infernal‹ von J. Collin de Plancy gibt folgende Begriffsbestimmung des Sabbats: »Er ist die Versammlung der Dämonen, der Hexer und der Hexen bei ihren nächtlichen Orgien.«[30] Neben der Bezeichnung ›Sabbat‹ (hier in der allgemeinen Bedeutung von hebr. ›schabbâth‹ = ›Feiertag‹) kam auch – im Anschluß an Apokal. II, 9 und III, 9 – die Benennung *›Synagoge des Satans‹* beziehungsweise einfach ›Synagoge‹ in Gebrauch.
Der klassische Boden für die Ausformung des mittelalterlichen Hexenwesens sowie des Sabbat-Rituals war *der Süden von Frankreich*, das Land, in welchem sich die Traditionsströme der jüdisch-kabbalistischen Geheimwissenschaft und der von Spanien her eindringenden islamisch-maurischen Magie mit der christlichen Kultur vermischten. Von diesem Zentrum aus verbreitete sich der Kult des Hexensabbats über große Teile Europas, wobei er *mannigfache folkloristische Sonderfärbungen* annahm.
Die Fülle der Quellenzeugnisse über den Hexensabbat ist fast unübersehbar. Allerdings handelt es sich zum überwiegenden Teil um ermüdende Wiederholungen, die durch die meist starre Schematik der gerichtlichen Verhöre zu erklären sind, oder um ebenso ermüdende pseudospekulative Traktate. Nur verhältnismäßig wenige Zeugnisse sind wirklich interessant. Aus ihnen wählen wir drei aus: das erste, ein spanischer Text aus dem Jahre 1610, stellt eine der detailliertesten Beschreibungen des Sabbats dar, die wir besitzen; das zweite enthält Stücke aus einem wenige Jahre danach erschienenen Buch des berühmten Dämonologen de Lancre, den Michelet – in Abhebung gegen die überwiegende Zahl der Inquisitoren – einen ›homme d'esprit‹ nennt[31]; das dritte, aus dem Jahre 1623, bringt einige wesentliche Ergänzungen für die Kenntnis des Phänomens.

1. Unter der Einwirkung von Emigranten aus dem französischen Baskenland, die vor der inquisitorischen Strenge des genannten de Lancre geflohen waren, brach in der am oberen Ebro gelegenen spanischen Stadt *Logroño* im Jahre 1609 eine Hexenpanik aus. Obwohl sich die ›Suprema‹, die oberste Inquisitionsbehörde Spaniens, zur damaligen Zeit nur noch ungern mit eigentlichen Hexenprozessen (im Gegensatz zu den Ketzerprozessen) beschäftigte und sogar übereifrige lokale Be-

hörden in diesem Sinne maßregelte, sah sie sich im vorliegenden Fall zum Eingreifen genötigt. Im November 1610 wurde von ihr in Logroño ein feierliches Autodafé veranstaltet, bei welchem sechs Hexen verbrannt wurden, nachdem achtzehn Hexen widerrufen hatten und begnadigt worden waren und fünf im Gefängnis gestorben waren.[32]

Aus dem Bericht über das Autodafé (Biblioteca Nacional Madrid) geben wir das sich auf den Hexensabbat beziehende Anklagematerial in seinen wichtigsten Passagen wieder:

Relacion de las personas que salieron al Auto de la fee, que los señores Doctor Alonso Bezerra Holguin, del Abito de Alcantara: Licenciado Iuan de Valle Alvarado: Licenciado Alonso de Salazar Frias, Inquisidores Apostolicos, del Reyno de Navarra, y su distrito, celebraron en la Ciudad de Logroño, en siete, y en ocho dias del mes de Noviembre, de 1610 Años.

Relacion de als cossas y maldades que se cometen, en la seta de los Bruxos, segun se relataron en sus sentencias, y confesiones.

»El Demonio para propagar esta abominable y maldita seta, se aprovecha de los Bruxos mas antiguos, y mas ancianos, que con mucho cuydado se ocupan en ser maestros, y enseñadores de ella. Y a los que persuaden que sean Bruxos, no los pueden llevar al *Aquelarre,* (que con este nombre llaman a sus ayuntamientos, y conventiculos; y en el Vascuence suena tanto como dezir, *Prado del Cabron:* por que el Demonio que tienen por dios y señor, en cada uno de los Aquelarres, muy ordinario se les aparece en ellos en figura de Cabron) sin que primero consientan en que seran Bruxos, y siendo de edad de discrecion prometan que haran el reniego. Y aviendo consentido y prometidolo assi en una de las noches que ay Aquelarre, va la persona Maestra que le ha enseñado y convencido a que sea Bruxo a su cama, o parte donde està durmiendo o despierto, como dos o tres horas antes de media noche: y aviendole primero despertado si duerme, le unta con una agua verdinegra y hedionda, las manos, sienes, pechos, partes vergonçosas, y plantas de los pies, y luego le lleva consigo, por el ayre, sacandolo por las puertas o ventanas que les abre el Demonio, o por otro qualquier agugero, o resquicio de la puerta: y con grande velocidad y presteza llegan al Aquelarre y campo diputado

Bericht über die Vorfälle und Übeltaten, die in der Hexensekte begangen wurden, wie sie berichtet wurden in ihren Aussagen und Bekenntnissen.

»Um diese schändliche und verfluchte Sekte weiter auszubreiten, bedient sich der Teufel der ältesten und längstgedienten Hexer, die sich mit großem Eifer darum bemühen, Lehrer und Unterweiser in dieser Kunst zu sein. Diejenigen, die sie überreden, Hexer zu sein, können sie jedoch noch nicht zum *Hexensabbat* mitnehmen (denn mit diesem Namen bezeichnen sie ihre Versammlungen und Zusammenkünfte, im Baskischen spricht man auch von der *Bockswiese,* denn der Teufel, den sie für ihren Gott und Herrn ansehen, erscheint ihnen gewöhnlich bei jedem Hexensabbat unter der Gestalt des Bockes), ohne daß sie zuvor einwilligen, Hexer sein zu wollen, ein Alter erreicht haben, in dem sie der Vernunft mächtig sind, [und] feierlich versprechen können, [ihrem christlichen Glauben] abzuschwören. Und nach solchem Zugeständnis und Versprechen kommt in einer Hexensabbatsnacht der Lehrmeister, der das Anlernen des Kandidaten übernommen und ihn überredet hat, Hexer zu sein, an sein Bett oder an einen Ort, wo er schläft oder wacht, etwa zwei oder drei Stunden vor Mitternacht, und er weckt ihn auf, falls er noch schläft, und salbt ihn mit einem dunkelgrünen, stinkenden Wasser die Hände, Schläfen, Brust, Schamteile, Fußsohlen, und führt sie [die Kandidaten] auf

para sus juntas: donde lo primero presenta al Bruxo novicio al Demonio, que esta sentado en una silla, que unas vezes parece de oro y otras de madera negra, con gran trono, magestad, y gravedad: y con un rostro muy triste, feo y ayrado, (que por entonces se representa en figura de hombre negro, con una corona de cuernos pequeños, y tres dellos son muy grandes, y como si fuesen de Cabron: los dos tiene en el colodrillo, y el otro en la frente, con que da luz y alumbra a todos los que estan en el Aquelarre, y la claridad es mayor que la que da la luna, y mucho menos que la que dà el Sol y la que basta para que todas las cossas se vean y conozcan) Los ojos tiene redondos, grandes, muy abiertos, encendidos y espantosos. La barba, como de cabra. El cuerpo y talle como entre hombre y cabron, las manos y pies, con dedos como de persona, mas de que son todos yguales, aguzados hazia las puntas, con uñas rapantes, y las manos corvas como ave de rapiña, y los pies como si fuesen de Ganso. Y tiene la voz espantosa, desentonada, y quando habla suena como un mulo quando rozna, mas de que la voz es baxa, y las palabras que habla son mal pronunciadas que no se dexan entender claramente, y siempre habla con una voz triste ronca, aun que siempre esta enojado, y su semblante es muy melancolico, y parece que siempre esta enojado. Y quando la Bruxa Maestra le presenta el novicio le dize: *Señor este os traygo, y presento.* Y el Demonio se le muestra agradecido, y dize que le tratara bien, para que con aquel vengan muchos mas. Y luego le mandan hincar de rodillas en presencia del Demonio, y que reniegue en la forma y de las cosas que la Bruxa su Maestra le lleva industriado, y diziendole el Demonio las palabras con que a de renegar; las va repitiendo, y reniega lo primero de Dios, de la Virgen santa Maria su Madre, de todos los santos y santas, del Bautismo, y confirmacion, y de ambas las Chrismas[a], y de sus Padrinos y Padres, de la Fe, y de todos los Christianos, y recibe por su dios y señor al demonio, el qual le dize que de alli a delante no ha de tener por su Dios y señor al de los Christianos, sino a el que es le verdadero Dios y señor, que lo a de salvar y llevar al parayso. Y luego le recibe por su Dios y señor, y le adora, bessandole la mano yzquierda, en la boca, y en los pechos encima del coraçon, y en las partes vergonçosas:

der Stelle mit sich durch die Luft, schleppt sie durch Türen oder Fenster, die der Teufel ihnen öffnet, oder durch einen anderen kleinen Spalt oder ein Torloch; und mit großer Geschwindigkeit und Eile gelangen sie zum Hexensabbat und zum festgesetzten Platz für ihre Zusammenkünfte. Dort stellt der Hexenmeister den Hexennovizen zuerst einmal dem Teufel vor, der auf einem Sitz thront, der manchmal aus Gold erscheint und mitunter aus schwarzem Holz, mit großer Würde, Majestät und Erhabenheit, und zwar mit überaus traurigem Antlitz, häßlich und übelgelaunt, (der sich dann in Gestalt eines schwarzen Mannes darbietet, mit einer Krone aus kleinen Hörnern, und drei von ihnen sind sehr groß und gleichsam Bockshörner: zwei trägt er am Hinterhaupt und eins vorne auf der Stirn, mit dem er Licht gibt und allen leuchtet, die am Hexensabbat teilnehmen, und die Helligkeit ist größer als die des Mondes, jedoch sehr viel schwächer als die der Sonne und reicht aus, daß man alle Dinge sehen und erkennen kann). Er hat runde, große Augen, weit aufgerissen, feurigrot glühend und furchterregend. Sein Bart gleicht dem einer Ziege. Körper und Wuchs liegen gleichsam zwischen dem eines Menschen und demjenigen eines Bockes, Hände und Füße sind mit Fingern und Zehen versehen wie beim Menschen, jedoch sind sie alle gleich lang und nach vorn spitz zulaufend, mit reißenden Krallen. Die Hände selbst sind gekrümmt wie die Klauen eines Raubvogels und die Füße wie bei einem Gänserich. Er hat eine schauderhafte, mißtönende Stimme, und wenn er spricht, klingt es wie das Schreien eines Esels, jedoch eines solchen mit tiefer Stimme, und die ausgestoßenen Worte sind schlecht artikuliert und nicht klar zu verstehen, und immer spricht er mit einer traurigen und heiser brummenden Stimme, wenngleich unwillig, und sein Gesichtsausdruck ist sehr trübsinnig, und er scheint allezeit verdrießlich zu sein. Und wenn die Hexenmeisterin ihm den Novizen präsentiert, sagt sie ihm: *Herr, diesen bring ich Euch und stelle ihn Euch vor.* Und der Teufel zeigt sich sehr dankbar dafür und sagt, er werde ihn gut behandeln, damit noch viele andere mehr mit jenem kommen mögen. Alsogleich läßt man den Novizen die Knie beugen in Gegenwart des Teufels, und er muß abschwören, in der gleichen Form und die gleichen Dinge, wie die Hexe, seine

y luego se rebuelve sobre el lado yzquierdo, y levanta la cola (que es como la que tienen los Asnos) y descubre aquellas partes que son muy feas, y las tiene siempre suzias, y muy hediondas, y le besan tambien en ellas de baxo de la cola: y luego el Demonio tiende la mano yzquierda, y baxandosela por la cabeça hazia el hombro izquierdo, o en otras diferentes partes del cuerpo (segun que a el le parece) le haze una marca, hincandole una de sus unas, con que le haze una herida y saca sangre, que recoge en algun pano, o en alguna vasija: y el Bruxo novicio siente de la herida muy gran dolor, que le dura por mas de un mes, y la marca y senal por toda la vida ...«

Lehrmeisterin, es ihm eingeschärft hat, und der Teufel sagt ihm die Worte vor, mit denen er abschwören muß; und er [der Novize] wiederholt sie und schwört ab: zunächst Gott, alsdann der Heiligen Jungfrau und Mutter Maria, allen [männlichen] Heiligen und [weiblichen] Heiligen, der Taufe, der Firmung, beiden Chrisma[salbungen][a], seinen Paten und Eltern, dem Glauben und allen Christen, und er empfängt als seinen Gott und Herrn den Teufel, der ihm bedeutet, daß er von jetzt an nicht mehr den der Christen als seinen Gott und Herrn ansehen darf, sondern nur noch ihn, den Teufel als den wirklichen Gott und Herrn, der ihn retten und ins Paradies führen wird. Und alsogleich nimmt er [der Novize] ihn als seinen Gott und Herrn an und betet ihn an, drückt ihm einen Kuß auf die linke Hand, auf die Brust in der Höhe des Herzens und die Schamteile, und alsogleich wendet er [der Teufel] sich auf die linke Seite und hebt seinen Schwanz (der dem der Esel gleicht) und entblößt jene Körperteile, die sehr häßlich sind, und bei ihm sind sie immer sehr schmutzig und stinken sehr, und er wird auch auf diese Körperteile unterhalb des Schwanzes geküßt. Alsdann streckt der Teufel seine linke Hand aus und senkt sie über den Kopf bis auf die linke Schulter oder auch auf andere Körperteile des Novizen (je nachdem, wie es ihm gut dünkt) und markiert den Anwärter, indem er eine seiner Krallen in ihn schlägt, so daß er ihm eine Wunde zufügt und Blut ausfließen läßt, das er in einem Tuch auffängt oder auch in irgendeinem Gefäß. Und dem Hexennovizen bereitet die Wunde große Schmerzen, die länger als einen Monat dauern, und das Mal und Zeichen [bleiben ihm] für das ganze Leben ...«

»En las Visperas de ciertas fiestas principales del Año, que son las tres Pasquas, las noches de los Reyes, de la Ascension, Corpus Christi, Todos santos, la Purificacion, Asumption, y Natividad de nuestra Señora: y la noche de san Iuan Bautista, se juntan en el Aquelarre, a hazer solemne adoracion al Demonio, y todos se confiesan con el, y se acusan por pecados, de las vezes que han entrado en la Yglesia, Missas que han oydo, y de todo lo de mas que han hecho como Christianos, y de los males que pudiendo han dexado de hazer. Y el Demonio los reprehende gravemente por ello, y les dize

»An den Vorabenden gewisser Hauptfeste im Jahr, das sind die drei Ostertage, die Vigilien des Dreikönigsfestes, Christi Himmelfahrt, Fronleichnam, Allerheiligen, Lichtmeß, Mariä Himmelfahrt, Mariä Geburt und die Vigil [des Festes] des heiligen Johannes des Täufers, versammeln sie sich zum Hexensabbat, um den Teufel feierlich anzubeten, und alle beichten bei ihm und klagen sich ihrer Sünden an: jedes Mal, da sie eine Kirche betreten haben, Messen, die sie gehört haben und alles übrige, was sie wie die Christen getan haben, und alle Schlechtigkeiten, die sie, obgleich sie sie hätten ausführen

que no an de hazer cosa ninguna de Christianos. Y entretanto los criados del Demonio (que son otros Demonios del mesmo talle y figura que el de el Aquelarre, aun que mas pequeños y de ordinario son seys o siete, y quando son menester se aparecen alli muchos en gran cantidad) ponen un Altar con un paño negro viejo, feo y deslucido, por dosel, y en el unas imagines de figuras del Demonio, caliz, ostia, missal, y vinageras: y unas vestiduras como las que husan en la Yglessia para dezir Missa (mas de que son negras, feas, y suzias,) y el Demonio se viste, ayudandole sus criados, y le offician su missa cantando con unas vozes baxas, roncas, y desentonadas: y el la canta por un libro como missal, que parece de piedra, y les predica un sermon, en que les dize que no sean vanagloriosos, en pretender otro Dios sino a el que los a de salvar, y llevar al paraysso: y aun que en esta vida pasaran trabajos y necesidad, el les darà mucho descanso en la otra: que hagan a los Christianos todo quanto mal pudieren. Y luego prosigue su missa, y le hazen offertorio, sentandose para ello en una silla negra que alli le ponen, y la Bruxa mas antigua y preeminente (Reyna del Aquelarre) se pone a su lado, con un Portapaz en la una mano, en que esta pintada la figura del Demonio, y en la otra mano una Bacinilla como las que usan en las Yglesias con que piden para alumbrar los santos: con una cadena como de oro al cuello, que en cada uno de los dichos eslabones tiene esmaltada la figura del Demonio, y todos los Bruxos començando por sus antiguedades y preheminencias, van a offrecer cada uno por si, haziendo tres reverencias al Demonio con el pie yzquierdo, hasta llegar a hincar las rodillas en el suelo, y luego besan la figura del Demonio en el Portapaz, y echan en la Bacinilla el dinero que llevan para offrecer...: y quando los echan en la Bacinilla dizen *Esto por el honor del mundo, y honrra de la fiesta:* y las mugeres tambien offrecen tortas de pan, huevos, y otras cossas, que lo reciben los criados del Demonio y luego se hincan de rodillas junto a el y le besan la mano yzquierda y los pechos encima del coraçon, y dos bruxos que hazen el officio de Caudatarios, le alçan las faldas para que le besen en las partes vergonçosas, y reboluiendose el Demonio sobre la mano yzquierda, le alçan la cola y descubren aquellas partes que son muy suzias y hendiondas: y al

können, nicht angestellt haben. Und der Teufel macht ihnen deswegen sehr ernst Vorhaltungen und sagt ihnen, daß es sich nicht gehöre, irgend etwas Christliches zu tun. Währenddessen bauen die Gehilfen des Teufels (das sind andere Dämonen gleichen Wuchses und gleicher Gestalt wie der [Teufel] des Hexensabbats, obschon kleiner, und gewöhnlich sind es sechs oder sieben, und wenn man sie braucht, kommen viele von ihnen dorthin in großer Zahl) einen Altar auf mit einem alten, häßlichen und schäbigen Tuch als Decke, und darauf einige Bildwerke mit Konterfeis des Teufels, Kelch, Hostie, Missale, Meßkännchen und einige Gewänder, wie man sie in der Kirche zum Messelesen benötigt (nur daß sie hier schwarz, häßlich und schmutzig waren), und der Teufel legt seine Gewänder an, wobei die Diener ihm helfen, und sie gehen ihm bei seiner Messe zur Hand, wobei sie mit dunklen, heiseren und mißtönenden Stimmen singen. Und er singt sie [die Messe] aus einem missaleähnlichen Buch, das aus Stein zu sein scheint, und er richtet auch eine Predigt an sie, worin er ihnen sagt, sie sollten nicht ruhmsüchtig und eitel sein und einen anderen Gott als ihn [den Teufel] bekennen, der allein sie erretten und ins Paradies führen werde; und wenn sie auch in diesem Leben Mühe und Not erdulden müßten, so werde er ihnen doch reichen Trost im Jenseits spenden. Den Christen aber sollten sie soviel Übles wie nur irgend möglich zufügen. Und alsdann setzt er seine Messe fort, und man bringt ihm die Opfergabe dar, zu welchem Behufe der Teufel sich auf einen schwarzen Thron setzt, den man ihm dorthinstellt, und die älteste und hervorragendste Hexe (die Königin des Hexensabbats) nimmt an seiner Seite Platz, mit einem Pacem in der einen Hand, auf das das Konterfei des Teufels gemalt ist, und in der anderen Hand ein kleines Gefäß, wie jenes, das man in den Kirchen benutzt, um Kollekten abzuhalten für die Lichter vor den Heiligen, mit einer Kette wie aus Gold um den Hals, von der jedes einzelne Glied das Konterfei des Teufels in Email zeigt, und alle Hexer, geordnet nach ihrem Alter und Ansehen, bringen jeder ihr Opfer dar, wobei sie dreimal mit dem linken Fuß dem Teufel ihre Reverenz erweisen und dabei das Knie den Boden berühren lassen, und alsdann küssen sie das Konterfei des Teufels auf dem Pacem und legen in das betreffende Gefäß das Geld, das sie

tiempo que le besan debaxo della tiene prevenida (que les da) una ventosidad de muy horrible olor: loqual por la mayor parte haze siempre que le besan en aquellas partes. Y hecha la offrenda prosigue su Missa, y alça una cosa redonda como si fuera de suela de sapato, en que està pintada la figura del Demonio diziendo, *Este es mi cuerpo,* y todos los bruxos puestos de rodillas le adoran dandose golpes en los pechos diziendo *Aquerragoyti, Aquerrabeyti,* que quiere dezir, *Cabron arriba, Cabron abaxo.* Y lo mesmo hazen quando alça el caliz que es como de madera negro y feo y come la ostia, y beue lo que ay en el caliz: y despues se ponen todos los Bruxos alrededor, y los va comulgando, dandoles a cada uno un bocado negro (en que està pintada la figura del Demonio) que es muy aspero y malo de tragar, y luego les da un trago de una bebida que es muy amarga: y entragandola les enfria mucho el coraçon.

zum Opfer mitgebracht haben ... Und wenn sie ihre Opfergabe in das Gefäß legen, sagen sie: *Das hier ist für den Ruhm der Welt und die Ehre des Festes.* Und auch die Frauen opfern: Brotlaibe, Eier und andere Dinge, welche die Diener des Teufels in Empfang nehmen, und alsdann beugen sie ihr Knie vor ihm und küssen ihm die linke Hand und die Brust in Höhe des Herzens, und zwei Hexer, die das Amt der Schleppenträger wahrnehmen, heben dem Teufel den Unterteil seiner Gewänder hoch, damit man ihm die Schamteile küssen kann, und alsogleich wendet sich der Teufel auf die linke Seite: sie heben seinen Schwanz hoch und entblößen jene Körperteile, die sehr schmutzig und übelriechend sind. Und für den Augenblick, da man den Teufel unterhalb des Schwanzes küßt, hat er vorgesehen, daß er den Betreffenden einen fürchterlich stinkenden Wind ins Gesicht bläst: dies macht er [der Teufel] fast immer, wenn man ihn auf jene Körperteile küßt. Und nach dem Offertorium setzt er seine Messe fort, und er hebt ein rundes Ding, das wie eine Schuhsohle aussieht und worauf das Konterfei des Teufels gemalt ist, indem er sagt: *Dies ist mein Leib,* und alle Hexer beugen die Knie, beten das Ding an, schlagen an ihre Brust und sagen: *Aquerragoyti, Aquerrabeyti,* was soviel heißt wie: *Bockauf, Bocknieder.* Und ebenso tun sie, wenn er den Kelch erhebt, der gleichsam aus schwarzem häßlichen Holz hergestellt ist und ebenso wie die Hostie aussieht, und das trinkt, was sich in dem Kelch befindet. Und alsdann stellen sich alle Hexer im Kreis auf, und er reicht ihnen die Kommunion und gibt jedem ein schwarzes Stück (worauf das Konterfei des Teufels gemalt ist), das sehr widerlich und schlecht zu schlucken ist, und dann gibt er ihnen auch einen Schluck von einem Getränk, das sehr bitter schmeckt und beim Trinken ihnen das Herz kalt werden läßt.

Luego que el Demonio acaba su Missa, los conoce a todos hombres y mugeres, carnal y someticamente, y la dicha Graciana de Barrenechea, Reyna, yba señalando las bruxas que avian de yr donde estava el Demonio un poquito apartado, para el dicho efecto. Y Estebania de Yriarte su hija era la que mas continuaba ir a los dichos actos: y luego que la dicha su madre le hazia señal para que fuese, juanes de Goybúru su marido (tañendo con el tamborino, y

Sobald der Teufel seine Messe beendet hat, wohnt er allen bei, Männern und Frauen, fleischlich und nach Weise der Sodomiten, und besagte Estebania de Barrenechea, die Königin [des Hexensabbats], ging hin und bezeichnete jene Hexen, die sich dorthin zu begeben hatten, woselbst der Teufel ein wenig abseits stand, zum gleichen Zwecke. Und Estebania de Iriarte, ihre Tochter, war diejenige, die am beständigsten den besagten Akten oblag; und

juanes de Sansin con el Atambor) yuan a la parte donde estaban las Bruxas, y la sacaban de entre ellas, y haziendole el son la llevaban a la parte donde estaba el Demonio, que luego con su mano yzquierda (a la vista de todos) la tendia en el suelo boca abaxo, o la arrimaba contra un Arbol, y alla la conocia sometica-mente, estandole haziendo el son el dicho su marido Ioanes de Sansin, y estando en el dicho acto, ella daba un chillido muy rezio que le oyan todos: y preguntadas que formasen el chillido en la forma que lo hazian, es como quando brama un toro. Y luego que acababan lo sactos desonestos, haziendole el son, yendo ella muy ufana y contenta, la volvian a llevar al puesto donde la avian sacado: y en la dicha forma la dicha Reyna yba señalando todas las que avian de yr a se juntar con el Demonio: y con la dicha musica y solemnidad las yban llevando, y volviendo a sus lugares, dando todas siempre el dicho chillido, quando acababan los actos desonestos. Y la dicha maria Yriarte, hija de la Reyna declara, que quando su madre la mandò que fuese la primera vez para el dicho effecto, el Demonio la tratò carnalmente por ambas partes, y la desflorò y padecio mucho dolor, y volvio a su casa la camissa muy ensangrentada, de que se quexô a su madre, y ella le respondio que no importaba nada, que tambien avia hecho con ella otro tanto ... Y Martin Vizcar Bruco reconciliado (que en el Aquelarre tenia officio de Alcalde, para regir y governar los niños) refiere que la primera vez que el Demonio lo conocio someticamente, padecio gran dolor, y llevo a su casa mucha sangre: y para dar satisfacion a su muger (que le preguntò que sangre era aquella) fingio que con un ramo de una mata se abia herido en una pierna. Y luego que el Demonio acaba de cometer las dichas maldades, y otras muy abominables que se dexan de referir, los Bruxos se mezclan unos con otros, hombres con mugeres, y los hombres con hombres, sin tener consideracion a grados, ni aparentescos ...«

kaum hatte ihre besagte Mutter ihr das Zeichen gegeben, daß sie dorthin gehen solle, gingen auch schon Juanes de Goybúru, ihr [der Mutter] Gatte (der das Tambourin schlug, und Juanes de Sansin mit der Trommel) dorthin, wo die Hexen standen, und suchten sie dort heraus und brachten sie, wobei sie ihr aufspielten, dorthin, wo der Teufel stand, der sie alsogleich mit seiner linken Hand (wobei alle zusahen) auf den Boden streckte, mit dem Mund nach unten, oder er stemmte sie auch wohl gegen einen Baum, und in dieser Stellung wohnte er ihr nach Art der Sodomiten bei, während ihr Gatte, der besagte Ioanes de Sansin, die Musik dazu machte, und während sie noch in dem besagten Akt begriffen war, gab sie ein sehr schrilles Kreischen von sich, so daß alle es hörten, und [vor Gericht] aufgefordert, den Schrei zu bilden in der Art, wie sie es zu tun pflegten, erwies es sich, daß es so ist, als ob ein Stier brüllt. Und sogleich nach Abschluß der schändlichen Akte ging sie sehr stolz und zufrieden unter Musikbegleitung davon, und man brachte sie zu der Stelle zurück, woher man sie geholt hatte. Und in der besagten Form ging die besagte Königin und bezeichnete all diejenigen, welche sich mit dem Teufel zu kopulieren hatten, und man brachte sie mit besagter Feierlichkeit und Musik dorthin, und sie gingen danach wieder an ihren Standort zurück, und alle stießen immer das erwähnte Kreischen aus, wenn sie die schändlichen Akte beendeten. Und die besagte Maria Iriarte, Tochter der Königin [des Hexensabbats], erklärt, daß der Teufel, als ihre Mutter sie zu besagtem Zwecke erstmalig ihm zugeführt habe, es mit ihr beidseitig im Fleische getrieben und sie auf diese Weise defloriert habe, und sie habe große Schmerzen dabei ausgestanden und sei mit einem ganz blutigen Hemd nach Hause zurückgekehrt und habe sich ihrer Mutter gegenüber beklagt, und die habe ihr entgegnet, das habe nichts zu bedeuten, er [der Teufel] sei mit ihr vordem ebenso verfahren ... Und Martin Vizcar Bruco, ein [mit der Kirche] ausgesöhnter Hexer (der am Hexensabbat das Amt des Aufpassers innehatte, um die Kinder zu überwachen und zu leiten), gab zu Protokoll, daß er, als der Teufel ihm zum erstenmal nach Art der Sodomiten beiwohnte, großen Schmerz empfand und ganz blutig nach Hause zurückkehrte; und um seine Frau zu beruhigen (die ihn fragte, was das denn für Blut sei), habe er vorgegeben, sich mit einem Buschast am Bein verletzt zu haben. Und sobald der Teufel aufhört, die erwähnten üblen Dinge zu begehen und noch andere höchst schauderhafte, die wir hier übergehen, vermischen sich die Hexer untereinander, Männer mit Frauen, auch Männer mit Männern, ohne Ansehen des Standes und Verwandtschaftsgrades ...«

[a] Priesterweihe und Krankenölung.

Der erste Teil des Textes schildert die feierliche Aufnahme des Novizen in die Gemeinschaft der Hexer. Diese Initiationsfeier ist in Analogie zu Elementen des kirchlichen Taufritus gestaltet, wodurch sie den Charakter einer *Antithese zum christlichen Initiationsmysterium* erhält. Es ist interessant, daß man in der ›Hexensekte‹ – vermutlich unter Beeinflussung durch die entsprechende Gepflogenheit in zeitgenössischen häretischen Bewegungen – auf einen urkirchlichen Brauch zurückgreift, der zur damaligen Zeit in der Kirche längst verlorengegangen war: die Initianden müssen das Alter der Vernunft erreicht haben, um in die Kultgemeinschaft aufgenommen werden zu können. Während sich im offiziellen Christentum in der zweiten Hälfte des vierten Jahrhunderts die Kindertaufe durchgesetzt hat, besteht man in der ›Hexensekte‹ (die Vorstellung von einer zusammenhängenden Hexensekte bildete sich im fünfzehnten Jahrhundert) darauf, daß die Aufzunehmenden ihre Entscheidung selbständig treffen. Es handelt sich hier um eine deutliche *Bevorzugung des* sogenannten *›opus operantis‹*, des subjektiven Anteils an der Kulthandlung, *vor dem* sogenannten *›opus operatum‹*, dem objektiven rituellen Geschehen, was im Sinne einer Kompensation gegenüber der spätmittelalterlichen, oft bis ins Mechanistische gehenden Überbetonung des bloßen liturgischen Vollzuges aufgefaßt werden kann.

Vor dem Flug zum Sabbat-Platz, dem Ort der Initiation, *salbt* der Hexenmeister den Kandidaten an verschiedenen Körperteilen mit einer stinkenden, wasserähnlichen Flüssigkeit. Diese Handlung ist nicht einfach eine Imitation kirchlicher Salbungsgebräuche, sondern sie hat einen sehr realen Zweck, indem sie dazu dient, *halluzinatorische Erlebnisse*, besonders das des Fluges, zu erzeugen. Wesentliche Bestandteile der Hexensalbe sind nach den alten Rezepten u. a. der Stechapfel (Datura Stramonium), das Bilsenkraut (Hyoscyamus niger) und die Tollkirsche (Atropa Belladonna).[33] Aufgrund der Mitteilungen alter Autoren wie Giambattista della Porta (um 1535–1615) und Johann Weikhard von Valvasor (1641–1693) sowie durch Experimente moderner Forscher wie Hermann Fühner (1925), Siegbert Ferckel (1954) und Will-Erich Peuckert (1960)[34] wissen wir, daß die Anwendung salbenförmiger Pharmaka aus den genannten Nachtschattengewächsen die Versuchspersonen in einen tiefen, wilden Traumzustand verfallen läßt. »[V]or meinen Augen tanzten zunächst grauenhaft verzerrte Gesichter. Dann plötzlich hatte ich das Gefühl, als flöge ich meilenweit durch die Luft. Der Flug wurde wiederholt durch tiefe Stürze unterbrochen. In der Schlußphase schließlich das Bild eines orgiastischen Festes mit grotesken sinnlichen Ausschweifungen« (Selbstversuch von Peuckert[35]). Es ist jedoch *nicht* richtig, *alle* Sabbatsphänomene als reine Halluzinationen beziehungsweise als phantasiebedingte Ausgestaltungen derselben anzusehen. In Ausschließlichkeit trifft dies nur für die Flugerlebnisse zu.

Entsprechend seinem apollinischen Grundcharakter vermeidet der kirchliche Kult die Anwendung von Rauschmitteln aufs strengste. Beim Hexensabbat dagegen werden derartige uralte, weltweit verbreitete Praktiken wieder lebendig. Wie Erich Neumann zeigt, gehört das Wissen um die das Unbewußte belebenden und ein ›abaissement du niveau mental‹ herbeiführenden Drogen zur Domäne der Großen Göttin als der Mutter-, Erd- und Nachtgöttin.[36] Frauen sind es, die auf dem Sabbat die Salben zubereiten, von denen der Hexenmeister in dem vorliegenden Text Gebrauch macht. Die grüne Farbe der Flüssigkeit verweist auf ihre Beziehung zum Naturhaft-Vegetativen, das – in seinem Gegensatz zum Geistigen – im christlichen Volksglauben oftmals einen dämonischen Charakter annimmt, weshalb diese Farbe gern mit dem Teuflischen assoziiert wird[37]. Die Salbung versetzt den Hexer-Novizen also *in das Reich des Lunar-Matriarchalen und Mänadisch-Dionysischen.*

Der Teufel erscheint *als Bock* beziehungsweise – hier – mit einem Körper, der halb der eines Bockes, halb der eines Menschen ist. Im bocksgestaltigen Satan feiert, worauf oft aufmerksam gemacht worden ist, der antike Bocksgott *Pan* (siehe Tafel 4) *seine Wiederauferstehung,* der Sohn des Hermes, der sich aus einem arkadischen Hirtengott schließlich zum Allgott entwickelte. Der ursprüngliche Pan »stammt aus dem nymphischen Bereich der wildwachsenden Natur ... Er flieht den ansässigen Menschen mit seiner sozialen Ordnung, und die einzige Beziehung, in welche er sich zu ihm setzt, ist der gelegentliche Schrecken, den er ihm durch unerwartetes Begegnen mit seiner dämonischen Zwittergestalt verursacht ... Aus dem Wesen eines Tieres hat sich der Gott herausgebildet ... Der Ziegenbock gilt geradezu als das Sinnbild der fruchtbar zeugerischen Kraft, die die Vermehrung der Herde besorgt. So erscheint auch der Gott ganz natürlich als tätiger Zeuger und dann mehr ins Menschliche gewendet als eifriger Liebhaber, Verfolger der Frauen. Wieder mehr verallgemeinert als ein stark erotisch bestimmtes Wesen von der Potenz und Triebgier des Herdenmehrers ...«[38] Da der christliche Spiritualismus die wilde, zeugerische Naturhaftigkeit entgöttlichte, verwandelte sich die sie symbolisierende Gottheit in eine antigöttliche Figur. Aus dem schon in griechisch-klassischer Zeit zum kosmischen Herrscher gewordenen Pan, den eine orphische Hymne besingt als »Herrlicher, Tänzer, Gottbegeisterter, Allerzeuger, Fruchtbringer«[39], wurde der satanische Pantokrator.

Pan steht *in enger Beziehung zu Dionysos:* etliche Kunstwerke zeigen ihn im Zug der Satyrn und Mänaden, als Teilnehmer beim Thiasos, dem dionysischen Weinlese-Fest oder als Relieffigur am Bau der – der Sphäre des Dionysos zugehörigen – Theater.[40] Aber auch Dionysos selbst ist dem Bock verwandt, ja er erscheint im Mythos manchmal in Bocksgestalt, und unter seinen kultischen Benennungen finden sich Namen wie ›junges Böcklein‹ oder ›der im schwarzen Ziegenfell‹; auch galt der Bock als ein von ihm bevorzugtes Opfertier.[41] Daß die dionysischen Chorsänger der alten Zeit in Masken und Kostümen von Böcken (τράγοι, daher τραγῳδία) auftraten, ist allgemein bekannt. Der bockförmige Satan trägt also zu einem wesentlichen Teil auch dionysische Züge.

Neben diesen griechischen und teilweise hellenistischen Gehalten, welche durch die römischen Faunus- und Bacchus-Vorstellungen vermittelt worden waren, und zu denen sich wahrscheinlich noch der Einfluß etruskischen Dämonenglaubens gesellt hatte[42], ist ein zweiter Überlieferungsstrom in die Bocksfigur des Teufels eingegangen: *der biblisch-jüdische.* In Palästina galt der Ziegenbock, der für die Nacht stets von den Schafen getrennt in besondere Hürden gebracht wurde, wegen seines Gestankes und seiner sprunghaften Unberechenbarkeit als Symbol des Verworfenen.[43] Daher wird er im Alten Testament zum Sündenbock (Lev. XVI, 20 ff.), und im Neuen Testament gebraucht ihn Jesus zur bildlichen Veranschaulichung der beim Weltgericht Verdammten (Matth. XXV, 32 f. Vergleiche Ezech. XXXIV, 17). Diese biblische Symbolik mußte den Teilnehmern des Hexensabbats besonders geläufig sein. In der Bocksgestalt des Satans wurde somit ein auch für die Menge verständliches Gegen-Bild zum traditionellen Göttlichen errichtet.

Wie in allen Quellen über den Sabbat sind auch in unserem Text *die Hörner* des Satans stark betont: neben einer Krone von kleinen Hörnern sind es drei, von denen das Stirn-Horn als Lichtquelle dient. Das Horn spielt – wie schon bei prähistorischen Völkern, im alten Vorderen Orient und in Kreta – in der Bibel eine große Rolle: aufgrund seiner Bedeutung als Angriffs- und Verteidigungswaffe sowie als phallisches Symbol versinnbildet es sieghafte Kraft und überlegene Stärke.[44] In Antithese zu den sieben Hörnern des Gotteslammes (Apokal. V, 6) tragen der apokalyptische Drache und das Tier aus dem Meere zehn Hörner (ebd. XII, 3; XIII, 1) und das Tier aus der Erde zwei Hörner (ebd. XIII, 11). In diesem Sinne sind auch die Hörner des Teufels aufzufassen. Das lichtspendende Horn macht ihn konkret zum ›Luzifer‹ (wozu noch von Interesse ist, daß im Alten Testament bisweilen das Wort ›Horn‹ für ›Lichtstrahl‹ beziehungsweise ›gehörnt sein‹ für ›strahlen‹ steht[45]).

Trotz seiner Machtattribute erweist sich Satan – die vorliegende Quelle stimmt darin mit anderen Quellen überein, wenn sie auch diesen Punkt außergewöhnlich betont – als ein Wesen ›con un rostro muy triste – mit überaus traurigem Antlitz‹, als ›ayrado – übelgelaunt‹, als redend ›con una voz triste – mit einer traurigen Stimme‹, als ›muy melancolico – sehr trübsinnig‹ und ›siempre enojado – immer verdrießlich‹. Hierdurch erhält er einen spezifisch menschlichen Zug, so daß er auch als schwarzer Mann beschrieben wird. Aus der Mischung seines absoluten Anspruches mit seiner schlechten Stimmung aber ergibt sich das, was der Text als ›arrogancia‹ bezeichnet. Was es mit der Traurigkeit und Verdrießlichkeit des Teufels auf sich hat, leuchtet ein, wenn man sich sein Schicksal als von Gott und der christlichen Welt Verstoßener und Geächteter vor Augen hält. Psychologisch gesehen handelt es sich um den *Zustand der Depression,* die, wie die Erfahrung lehrt, aus einer Versagungssituation entsteht und durch die Diskrepanz zwischen einem übersteigerten, gärenden Anspruch und dessen mangelnder Erfüllung charakterisiert ist. Unter diesem Gesichtspunkt erscheint das Treiben des Hexensabbats wie

13 Zusammenkunft der Adamiten. Kupferstich, 17. Jahrh.

14 Älteste bekannte Darstellung fliegender Hexen. Miniatur, 1451

DESCRIPTION ET FIGVRE DV SABBAT DES SORCIERS.

Il faut mettre cette Figure au Diſcours 4. du 2. Liure, entre les pages 118. & 119.

A Satan eſt dans vne Chaire doree en forme de Bouc, qui preſche auec cirq cornes, ayant la cinquieſme allumee pour allumer toutes les chandelles & feux du Sabbat.

B La Roine du Sabbat couronnee à dextre, & vne moins fauorie à ſeneſtre.

C Au deſſous de ſa chaire, eſt vne Sorciere qui luy preſente vn enfant qu'elle a ſeduit.

D Voila les Conuiues de l'aſſemblee, ayant chacune vn Demon pres d'elle: Et en ce feſtin, ne ſe ſert autre viande, que charoignes, chair de pendus, cœurs d'enfans non baptiſez, & autres animaux immondes, du tout hors du commerce & vſage des Chreſtiens, le tout incipide & ſans ſel.

E En ce feſtin ne ſont admis, ces ſpectateurs, qui ſont pluſieurs poures Sorcieres reiettees aux recoings, & qui n'oſent s'approcher des grandes ceremonies.

F Apres la pance vient la danſe: car apres auoir eſté repeus de viandes, ou fugitiues, ou illuſoires, ou tres-pernicieuſes & abominables; chaque Demon meine celle qui eſtoit pres de luy à table, au deſſous de cet arbre maudit, & là le premier ayant le viſage tourné vers le rond de la danſe, & le ſecond en dehors, & les autres ainſi enſuiuant tout de meſme, ils danſent, trepignent & tripudient, auec les plus indecens & ſales mouuemens qu'ils peuuent.

G Ce ſont les ioueurs d'inſtrumens, & le concert de Muſique, au chant & harmonie de laquelle ils danſent & ſautent.

H Au deſſous ſe void vne troupe de femmes & filles qui danſent toutes le viſage en dehors le rond de la danſe.

I Voila la Chaudiere ſur le feu pour faire toute ſorte de poiſon, ſoit pour faire mourir & maleficier les hommes, ſoit pour gaſter le beſtail; l'vne tient les ſerpens & crapaux en main, & l'autre leur couppe la teſte, & les eſcorche, puis les iette dans la chaudiere.

K Pendant cet entretien pluſieurs Sorcieres arriuent au Sabbat ſur des baſtons & balais, d'autres ſur des Boucs accompagnees des enfans qu'elles ont enleué & ſuborné, leſquels elles viennent offrir à Satan: D'autres partant du Sabbat, & tranſportees en l'air, s'en vont ſur la mer ou ailleurs exciter des orages & tempeſtes.

L Ce ſont les grands Seigneurs & Dames, & autres gens riches & puiſſans, qui traictent les grands affaires du Sabbat, où ils paroiſſent voilez, & les femmes auec des maſques, pour ſe tenir touſiours à couuert & incogneus.

M Pres de ce ruiſſeau ſont les petits enfans, leſquels auec des verges & houſſines blanches, eſloignez des ceremonies, gardent chacun les troupeaux des crapaux de celles qui ont accouſtumé les mener au Sabbat.

Outre ce, il y a pluſieurs autres choſes que la petiteſſe de ceſte figure n'a peu ſouffrir, qui ſe pourront entendre commodément par le Diſcours du Sabbat, qui eſt au Diſcours 4. du Liure ſecond.

15 Darstellung des Hexensabbats. Tafel aus: de Lancre, ›Tableau . . .‹, 1613

16 Das Zauberfest auf dem Blocksberg. Kupferstich, 17. Jahrh.

17 Ein Dioskure raubt eine Leukippide. Stuckarbeit, Rom, 1. Jahrh. n. Chr.

18 Hexenzusammenkunft auf dem Blocksberg. Kupferstich, 1668

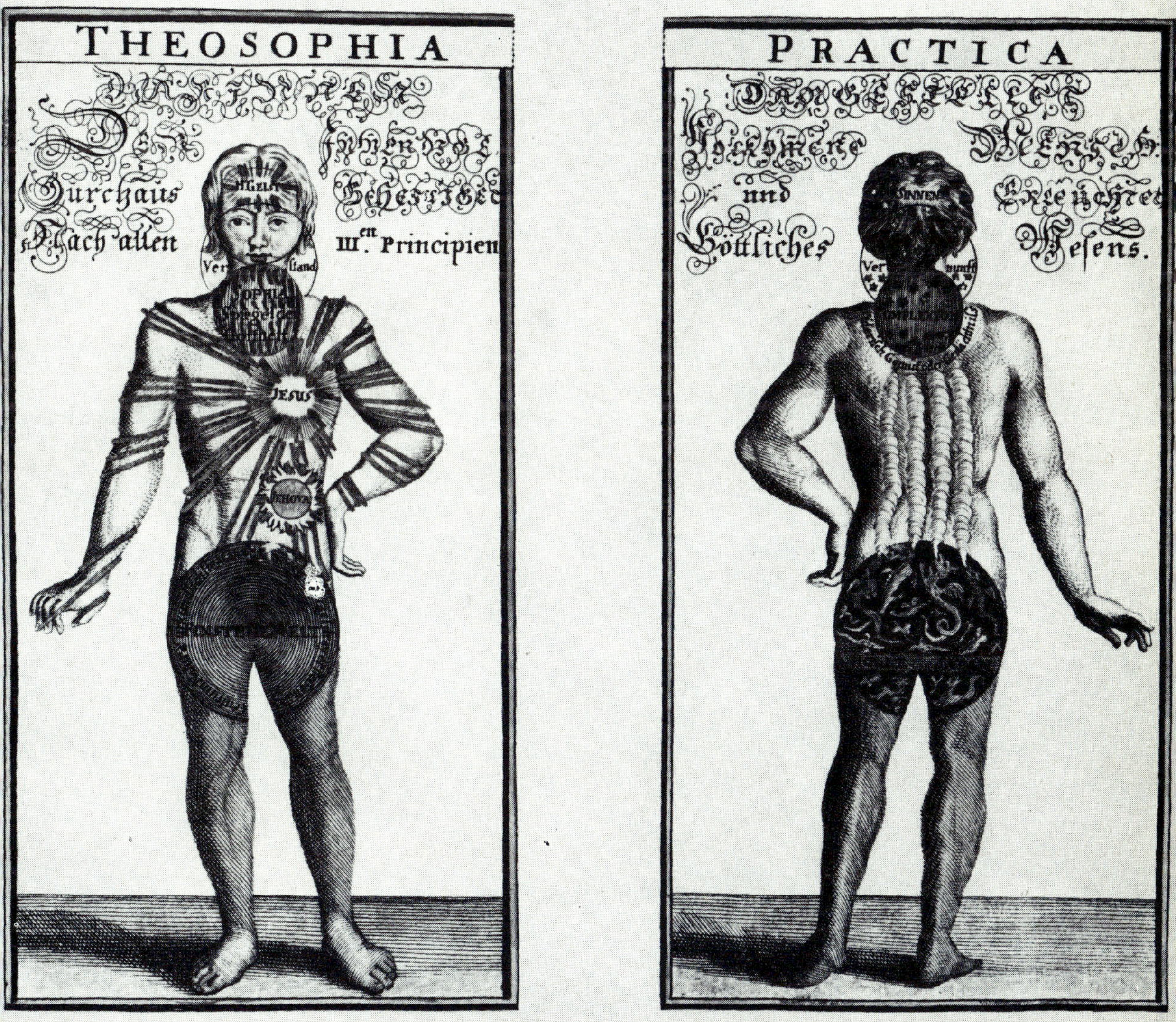

19 Die Symbolik des menschlichen Körpers. Kupferstiche aus: Gichtel, ‹Theosophia practica›, 1696

20 Hieronymus Bosch, Die Versuchung des heiligen Antonius, um 1490

ein gewaltiger *Versuch* des Satans, sich rauschhaft aus seiner depressiven Qual *zu befreien*, ein Unternehmen, das – wie es beim Depressiven immer der Fall zu sein pflegt – keine prinzipielle Veränderung der Lage herbeizuführen vermag und darum immer wieder in der gleichen Verfassung endet, die sein Ausgangspunkt war.[46]

Die Abschwörung an Gott, die Jungfrau Maria, alle Heiligen und die Sakramente der Kirche ist in Analogie zur ›abrenuntiatio‹ des Taufrituals gestaltet. Nach dem Kuß-Ritus (siehe dazu unten Seite 90) empfängt der Neuling vom Satan *das unauslöschliche Hexenmal.* Auch hier liegt eine Entsprechung zur Kirche vor: nach katholischer Lehre prägen die Initiationsmysterien der Taufe und der Firmung ›characterem in anima, hoc est signum quoddam spirituale et indelebile – einen Charakter in die Seele, das ist ein gewisses geistiges und unzerstörbares Zeichen‹[47] ein. Der entscheidende Unterschied liegt jedoch darin, daß das Mal, das der Satan setzt, nicht nur geistiger, sondern gleichzeitig *körperlicher Natur* ist, und daß seine Einprägung mit großen Schmerzen verbunden ist. Die Parallele zu entsprechenden Initiationsbräuchen bei den Naturvölkern[48] ist deutlich. Wieder wird die antispiritualistische Tendenz des Satanskultes sichtbar. Wenn der Teufel beim Zufügen der Markierung die linke Hand benutzt, so steht dies in Zusammenhang mit der alten Assoziierung der rechten Seite mit dem Guten, der linken Seite mit dem Bösen.[49]

Der zweite Teil des Textes schildert *den eigentlichen Hexensabbat.* Er wird durch einen ins Satanistische verkehrten *Beichtritus* eingeleitet, und darauf wird *die Schwarze Messe* gefeiert. Ihr Aufbau entspricht dem der römischen Meßliturgie, wobei es interessant ist, daß teilweise *alte Formen* der letzteren in der Satansliturgie *›konserviert‹* sind. So liegt die satanistische Entsprechung zum *Friedenskuß vor dem Offertorium,* wie er auch in der römischen Messe – in Anknüpfung an Worte der Bergpredigt (Matth. V, 23 f.) und in Übereinstimmung mit den alten Liturgien – einstmals an dieser Stelle seinen Platz hatte (später wurde er – ohne sinnvolle Motivierung – an das Ende der Eucharistia versetzt).[50] Der Ritus der Darbringung der Opfergaben folgt einer sehr frühen, im Spätmittelalter bereits lange verlorengegangenen Tradition: einerseits vollzieht er sich in Form der einstmals üblichen *Prozession*[51], andererseits bringt man neben dem Brot *auch andere Genußmittel* zum Altar, ein Brauch, den schon die Hippolytische Liturgie (um das Jahr 200) kennt.[52] Das Offertorium der Schwarzen Messe besitzt also einen kompensatorischen Charakter gegenüber der ganz individuell und spirituell ausgerichteten Praxis der späteren Kirche. Während die Konsekration eine direkte Pervertierung des bekannten liturgischen Aktes ist, greift die Kommunion auf den *Laienkelch,* der vor dem dreizehnten Jahrhundert allgemein üblich war, zurück. Auf die Bedeutung der ›Reyna del Aquelarre – Königin des Hexensabbats‹ sowie der auf die Schwarze Messe folgenden sexuellen Orgien gehen wir in der Besprechung des folgenden Quellen-Abschnittes ein.

2. *Pierre de Lancre,* geboren 1553 in Bordeaux, Parlamentsrat in seiner Heimatstadt, wurde von König Heinrich IV. beauftragt, in Labourd, einer an Spanien grenzenden Landschaft in den Westpyrenäen, Untersuchungen über das Hexen-

wesen anzustellen. Es kam ihm dabei zustatten, daß er die Sprache der dortigen Bevölkerung, das Baskische, beherrschte. Zu Beginn des Jahres 1609 nahm de Lancre seine Tätigkeit auf. In kurzer Zeit brachte er eine große Anzahl von Hexen zur Strecke, wobei er gegen hartnäckige Widerstände und den Aufruhr weiter Kreise zu kämpfen hatte. Als de Lancre auch einige Geistliche verbrennen oder einkerkern ließ, wandte sich der Bischof von Bayonne gegen ihn, und die Hexenjagd mußte – nach vier Monaten – abgebrochen werden.[53]
De Lancre verkörpert also *die weltliche Gerichtsbarkeit*. Aus seinem erstmals im Jahre 1612 erschienenen Werk ›Tableau de l'Inconstance...‹, das ungewöhnlich interessant ist, legen wir die folgenden Texte vor:

Pierre de Lancre, Tableau de l'Inconstance des mauvais Anges et Démons, Paris 1612.

Descripton du Sabbat...
2. Aufl. 1613, S. 188 ff.

Beschreibung des Sabbats...

Le Tasso descrivant l'enchantement que fit Ismenus magicien et sorcier dans la forest de Hierusalem, semble descrire tout de mesme que nos sorciers le nous dépeignent.

Wenn Tasso die Zauberei beschreibt, die Ismen, der Magier und Zauberer in dem Wald von Jerusalem vollführt, scheint er ganz dasselbe zu beschreiben, was uns unsere Zauberer schildern.

Sorge non lungi a le Christiane tende

Fra solitarie valli alta foresta
Foltissima di piante antiche horrende,
Che spargon d'ogni intorno ombra funesta.

Es erhebt sich nicht weit von den Zelten der Christen
Zwischen einsamen Tälern ein hoher Wald,
Ganz dicht durch altes Holz, schreckensvolles,
Das unheilvollen Schatten ringsherum verbreitet.

Puis il adiouste aprés quelques vers,

Dann fügt er danach einige Verse hinzu:

Qui s'adunan le streghe, et il suo vago.

Con ci ascuna di lor nocturno viene
Vien sovra i nembi, e chi d'un fero Drago,

Ę chi forma d'un Hirco informe tiene,
(Consilio infame) che fallace imago,

Suol alletar di desiato bene

A celebrar con pompe immonde et sozze
I profani convitti, et l'empie nozze.[a]

Hier versammeln sich die Hexen und ihr Liebhaber.
Mit einer jeden von ihnen kommt er bei Nacht,
Kommt auf den Sturmwolken, und der eine nimmt die Gestalt eines wilden Drachens
Und der andere die eines ungestalten Bockes an,
(Abscheuliche Versammlung), welch trügerisches Bild,
Fort vom erwünschten Guten pflegt er zu locken,
Zu feiern mit unreinem und schmutzigem Pomp
Die weltlichen Gastmahle und die ruchlosen Hochzeiten.[a]

Le Sabbat est comme une foire de marchands meslez, furieux et transportez, qui arrivent de toutes parts. Un rencontre et meslange de cent

Der Sabbat ist wie ein Markt von zusammengewürfelten, rasenden und außer sich geratenen Händlern, die von allen Seiten her einge-

mille subiects soudains et transitoires, nouveaux à la verité, mais d'une nouveauté effroyable qui offence l'œil, et soubsleve le cœur. Parmy ces mesmes subiects, il s'en voit de reels, et d'autres prestigieux et illusoires: aucuns plaisans (mais fort peu) comme sont les clochettes et instrumens melodieux qu'on y entend de toutes sortes, qui ne chatoüillent que l'oreille, et ne touchent rien au cœur: consistant plus en bruit qui estourdit et estonne, qu'en harmonie qui plaise et qui resiouisse. Les autres déplaisans, pleins de difformité et d'horreur, ne tendant qu'à dissolution, privation, ruine et destruction. Où les personnes s'y abbrutissent et transforment en bestes, perdant la parole tant qu'elles sont ainsi. Et les bestes au contraire y parlent, et semblent avoir plus de raison que les personnes, chacun estant tiré hors son naturel.

troffen sind. Ein Zusammentreffen und ein Gemisch von hunderttausend blitzschnellen und vorübereilenden Dingen, die zwar durchaus neuartig, aber von einer abscheulichen Neuartigkeit sind, die das Auge beleidigt und das Herz empört. Unter diesen Dingen sieht man solche, die real sind, und andere, die Blendwerk und Trug sind. Einige (wenn auch sehr wenige) sind angenehm, wie die Schellen und die wohlklingenden Instrumente, bloß, daß man sie dort dergestalt hört, daß sie nur dem Ohr schmeicheln und nichts im Herzen anrühren, indem sie mehr in Lärm, der betäubt und erschreckt, bestehen als in Harmonie, die gefällt und erfreut. Die anderen [Dinge], die unangenehm, voll Häßlichkeit und Greuel sind, bezwecken nur Zügellosigkeit, Beraubung, Verderben und Zerstörung. Wo die Menschen vertieren und sich in Tiere verwandeln, indem sie die Sprache verlieren, solange sie so sind. Und die Tiere hingegen sprechen dort und scheinen mehr Vernunft als die Menschen zu haben, indem jedes seinem Wesen entfremdet wird.

Les courriers ordinaires du sabbat sont les femmes, les mysteres duquel passent par leurs mains, que par celles des hommes. Or elles volent et courent eschevelees comme furies à la mode du pays: ayant la teste si legere, qu'elles n'y peuvent souffrir couverture. On les y voit nues, ores graissees, ores non. Elles arrivent ou partent (car chacune a quelque infauste et meschante commission) perchees sur un baston ou balay, ou portees sur un bouc ou autre animal, un pauvre enfant ou deux en croupe, ayant le Diable ores au devant pour guide, ores en derriere et en queue comme un rude foüeteur. Et lors que Sathan les veut transporter en l'air (ce qui n'est encor donné qu'aux plus suffisantes) il les essore et eslance comme fusees bruiantes, et en la descente elles se rendent audit lieu et fondent bas, cent fois plus viste qu'un Aigle ou un Milan ne sçauroit fondre sur sa proye...

Die ordentlichen Kuriere des Sabbats sind die Frauen, seine Mysterien gehen [mehr] durch ihre Hände als durch die der Männer. Nun, sie fliegen und eilen zerzaust wie Furien, nach der Sitte des Landes, indem sie einen so leichten Kopf haben, daß sie auf ihm keine Bedeckung ertragen können. Man sieht sie dort nackt, bald eingefettet, bald nicht. Sie kommen an oder entfernen sich (denn jede hat einen unheilvollen und bösen Auftrag), indem sie auf einem Stock oder Besen sitzen oder von einem Bock oder einem anderen Tier getragen werden, ein oder zwei arme Kinder auf dessen Kreuz, wobei sie den Teufel bald vorn als Führer, bald hinten und am Schwanz als einen derben Peitscher haben. Und wenn Satan [selbst] sie durch die Luft befördern will (was überdies nur den Fähigsten gegeben wird), schwingt er sie hoch und erhebt sie wie tosende Raketen, und wenn sie niedergehen, finden sie sich an dem besagten Ort vor und stürzen sich herab, hundertmal schneller als ein Adler oder ein Milan sich auf eine Ammer stürzen könnten...

Le Diable maistre souverain de l'assemblee, s'y represente par fois en bouc puant et barbu: la plus horrible et orde figure qu'il a peu emprunter parmy tous animaux, et celuy avec lequel

Der Teufel, unumschränkter Gebieter der Versammlung, tritt dort öfters auf als stinkender und bärtiger Bock: die schrecklichste und scheußlichste Gestalt, die er unter allen Tieren ent-

l'homme a le moins de commerce. Il s'y trouve et s'y void quelque fois en tronc d'arbre espouventable en forme d'homme sombre et monstrueux . . .

lehnen kann, und diejenige, mit welcher der Mensch den geringsten Umgang hat. Bisweilen ist er [der Teufel] dort anzutreffen und zu sehen als schreckerregender Baumstamm von der Form eines düsteren und ungeheuer [großen] Menschen . . .

Que s'il y paroist en homme, c'est en homme gehenné, tourmenté, rouge et flamboyant comme un feu qui sort d'une fournaise ardente. Homme effacé, duquel la forme ne paroist q'à demy, avec une voix casse, morfundue et non articulee, mais imperieuse, bruiante et effroyable. Si bien qu'on ne sçauroit bonnement dire à le voir s'il est homme, tronc ou beste. Il est assis dans une chaire, doree en apparence, mais flamboiante: la royne du sabbat à son costé, qui est quelque sorciere qu'il a debauchee, laquelle il faict paroistre pompeuse, ornee de plusieurs faux affiquets, et couronnee en royne, pour amorcer les autres. Donnant aussi une forme affreuse, presque à tous ceux qui sont en cette assemblee maudite, les visages desquels, à la fauce lumiere de ces chandeles de poix qui s'y voyent, paroissent tenebreux, farouches ou voilez: et les personnes de taille et hauteur monstrueuse, ou de bassesse extraordinaire et deffectueuse . . .

Wenn er dort als Mensch erscheint, dann als ein Mensch, der gequält, gepeinigt, rot und flammend wie ein Feuer ist, das aus einem glühenden Ofen herausschlägt. Als verschwommener Mensch, dessen Gestalt nur zur Hälfte in Erscheinung tritt, mit einer gebrochenen, angekränkelten und unartikulierten Stimme, die jedoch gebieterisch, rollend und entsetzlich ist. Dergestalt, daß man bei seinem Anblick nicht gut zu sagen wüßte, ob es ein Mensch, ein Baumstamm oder ein Tier ist. Er sitzt auf einem Stuhl, der vom Aussehen golden ist, aber flammend; die Königin des Sabbats zu seiner Seite, die eine Hexe ist, die er verführt hat [und] die er prunkvoll erscheinen läßt, geschmückt mit vielem falschem Putz und gekrönt als Königin, um die anderen anzulocken. Wobei er obendrein fast allen eine abscheuliche Gestalt gibt, die auf dieser fluchwürdigen Versammlung sind, deren Gesichter beim trügerischen Licht dieser Kerzen aus Pech, die dort zu sehen sind, düster, barbarisch oder verschleiert erscheinen; und die Menschen (scheinen) von ungeheurer Statur und Größe oder von außerordentlicher und fehlerhafter Kleinheit [zu sein] . . .

On y voit de grandes chaudieres pleines de crapaux et viperes, cœurs d'enfans non baptisez, chair de pendus, et autres horribles charognes, et des eaux puantes, pots de graisse et de poison, qui se preste et se debite à cette foire . . .

Man sieht dort große Kessel, voll von Kröten und Vipern, Herzen von ungetauften Kindern, Fleisch von Gehenkten und anderem schauderhaften Aas, und stinkende Brunnen, Töpfe mit Fett und Gift, das bei diesem Jahrmarkt gebraucht und ausgegeben wird . . .

Les femmes et filles avec lesquelles il [le Diable] se veut accoupler, sont couvertes d'une nuee, pour cacher les execrations et ordures qui s'y trouvent, et pour oster la compassion qu'on pourroit avoir des cris et douleurs de ces pauvres miserables. Et voulant mesler l'impieté avec l'abomination du sortilege: pour leur faire paroistre qu'il veut qu'elles vivent avec quelque forme de religion; le service ou culte divin, qu'il s'essaye de contrefaire ou representer, est si sauvage et dereglé, et hors de

Die Frauen und Mädchen, mit denen er [der Teufel] sich paaren will, sind bedeckt mit einer Nebelwolke, um die Abscheulichkeiten und Schändlichkeiten zu verbergen, die es dabei gibt, und um das Mitleid fernzuhalten, das man mit den Schreien und Schmerzen dieser armen Unglücklichen haben könnte. Und dabei will er die Ruchlosigkeit mit der Schandtat der Zauberei verbinden, um ihnen den Anschein zu erwecken, er wolle, daß sie mit einer Form von Religion lebten; der Dienst oder göttliche Kult,

tout sens commun, que le faux sacrificateur, ayant dressé quelque autel, faict semblant d'y dire quelque forme de Messe, pour se moquer des chrestiens: Et y faict paroistre quelque hostie, faicte de quelque puante matiere noire et enfumee, où il est peint en Bouc. Ce faux prestre la teste en bas, et les pieds contre-mont, et le dos ignominieusement tourné vers l'autel ...

an dessen Nachäffung oder Abbildung er sich versucht, ist so wild und zuchtlos und außerhalb allen gesunden Menschenverstandes, daß der falsche Opferpriester, der einen Altar zugerichtet hat, den Schein erweckt, dort eine Form von Messe zu lesen, um über die Christen zu spotten. Und er läßt dort eine – aus einer schmutzigen, schwarzen und rußfarbenen Materie gemachte – Hostie erscheinen, auf der er als Bock dargestellt ist. Dieser falsche Priester mit dem Kopf nach unten und den Füßen nach oben und mit dem Rücken in schimpflicher Weise gegen den Altar gewandt ...

Marie de la Ralde aagee de vingt-huict ans tres-belle femme ... dict qu'elle ne croyoit faire aucun mal d'aller au sabbat, et qu'elle y avoit beaucoup plus de plaisir et contentement que d'aller à la Messe, parce que le Diable leur faisoit à croire qu'il estoit le vray Dieu, et que la ioye que les sorciers prenoyent au sabbat n'estoit qu'un commencement d'une beaucoup plus grande gloire, déprimant nostre Seigneur et luy disant plusieurs blasphemes ...

Marie de la Ralde, achtundzwanzig Jahre alt, eine sehr schöne Frau, ... sagt aus, daß sie nicht geglaubt habe, etwas Schlechtes zu tun, wenn sie zum Sabbat gegangen sei, und daß sie dort viel größere Lust und Befriedigung gehabt habe, als wenn sie zur Messe gegangen sei, weil der Teufel sie glauben gemacht habe, daß er der wahre Gott sei, und daß die Freude, welche die Hexer auf dem Sabbat empfingen, nur ein Beginn einer viel größeren Herrlichkeit sei, indem er [der Teufel] unseren Herrn herabgesetzt habe und ihm mehrere Blasphemien gesagt habe ...

Ieannette d'Abadie habitante de Siboro, aagee de seize ans ... dit qu'elle y vid le Diable en forme d'homme noir et hideux, avec six cornes en la teste, parfois huict, et une grande queuë derriere, un visage devant et un autre derriere la teste, comme on peint le dieu Ianus: que ladicte Gratianne[b] l'ayant presentee, receut une grande poignee d'or en recompense, puis la fit renoncer et renier son Createur, la saincte Vierge, les Saincts, le Baptesme, pere, mere, parens, le ciel, la terre et tout ce qui est au monde, laquelle renonciation il luy faisoit renouveller toutes les fois qu'elle alloit au sabbat, puis elle l'alloit baiser au derriere: Que le Diable luy faisoit baiser souvent son visage, puis son nombril, puis son membre, puis son derriere: Qu'elle a veu souvent baptiser des enfans au sabbat, qu'elle nous expliqua estre des enfans des sorcieres et non autres, lesquelles ont accoustumé faire plustost baptiser leurs enfans au sabbat qu'en l'Eglise, et les presenter au Diable plustost qu'à Dieu ...

Jeanette d'Abadie, Einwohnerin von Siboro, sechzehn Jahre alt, ... hat ausgesagt, daß sie dort den Teufel in Gestalt eines schwarzen und scheußlichen Mannes gesehen habe, mit sechs Hörnern auf dem Kopf, manchmal mit acht, und einem großen Schwanz hinten, einem Gesicht vorn und einem anderen hinten am Kopf, wie man den Gott Janus darstellt; daß die besagte Gratianne[b], nachdem sie sie präsentiert habe, eine große Handvoll Gold als Belohnung empfangen habe, dann habe er [der Teufel] sie widersagen und abschwören lassen ihrem Schöpfer, der Heiligen Jungfrau, den Heiligen, der Taufe, Vater, Mutter, Eltern, dem Himmel, der Erde und allem, was in der Welt ist, welche Widersagung er sie jedesmal habe erneuern lassen, wenn sie auf den Sabbat gegangen sei, dann sei sie daran gegangen, ihn auf das Gesäß zu küssen; daß der Teufel sie oft sein Gesicht, dann seinen Nabel, dann sein Glied, dann sein Gesäß habe küssen lassen; daß sie oft gesehen habe, wie man Kinder auf dem Sabbat getauft habe, die, wie sie uns erklärt hat, Kinder von Hexen und nicht von anderen

seien, welche [Hexen] die Gewohnheit hätten, ihre Kinder lieber auf dem Sabbat als in der Kirche taufen zu lassen und sie lieber dem Teufel als Gott darzubringen . . .

Pour l'accouplement, qu'elle a veu tout le monde se mesler incestueusement et contre tout ordre de nature . . ., s'accusant elle mesme d'avoir esté depucellee par Satan et cognue une infinité de fois par un sien parent et autres qui l'en daignoient semondre: qu'elle fuyoit l'accouplement du Diable, à cause qu'ayant son membre faict en escailles il fait souffrir une extresme douleur; outre que sa semence est extremement froide, si bien qu'elle n'engrosse iamais, ni celle des autres hommes au sabbat, bien qu'elle soit naturelle: Que hors du sabbat elle ne fit iamais faute, mais que dans le sabbat elle avoit un merveilleux plaisir en ces accouplemens: autres que de celui de Satan, qu'elle disoit estre horrible, voire elle nous tesmoignoit un merveilleux plaisir à le dire, et le conter, nommant toutes choses par leur nom plus librement et effrontément que nous ne le luy osions faire demander, chose qui confirme merveilleusement la realité du sabbat. Car il est plus vray semblable qu'elle se soit accouplee au sabbat avec des gens qu'elle nommoit, que non que Satan les y ait faict voir dans son lict par illusion, ou qu'il les luy ait portez corporellement: n'ayant peu sentir cent fois (comme elle dict) cette semence naturelle que s'accouplant corporellement et reellement avec un homme naturel qu'elle nous a nommé qui est encore vivant.

In bezug auf die Paarung [hat sie ausgesagt], daß sie gesehen habe, wie jedermann sich auf inzestuöse Weise und gegen alle Ordnung der Natur vermischt habe . . ., wobei sie sich angeklagt hat, selbst durch Satan defloriert worden zu sein und unzählige Male [fleischlich] erkannt worden zu sein durch einen ihrer Verwandten und andere, die sie dazu aufzufordern geruht hätten; daß sie der Paarung mit dem Teufel ausgewichen sei, weil er, da er ein aus Schuppen gebildetes Glied habe, die Erduldung eines außerordentlichen Schmerzes bewirke; außerdem, daß sein Samen äußerst kalt sei, so sehr, daß er niemals schwängere, auch nicht derjenige [Samen] der anderen Männer auf dem Sabbat, obwohl er natürlich sei. Daß sie außerhalb des Sabbats niemals Schuldhaftes getan habe, daß sie aber auf dem Sabbat ein wunderbares Vergnügen bei diesen Paarungen gehabt habe, bei anderen [Paarungen] als bei der mit dem Satan, von der sie gesagt hat, daß sie schrecklich sei; sie hat uns sogar ein wunderbares Vergnügen beim Sprechen und Erzählen zu erkennen gegeben, indem sie alle Dinge freier und frecher bei ihrem Namen nannte, als wir es zu tun von ihr zu verlangen gewagt hätten, eine Tatsache, die in wunderbarer Weise die Realität des Sabbats bekräftigt. Denn es ist wahrscheinlicher, daß sie sich auf dem Sabbat mit Leuten, die sie genannt hat, begattet hat, als daß Satan diese [Leute] dort in seinem Bett durch ein Blendwerk gezeigt hat, oder daß er sie körperlich transportiert hat, indem sie [Jeanette] diesen natürlichen Samen nur dann hundertmal (wie sie sagt) hat fühlen können, wenn sie sich körperlich und wirklich mit einem natürlichen Mann begattet hat, den sie uns genannt hat [und] der noch am Leben ist.

Qu'elle y a veu des tables dressees avec force vivres, mais quand on en vouloit prendre on ne trouvoit rien soubs la main, sauf quand on y avoit porté des enfans baptisez ou non baptisez, car de ces deux elle en avoit veu fort souvent servir et manger . . . Qu'on les coupe à quartiers au sabbat pour en faire part à plusieurs parroisses.

Daß sie dort Tische gesehen habe, hergerichtet mit einer Menge Lebensmittel, aber wenn man davon habe nehmen wollen, habe man nichts in der Hand vorgefunden, außer wenn man dort getaufte oder ungetaufte Kinder aufgetragen habe, denn von beiden habe sie dort sehr oft servieren und essen gesehen . . . Daß man sie [die Kinder] auf dem Sabbat abseits

zerschneide, um davon mehreren Pfarreien etwas zuzuteilen.

D'avantage dict qu'elle a veu plusieurs petits Demons sans bras, allumer un grand feu, ietter des sorcieres du sabbat là dedans, et les retirant sans douleur, le Diable leur dire qu'elles n'auroient non plus de mal du feu d'Enfer...

Weiter sagt sie, daß sie gesehen habe, wie mehrere kleine Dämonen ohne Arme ein großes Feuer angezündet hätten, Hexen des Sabbats hineingeworfen hätten, und wie, während sie sie ohne Schmerzen herausgezogen hätten, der Teufel ihnen [den Hexen] gesagt habe, daß sie kein größeres Leid haben würden durch das Feuer der Hölle...

Qu'elle a veu des sorcieres se transformer en loup, en chien, en chat et autres animaux, en se lavant les mains de quelque eau qu'elles avoient dans un pot, et reprenoyent leur forme quand bon leur sembloit: et ce au sabbat, par les chemins, et en tous lieux et estant transformees ne peuvent estre veuës, et ne voit on rien prés d'elles que quelque lueur.

Daß sie gesehen habe, wie Hexen sich in einen Wolf, einen Hund, eine Katze und andere Tiere verwandelt hätten, wobei sie sich die Hände gewaschen hätten mit Wasser, das sie in einem Topf gehabt hätten, und wie sie ihre Gestalt wiedererlangt hätten, wenn es ihnen gut erschienen sei, und dies auf dem Sabbat, auf den Wegen und an allen Orten, und während sie verwandelt seien, könnten sie nicht gesehen werden, und man sehe nichts in ihrer Nähe als einen Schimmer.

Qu'aux grandes festes il y a des assemblees generales des sorciers, si bien qu'elle en a veu une fois douze mille en la coste de Underalse prés de Handaye. Qu'on y tient quelque forme de conseil, où il se resout seulement que chacun fera tant de mal qu'il pourra, et à ces fins le poison et les poudres se distribuent à un chacun.

Daß es an den großen Festen allgemeine Versammlungen der Hexer gebe, und auch, daß sie dort einmal zwölftausend gesehen habe, an der Küste von Underalse bei Handaye. Daß man dabei eine Form von Rat abhalte, wo nur beschlossen werde, daß jeder so viel Böses tun solle, wie er nur könne, und zu diesem Zweck würden das Gift und die verschiedenen Puder an einen jeden ausgeteilt.

Et plusieurs autres nous ont dict que les plaisirs et la ioye y sont si grands et de tant de sortes, qu'il n'y a homme ny femme qui n'y coure tres-volontiers: il n'y a que les enfans qui craignent aucunement: encore n'estce que les fort petits, qui gardent les crapaux. La femme se iouë en presence de son mary sans soupçon ny ialousie, voire il en est souvent le proxenere: le pere depucelle la fille sans vergogne: la mere arrache le pucellage du fils sans crainte: le frere de la sœur: on y voit les peres et meres porter et presenter leurs enfans; En fin aux grandes assemblees qui se font aux festes annuelles il va et vient tant de gens au sabbat de toutes les parties de la terre, qu'une nous dict qu'elle y avoit veu autant de gens comme d'estoiles au ciel: De maniere qu'elles ne croyent qu'il soit mal faict d'aller au

Und mehrere andere haben uns gesagt, daß die Vergnügungen und die Lust dort so groß und von so vielerlei Art seien, daß es weder einen Mann noch eine Frau gebe, die nicht sehr gerne dorthineilten; es gebe dort nur die Kinder, die durchaus keine Furcht hätten, zudem seien es nur die sehr kleinen, welche die Kröten hüteten. Die Frau treibe ihr Spiel in Gegenwart ihres Ehemannes ohne Argwohn und ohne Eifersucht, er sei dabei oft sogar der Kuppler; der Vater defloriere die Tochter ohne Scham, die Mutter raube die Unberührtheit des Sohnes ohne Scheu, der Bruder [die] der Schwester; man sehe dort die Väter und Mütter ihre Kinder bringen und anbieten. Zu den großen Versammlungen schließlich, die an den jährlichen Festen abgehalten werden, gehen und kommen auf den Sabbat so viele Leute aus allen Teilen

sabbat, ains que c'est plustost malice de leur interdire et prohiber un si grand contentement: que cet exercice ne leur oste la grace de Dieu: qu'avec cela elles vont tous les iours à l'Eglise, et ne croyent avoir perdu leur part de Paradis: et quand bien il faudroit aller en Enfer, elles croyent et pensent pour le moins estre desia apprivoisees avec le Diable, et que les peines eternelles, le feu d'Enfer et celuy du sabbat c'est mesme chose; Outre que Satan faict en ce lieu tant de choses estranges et nouvelles, que leur simplicité et abus prend cela pour quelques miracles: en telle façon que quand elles sont prevenues de la Iustice, elles ne pleurent et ne iettent une seule larme, voire leur faux martyre soit de la torture, soit du gibet leur est si plaisant, qu'il tarde à plusieurs qu'elles ne soient executees à mort, et souffrent fort ioyeusement qu'on leur face le procez, tant il leur tarde qu'elles ne soient avec le Diable. Et ne s'impatientent de rien tant en leur prison, que de ce qu'elles ne luy peuvent tesmoigner combien elles souffrent et desirent souffrir pour luy, trouvant fort estrange qu'une chose si agreable et plaisante soit punie ou recherchee: le Diable leur donne mesme le contentement et cette consolation de les y conduire, pendant qu'elles sont en prison.

der Erde, daß eine uns sagt, sie habe dort so viele Leute gesehen, wie es Sterne am Himmel [gebe]. Ebenso [haben sie gesagt], daß sie nicht glaubten, es sei böse getan, auf den Sabbat zu gehen, sowie, daß es vielmehr eine Bosheit sei, ihnen eine so große Befriedigung zu untersagen und zu verbieten; daß diese Ausübung sie nicht der Gnade Gottes beraube; daß sie trotzdem alle Tage zur Kirche gingen und nicht glaubten, ihren Anteil am Paradiese verloren zu haben, und selbst wenn man in die Hölle kommen müsse, glaubten und dächten sie, wenigstens schon mit dem Teufel vertraut zu sein, und daß die ewigen Strafen, das Feuer der Hölle und das des Sabbats dieselbe Sache seien. Außerdem [ist es so], daß Satan an diesem Ort so viele sonderbare und neuartige Dinge tut, daß ihre [der Hexen] Einfältigkeit und Täuschung das für irgendwelche Wunder nimmt, in der Weise, daß sie, wenn sie von der Justiz angeklagt werden, nicht weinen und nicht eine einzige Träne vergießen, ja ihr falsches Martyrium, sei es das der Folter oder das des Galgens, ist für sie sogar so lustvoll, daß es manche kaum erwarten können, hingerichtet zu werden, und sie erdulden es sehr freudig, daß man ihnen den Prozeß macht, insofern sie es kaum erwarten können, mit dem Teufel [vereint] zu sein. Und sie werden so durchaus nicht ungeduldig in ihrem Gefängnis als nur darüber, daß sie es ihm [dem Teufel] nicht bezeugen können, wie sie für ihn leiden und zu leiden begehren, wobei sie es sehr seltsam finden, daß eine so angenehme und lustvolle Sache bestraft oder untersucht wird. Der Teufel selbst gibt ihnen die Befriedigung und diesen Trost, sie dabei zu leiten, während sie im Gefängnis sind.

Necato sorciere fameuse, superlative et excellente par dessus toutes les autres, dont ... la nature l'avoit raturee de son sexe, pour en faire un homme, ou un hermaphrodite ..., bazanee et fumee comme un Silvain ou sauvage ..., barbue comme un Satyre, ... mit en faict qu'estant au Sabbat, c'estoit elle entre autres qui faisoit bouillir la marmite des poisons, qui écorchoit les serpens et crapaux: et leur couppant la teste avec un cousteau qu'elle avoit sur elle, eslevant ses yeux farouches au ciel; elle disoit entre autres blasphemes ... Ha Philip, si ie te tenoy, ie te couperoy aussi bien la teste, que ie fay à ces crapaux et serpens: puis ayant donné

Necato, eine berüchtigte Hexe, überlegen und herausragend über alle anderen, deren ... Natur sie ihres Geschlechtes beraubt hat, um aus ihr einen Mann oder einen Hermaphroditen zu machen ..., dunkelbraun und rußfarben wie ein Sylvan oder Wilder ..., bärtig wie ein Satyr, ... hat behauptet, daß sie, während sie auf dem Sabbat gewesen sei, es unter anderen gewesen sei, die den Giftkessel zum Kochen aufgesetzt habe [und] die Schlangen und Kröten enthäutet habe, und während sie ihnen den Kopf mit einem Messer, das sie bei sich gehabt habe, abgetrennt habe [und] ihre wilden Augen zum Himmel erhoben habe, habe sie unter an-

le coup, elle les jettoit dans la chaudiere boüillante, où ces drogues venimeuses cuisoient ...«

deren Blasphemien gesagt ...: ›Ha, Philipp, wenn ich dich hielte, würde ich dir ebensowohl den Kopf abtrennen, wie ich es bei diesen Kröten und Schlangen mache‹; nachdem sie dann den Schlag gegeben habe, habe sie diese in den siedenden Kessel geworfen, wo diese giftigen Drogen gekocht hätten ...«

[a] Gierusal. liber. XIII, 2.4.
[b] Eine Hexe.

Übersetzung der Bildbeschreibung auf Tafel 15 (aus: de Lancre, Tableau de l'Inconstance ..., 2. Aufl.).

A Satan ist auf einem vergoldeten Stuhl in Gestalt eines Bockes, der predigt, mit fünf Hörnern, wobei das fünfte angezündet ist, um alle Kerzen und Feuer des Sabbats anzuzünden.

B Die Königin des Sabbats, gekrönt, zur Rechten, und eine weniger [bedeutende] Favoritin zur Linken.

C Unterhalb seines Stuhles ist eine Hexe, die ihm ein Kind darbringt, das sie verzaubert hat.

D Hier die Verschwörer der Versammlung, wobei eine jede einen Dämon neben sich hat; und bei diesem Festmahl trägt man kein anderes Fleisch auf als Aas, Fleisch von Gehenkten, Herzen von nicht getauften Kindern und andere unreine Tiere, gänzlich außerhalb des Handels und des Gebrauches der Christen, alles fade und ohne Salz.

E Zu diesem Gastmahl nicht zugelassen sind diese Zuschauer, die mehrere arme Hexen sind, welche in Schlupfwinkel zurückgewiesen wurden, und die es nicht wagen, sich den großen Zeremonien zu nähern.

F Nach dem Wanst kommt der Tanz[a]: denn nachdem man vom Fleisch, sei [dieses] flüchtig oder trügerisch oder sehr schädlich und abscheulich, gesättigt ist, führt jeder Dämon diejenige, die neben ihm an der Tafel war, unter diesen verwünschten Baum, und dort tanzen sie, indem der erste das Gesicht zum Tanzkreis gewendet hält und der zweite nach außen und die anderen ebenso fortlaufend in der gleichen Weise, [und] sie trippeln und machen den Dreischritt mit den unanständigsten und schmutzigsten Bewegungen, die sie können.

G Dies sind die Spieler von Instrumenten und das Konzert der Musik, zu deren Gesang und Harmonie sie tanzen und springen.

H Darunter sieht man eine Gruppe von Frauen und Mädchen, die tanzen, alle mit dem Gesicht vom Tanzkreis weg nach außen.

I Hier der Kessel auf dem Feuer, um jede Art von Gift zu bereiten, sei es, um die Menschen sterben zu lassen und zu verhexen, sei es, um das Vieh zu verderben; und die eine hält die Schlangen und Kröten in der Hand, und die andere trennt ihnen den Kopf ab und enthäutet sie und wirft sie dann in den Kessel.

K Während dieses Treibens treffen mehrere Hexen auf dem Sabbat ein, auf Stöcken und Besen, andere auf Böcken in Begleitung von Kindern, die sie entführt oder verleitet haben [und] die sie dem Satan zu opfern kommen; andere, die den Sabbat verlassen und durch die Luft befördert werden, begeben sich fort, um auf dem Meer oder anderswo Gewitter und Stürme zu erregen.

L Dies sind die großen Herren und Damen und andere reiche und mächtige Leute, die die großen Angelegenheiten des Sabbats erörtern, wo sie verschleiert erscheinen und die Frauen mit Masken, um immer geheim und unerkannt zu bleiben.

M An diesem Bach sind die kleinen Kinder, die mit weißen Stöcken und Gerten, fern von den Zeremonien, jedes die Scharen der Kröten von denen hüten, die die Gewohnheit haben, sie [die Kröten] zum Sabbat mitzunehmen.

* Nachahmung des Wortspieles im Französischen.

De la dance des Sorciers au Sabbat
Ebd., S. 205 ff.

»... [L]es filles en Perse ... adoroient le Soleil dançant toutes nues au son de quelque instrument, comme font nos Sorcieres, qui dancent en ces maudites assemblees, par fois nues et par fois en chemise, un gros chat attaché au derriere d'icelles, comme nous ont dict plusieurs d'entre elles ...

... Or on dict qu'on y dance tousiours le dos tourné au centre de la dance, qui faict que les filles sont si accoustumees à porter les mains en arriere en cette dance ronde, qu'elles y trainent tout le corps, et lui donnent un ply courbé en arriere, ayant les bras à demy tournez: si bien que la plus part ont le ventre communement grand, enflé, et avancé, et un peu penchant sur le devant. Ie ne sçay si la dance leur cause cela, ou l'ordure et meschantes viandes qu'on leur fait manger. Au reste on y dance fort peu souvent un à un, c'est à dire un homme seul avec une femme ou fille, comme nous faisons en nos gaillardes: ains elles nous ont dit et asseuré, qu'on n'y dançoit que trois sortes de bransles, communement se tournant les espaules l'un l'autre, et le dos d'un chascun visant dans le rond de la dance, et le visage en dehors. La premiere c'est à la Bohemienne, car aussi les Bohemes coureurs sont à demy Diables ...

Vom Tanz der Hexer auf dem Sabbat

»... Die Mädchen in Persien ... beten die Sonne an, indem sie ganz nackt zum Ton eines Instrumentes tanzen, wie es unsere Hexen tun, die auf diesen fluchwürdigen Versammlungen tanzen, bisweilen nackt und bisweilen im Hemd, eine dicke Katze auf deren (der Hemden) Rückseite befestigt, wie es uns mehrere von ihnen gesagt haben ...

... Man sagt also, daß man dort immer mit dem Rücken zum Mittelpunkt des Tanzes gewendet tanzt, was bewirkt, daß die Mädchen so sehr gewöhnt sind, die Arme bei diesem Rundtanz nach hinten zu tragen, daß sie dabei den ganzen Körper nachschleppen und ihm eine nach hinten gekrümmte Biegung geben, wobei sie die Arme halb gedreht halten, dergestalt, daß der größte Teil einen ordinär großen, aufgeblasenen, vorspringenden und ein wenig nach vorn überhängenden Bauch hat. Ich weiß nicht, ob der Tanz ihnen das verursacht oder der Kot und das schlechte Fleisch, das man sie essen läßt. Übrigens tanzt dort sehr selten einer mit einem, das heißt ein einzelner Mann mit einer Frau oder einem Mädchen, wie wir es bei unseren Gaillarden tun; ebenso haben sie uns gesagt und versichert, daß man dort nur drei Arten von Branles tanzt, wobei sich im allgemeinen die Schultern des einen gegen die des andern drehen und der Rücken eines jeden in die Tanzrunde blickt und das Gesicht nach außen. Der erste [Branle] ist der nach Zigeunerart, denn auch die Zigeuner-Landstreicher sind zur Hälfte Teufel ...

La seconde c'est à sauts, comme noz artisans font és villes et villages, par les rues et par les champs: et ces deux sont en rond. Et la troisiesme est aussi le dos tourné, mais se tenant tous en long, et sans se deprendre des mains, ils s'approchent de si prés qu'ils se touchent, et se rencontrent dos à dos, un homme avec une femme: et à certaine cadance ils se choquent et frapent impudemment cul contre cul...

Der zweite [Branle] ist der mit Sprüngen, wie ihn unsere Gaukler machen in den Städten und Dörfern, auf den Straßen und Feldern, und diese beiden [Branles] sind kreisförmig. Und der dritte [Branle] ist auch mit gedrehtem Rükken, der jedoch ganz gerade gehalten wird, und ohne die Hände loszulassen, nähern sie sich [einander] so sehr, daß sie sich berühren, und sie treffen sich Rücken an Rücken, ein Mann mit einer Frau; und bei einer gewissen Kadenz stoßen sie sich an und schlagen unzüchtig Gesäß gegen Gesäß...

Or elle dancent au son du petit tabourin et de la fluste, et par fois avec ce long instrument qu'ils posent sur le col, puis s'allongeant iusqu'auprés de la ceinture, ils le batent avec un petit baston: par fois avec un violon. Mais ce ne sont les seuls instrumens du sabbat, car nous avons apprins de plusieurs, qu'on y oyt toute sorte d'instrumens, avec une telle harmonie, qu'il n'y a concert au monde qui le puisse esgaler.

Oder sie tanzen zum Ton der kleinen Trommel und der Flöte und bisweilen mit diesem langen Instrument, das sie um den Hals tragen, dann verlängern sie es sich bis zum Gürtel und schlagen es mit einem kleinen Stab; bisweilen [tanzen sie] zu einer Violine. Aber das sind nicht die einzigen Instrumente des Sabbats, denn wir haben von mehreren erfahren, daß man dort jede Art von Instrumenten hat, von einer solchen Harmonie, daß es kein Konzert in der Welt gibt, das dem gleichgestellt werden könnte.

Quant aux boiteux, aux estropiats, aux vieux decrepites et caducs ce sont ceux qui dancent plus legerement, car ce sont festes de desordre, où tout paroist dereglé et contre nature.

Was die Hinkenden, die Verkrüppelten, die alten Gebrechlichen und Hinfälligen betrifft, so sind dies diejenigen, die wieder leicht tanzen, denn dies sind Feste der Verwirrung, wo alles ohne Regel und gegen die Natur erscheint.

Et est chose notable, que le lieu mesme et la terre sur laquelle ils tripudient, et trepignent ainsi des pieds, reçoit une telle malediction, qu'il n'y peut croistre ny herbe ny autre chose...

Und es ist eine bemerkenswerte Tatsache, daß der Ort selbst und die Erde, auf der sie tanzen und mit den Füßen stampfen, einen solchen Fluch empfängt, daß darauf kein Gras oder etwas anderes wachsen kann...

Aprés la dance ils se mettent par fois à sauter, et font à qui fera un plus beau saut, iusques à en faire gageure...

Nach dem Tanz schicken sie sich bisweilen an zu springen, und sie wetten dabei sogar, wer den schönsten Sprung machen wird...

Ieanette d'Abadie... nous dit, que le Diable voit par fois dancer simplement comme spectateur, par fois il mene la dance, changeant souvent de main et se mettant à la main de celles qui luy plaisent le plus...

Jeanette d'Abadie ... hat uns gesagt, daß der Teufel dem Tanz bisweilen nur als Zuschauer zusehe, bisweilen führe er den Tanz an, indem er oft die Hand wechsele und die Hand derjenigen ergreife, die ihm am meisten gefalle...

Ceux qui ont descrit celles qui dancent à la Françoise, disent que les sorcieres de Logny, souloyent dire en dansant, Har Har, Diable

Diejenigen, welche die beschrieben haben, die nach der Françoise tanzen, sagen, daß die Hexen von Logny beim Tanzen zu sagen pflegen:

Diable, saute icy, saute là, ioüe icy, ioüe là, et les autres disoient, Sabbat Sabbat, c'est à dire la feste et iour de repos, en haussant les mains garnies de balais, pour donner un certain tesmoignage d'allegresse, et que de bon cœur elles servent et adorent le Diable, et aussi pour imiter et contrefaire l'adoration que les Chrestiens font à Dieu: estant bien certain que les anciens Hebrieux portans leurs oblations au temple, commençoient à dancer deslors qu'ils s'approchoyent de l'autel ...«

›Har – Har, Teufel – Teufel, Spring hier – spring da, Spiel hier – spiel da‹, und die andern sagen: ›Sabbat – Sabbat‹, das heißt das Fest und der Tag der Ruhe, wobei sie die mit Besen versehenen Hände erheben, um ein gewisses Zeichen des Jubels zu geben, und daß sie aus vollem Herzen dem Teufel dienen und ihn anbeten, und auch, um die Anbetung zu imitieren und nachzuäffen, die die Christen Gott zukommen lassen, wobei es wohl sicher ist, daß die alten Hebräer, wenn sie ihre Opfergaben zum Tempel brachten, zu tanzen begannen, sobald sie sich dem Altar näherten ...«

Que le Diable en derision du plus precieux sacrement de l'Eglise faict celebrer au Sabbat quelque forme de Messe.
Ebd., S. 457 ff.

Daß der Teufel zur Verhöhnung des kostbarsten Sakramentes der Kirche auf dem Sabbat eine Art Messe zelebrieren läßt.

»1 Que le Diable se faict voir au Sabbat assis, et pourquoy.

Le Diable voulant imiter nostre Seigneur en toutes choses, se sied dans une grande chaire doree, et magnifiquement paree: d'autant que nostre Seigneur estant parmy les siens, estoit tousiours assis, mesme quand il instruisoit les siens au temple. *Quotidie apud vos sedebam docens in templo, et non me tenuistis.*[a] Et ces paroles, dict Sainct Augustin, par lesquelles nostre Seigneur dict que *sedens docebat, hoc pertinet ad dignitatem magistri.* Mais Satan se trompe, car il est és Sabbats assis, et Iesus Christ est és Eglises en croix et non assis: et s'il vouloit bien l'imiter, il faudroit qu'il fust bien crucifié pour les siens: et qu'il parust en cest estat esdictes assemblees.

»1 Daß der Teufel sich auf dem Sabbat sitzend zeigt und warum.

Da der Teufel unsern Herrn in allen Dingen imitieren will, setzt er sich auf einen großen, vergoldeten und herrlich hergerichteten Stuhl, ebenso wie unser Herr, wenn er unter den Seinen war, immer saß, selbst wenn er die Seinen im Tempel unterwies. *Täglich saß ich bei euch lehrend im Tempel, aber ihr habt mich nicht ergriffen.*[a] Und diese Worte, sagt der heilige Augustinus, durch die unser Herr sagt, daß *er sitzend lehrte, dies bezieht sich auf die Würde des Lehrers.* Aber Satan täuscht sich, denn er sitzt auf den Sabbaten, und Jesus Christus ist in den Kirchen am Kreuz und nicht sitzend, und wenn er [Satan] ihn gern imitieren möchte, wäre es notwendig, daß er ebenso gekreuzigt worden wäre für die Seinen und daß er in diesem Zustande bei den besagten Versammlungen erschiene.

2 Que le Diable fait voir au Sabbat des temples, des autels et des Demons au dessus en forme de Saincts.

Donc le Diable voulant contrefaire et imiter les plus sainctes œuvres de Dieu, se presente au sabbat assis, et faict paroistre des temples, des autels, des Demons sur iceux en forme de Saincts, la musique, les clochettes, les croix: il a ses Maistres des ceremonies, ses Prelats et

2 Daß der Teufel auf dem Sabbat Gotteshäuser, Altäre und Dämonen darauf in Gestalt von Heiligen zeigt.

Da der Teufel also die heiligsten Werke Gottes nachäffen und imitieren will, zeigt er sich auf dem Sabbat sitzend, und er läßt Gotteshäuser, Altäre, auf ihnen Dämonen in Gestalt von Heiligen, die Musik, die Glöckchen, die Kreuze erscheinen; er hat seine Zeremonienmeister, seine

Evesques, ses Prestres: mais quoy ses Prestres? a-il poinct les nostres? il a trois Prestres: à sçavoir, le Diacre, le Soubs-diacre, et le Prestre qui dict la Messe, pour contrefaire nos grandes Messes. Il use de chandelles, de l'aspersion, et de l'encensoir et en donne à toute l'assistance: il a le signe de la croix à l'entree, l'offrande, le sermon, l'elevation, et l'*Ite Missa est.* En fin il a le faux martyre: et se trouve des Sorciers si acharnez à son service endiablé, qu'il n'y a torture ny supplice qui les estonne, et diriez qu'ils vont au vray martyre et à la mort pour l'amour de luy, aussi gayement que s'ils alloient à un festin de plaisir et de resioüyssance publique.

Prälaten und Bischöfe, seine Priester; aber was ist mit seinen Priestern? Hat er nicht sogar die unsrigen? Er hat drei [Arten von] Priester[n]: den Diakon, den Subdiakon und den Priester, der die Messe liest, um unsere großen Messen nachzuäffen. Er [der Teufel] gebraucht Kerzen, die Besprengung mit Weihwasser und den Weihrauch, und er gibt davon an die ganze Assistenz; er hat das Zeichen des Kreuzes am Anfang, die Opferung, die Predigt, die Elevation und das *Ite Missa est.* Endlich hat er das falsche Martyrium, und es finden sich Hexer, die auf seinen teuflischen Dienst so versessen sind, daß es keine Folter oder Qual gibt, die sie schreckt, und ihr würdet sagen, daß sie zum wahren Martyrium und zum Tode gehen aus Liebe zu ihm, so heiter, als ob sie auf ein Fest des Vergnügens und der öffentlichen Belustigung gingen.

Pour le Temple, certaines filles qui vont au sabbat, lesquelles y ont souvent ouy dire Messe en leur façon, nous ont dict y avoir veu quelque forme de murailles, comme celles d'une Eglise, avec un autel dressé, et au dessus un petit Demon de la grandeur d'un enfant de douze ans, lequel tient bonne mine et demeure immobile, pendant que cet abominable mystere et badinage se faict: et qu'iceluy faict, ledict autel et la statuë s'esvanoüissoient. La musique y est non seulement lors qu'on dict cette Messe, mais encore tousiours tant que le dict sabbat dure: et nous dict on qu'il s'y entend un monde d'instrumens accompagnez de quelques clochettes si melodieuses, qu'on n'oüit iamais une si douce harmonie ... Et ne voyoit-on esdits sabbats tous ces musiciens et ioüeurs d'instrumens, ains simplement quelque petit tambourineur à la mode du païs ...

In bezug auf das Gotteshaus haben uns gewisse Mädchen, die zum Sabbat gehen [und] die dort oft die Messe haben lesen sehen auf ihre [der Hexer] Weise, gesagt, dort eine Art von Mauern gesehen zu haben wie die einer Kirche, mit einem aufgestellten Altar und darauf ein kleiner Dämon von der Größe eines zwölfjährigen Kindes, der ein freundliches Gesicht mache und unbeweglich bleibe, während sich dieses abscheuliche Mysterium und Possenspiel vollzieht; und daß, wenn dies vorbei sei, der besagte Altar und die Statue verschwänden. Die Musik ist dort nicht nur da, solange man diese Messe liest, sondern immer noch so lange wie der besagte Sabbat dauert; und man sagt uns, daß man dort eine Unzahl von Instrumenten hört, die von einigen Glöckchen begleitet werden und so melodisch sind, daß man niemals eine so süße Harmonie gehört hat ... Und man sieht auf den besagten Sabbaten alle diese Musikanten und Instrumentenspieler nicht, sondern nur einen kleinen Trommler nach der Sitte des Landes ...

3 Que les Croix et les chappelets des Sorcieres sont tousiours imparfaicts.

3 Daß die Kreuze und Rosenkränze der Hexen immer unvollständig sind.

Pour les Croix, ils les portent toutes esbranchees, comme il se voit és cimetieres infectez par les Sorciers, et esquels lesdits sabbats ont accoustumé se tenir ... Ce que Spranger ayant observé et laissé par escrit que plusieurs Sor-

Was die Kreuze angeht, so tragen sie sie alle abgeästet[b], wie man es auf den Friedhöfen sieht, die durch die Hexer vergiftet sind und auf denen die besagten Sabbate abgehalten zu werden pflegen ... Das, was Spranger beobach-

ciers avoient paction expresse avec Satan, de rompre les bras et les cuisses des Crucifix, et mesmement le Vendredi Sainct ...

tet und schriftlich hinterlassen hat, daß einige Hexer einen ausdrücklichen Pakt mit Satan haben, die Arme und Schenkel der Kruzifixe zu brechen und [das] selbst am Karfreitag ...

Tout de mesme en est il de leurs couronnes et chappelets, qui ont tousiours quelque chose à dire. Dequoy quelques sorcieres d'Ascain s'estans une fois apperceuës, mesme ne pouvant monstrer chappelet qui ne fut deffectueux, portoient dans le sein à couvert des croix de bois fraischement faictes aussi grandes que celles qu'on met en main à ceux qu'on va executer à mort, et par fois tous les grains estoient inegaux et mal rangez, et de diverses couleurs: qui monstre que le Diable les tient tousiours varier, remuer et changer.

Ganz dasselbe ist es mit ihren [kleinen und großen] Rosenkränzen[c], die immer etwas zu sagen haben. Als einige Hexen von Ascain einmal entdeckt worden waren, trugen sie, da sie eben keinen Rosenkranz zeigen konnten, der nicht fehlerhaft war, auf der Brust zur Bedekkung frisch aus Holz gemachte Kreuze, so große wie diejenigen, die man denen in die Hand gibt, die man im Begriffe ist hinzurichten, und bisweilen waren alle Perlen ungleichmäßig und schlecht aufgereiht und von verschiedenen Farben, was zeigt, daß der Teufel immer darauf hält, sie zu variieren, umzusetzen und zu vertauschen.

4 Evesque du Sabbat.

Il y a des Evesques et Prelats: mesmes en la parroisse de S. Pé. Le Diable ayant veu dans l'Eglise l'Image de Sainct Pierre avec une thiare doree, les tesmoins qui avoient accoustumé d'aller au Sabbat, nous dirent avoir veu le ieune sieur de Lancinena, avec un grand chapeau faict en forme de la mesme thiare, qui estoit communément appelé et tenu pour l'Evesque du Sabbat. Que le Diable dançant le prenoit par la main, et que passant devant luy chacun le saluoit comme personne de grand respect.

Quant au Prestres, ce sont aucuns de ceux qui ont esté prevenus devant nous ... Et nous ont asseuré y avoir ouy dire une forme de grand Messe, avec Diacre et Soubs-diacre, et les ont nommez par nom et sur-nom ... On y voit aussi des chandelles allumees, avec lesquelles l'adoration faicte, ils assistent à ces faux mysteres de leur Messe contrefaicte, lesquelles sont de resine: ou bien parce qu'elle n'est assez noire, le plus souvent elles sont de poix ...

4 Bischof des Sabbats.

Es gibt Bischöfe und Prälaten, selbst in der Pfarrei von St. Pé. Indem der Teufel in der Kirche das Bildnis des heiligen Petrus mit einer goldenen Tiara gesehen hat, sagen uns die Zeugen, die gewohnt waren, auf den Sabbat zu gehen, sie hätten den jungen Herrn von Lancinena gesehen mit einer großen in Form derselben Tiara gemachten Kopfbedeckung, der allgemein der Bischof des Sabbats genannt und für ihn gehalten worden sei. Daß der Teufel ihn tanzend bei der Hand genommen habe und daß jeder, der vor ihm [dem Bischof des Sabbats] vorbeigegangen sei, ihn gegrüßt habe wie eine Person von großem Respekt. Was die Priester betrifft, so gibt es keine von ihnen, die uns vor die Augen gekommen sind ... Und sie [die Hexer] haben uns versichert, dort eine Art große Messe lesen gesehen zu haben, mit Diakon und Subdiakon, und sie haben sie mit Namen und Zunamen genannt ... Man sieht dort auch angezündete Kerzen, mit denen sie, die Anbetung vollziehend, bei diesen falschen Mysterien ihrer nachgeäfften Messe assistieren, die aus Harz sind, oder, weil es [das Harz] nicht genügend schwarz ist, sind sie meistens aus Pech ...

5 Asperges et forme d'eau beniste au Sabbat.

5 Besprengung mit Weihwasser und Art des Weihwassers beim Sabbat.

Il use aussi de l'Aspersion: et nous a esté asseuré que le Diable urinoit le premier dans un trou, puis tous ceux du Sabbat petits et grands: et par aprés par fois un homme exprés, en iettoit sur toute la troupe, et se voyoit aussi quelquefois de la mesme eau, dans quelque trou faict dans la muraille à l'entree de ce meschant temple. Pour l'Encensoir, ie n'en ay peu remarquer aucune particularité.

Er [der Teufel] gebraucht auch die Besprengung mit Weihwasser, und es ist uns versichert worden, daß der Teufel zuerst in ein Loch uriniert, dann alle die vom Sabbat, Kleine und Große, und danach sprengt bisweilen ein Mann davon [vom Urin] über die ganze Menge aus, man sieht auch manchmal dasselbe Wasser in einem Loch, das in das Mauerwerk am Eingang dieses lästerlichen Gotteshauses gemacht ist. Was das Weihrauchfaß betrifft, so habe ich bei ihm keine Besonderheit bemerken können.

6 Comment se faict le Signe de la croix au Sabbat.

6 Wie das Kreuzzeichen auf dem Sabbat gemacht wird.

Pour le Signe de la croix: se voulans moquer de nous, ils disent

In nomine Patrica, Aragueaco
Petrica, Agora, Agora Valentia,
Iouanda goure gaitz goustia.

Was das Kreuzzeichen betrifft, so sagen sie, indem sie sich über uns lustig machen wollen:

In nomine Patrica, Aragueaco
Petrica, Agora, Agora Valentia,
Iouanda goure gaitz goustia.

Qui veut dire *Au nom de Patrique, Petrique, d'Arragon, à cette heure à cette heure Valence, tout nostre mal est passé.*

Das heißt: *Im Namen von Patrique, Petrique von Aragonien, zu dieser Stunde, zu dieser Stunde [in] Valencia, all unser Leid ist vorüber.*

Surquoy est à noter, qu'il y a trois sortes de langage en ce peu de mots, comme le Signe de la croix se faict en honneur de la Trinité, de quoy le Diable se veut moquer. *In nomine patrica,* ces trois premiers mots sont en langue Latine: *Aragueaco, Petrica, Agora, Agora, Valentia,* sont en Espagnol, *Iouanda, goure, guaits, goustia,* sont en langage Basque: et se faict ledict Signe de croix de la main gauche, par ce que Satan faict tout à rebours des Chrestiens.

Hierzu ist anzumerken, daß es in diesen wenigen Worten drei verschiedene Sprachen gibt, wie [auch] das Kreuzzeichen zu Ehren der Dreieinigkeit gemacht wird, worüber der Teufel sich lustig machen will. *In nomine patrica,* diese drei ersten Worte sind in lateinischer Sprache, *Aragueaco, Petrica, Agora, Agora, Valentia* sind in Spanisch, *Iouanda, goure, guaits, goustia* sind in baskischer Sprache; und das besagte Kreuzzeichen wird mit der linken Hand gemacht, weil Satan alles im Gegensatz zu den Christen tut.

Ils usent encore en faisant le Signe de la croix, des ces autres sales paroles, beaucoup plus blasphematoires ques les premieres, et sans rime ny raison, sauf l'irrision du mystere et disent *In nomine patrica, Aragueaco, Petrica, Gastellaco Ianicot, Equidac ipordian pot.* Qui veut dire au nom de Patrique, Petrique d'Arragon. Iannicot de Castille faictes moy un baiser au derriere.

Sie benutzen ferner, während sie das Kreuzzeichen machen, diese anderen schmutzigen Worte, viel blasphemischere als die ersten und ohne Sinn und Verstand außer [dem] der Verspottung des Mysteriums, und sagen: *In nomine patrica, Aragueaco, Petrica, Gastellaco Ianicot, Equidac ipordian pot.* Das heißt: Im Namen des Patrique, Petrique von Aragonien, Jannicot von Kastilien, gebt mir einen Kuß auf den Hintern.

7 L'offrande qui se faict au Sabbat est de bon argent.

7 Die Opfergabe, die auf dem Sabbat dargebracht wird, ist von gutem Silber.

Pendant l'adoration qu'on faict à Satan, ou en mesme temps qu'on le va adorer, on va à l'offrande, sie bien que par fois une femme, par fois un homme tient le bassin, dans lequel ceux du Sabbat iettent ores deux escuz, ores un escu de bon argent (car ce n'est le Diable qui le donne) qui plus qui moins à discretion, et selon sa portee: car ie n'y voy point de regle ... et celui qui amasse, et par fois Satan mesme, annoncent tout haut et font sçavoir à l'assemblee, que cet argent est pour employer aux procez, que les Sorciers ont contre ceux qui les poursuivent pour les faire brusler ...

Während der Anbetung, die man Satan darbringt, oder zur gleichen Zeit, zu der man sich anschickt, ihn anzubeten, schreitet man zur Opferung, dergestalt, daß bisweilen eine Frau, bisweilen ein Mann die Schale hält, in die die [Leute] vom Sabbat entweder zwei Taler oder einen Taler von gutem Silber werfen (denn es ist nicht der Teufel, der ihn [den Taler] gibt), der eine mehr, der andere weniger in Verschwiegenheit und nach seinem Vermögen, denn ich habe dabei keine Regel gesehen ... und derjenige, der einsammelt, und bisweilen Satan selbst, verkündigen ganz laut und lassen die Versammlung wissen, daß dieses Geld zur Verwendung in den Prozessen [bestimmt] ist, die die Hexer gegen diejenigen haben, die sie verfolgen, um sie [die Hexer] verbrennen zu lassen ...

8 Sermon qui se faict au Sabbat.

8 [Die] Predigt, die auf dem Sabbat gehalten wird.

Le Diable faict aussi quelque espece de Sermon en Basque, et se met dans une chaire en forme de bouc, droit sur les iambes de derriere, celles de devant appuyees sur la chaire: et d'autres fois c'est un Sorcier des plus celebres, mesmement la nuict du Samedy au soir. Et nous a esté dict qu'on avoit veu prescher à Syboro un nommé Louys: lequel pour tous bons enseignemens, leur persuadoit d'accuser les innocens, excuser les coulpables, et de mener tousiours au Diable force enfans.

Der Teufel hält auch eine Art von Predigt in Baskisch und setzt sich auf einen Stuhl, in Gestalt eines Bockes, aufrecht auf den Hinterbeinen, die vorderen [Beine] gestützt auf den Stuhl, und andere Male ist es ein Hexer von den berühmtesten, und [dies geschieht] selbst in der Nacht des Samstags am Abend. Und es ist uns gesagt worden, daß man in Syboro einen namens Louis hat predigen sehen, der statt aller guten Lehren sie überredete, die Unschuldigen anzuklagen, die Schuldigen zu entschuldigen und dem Teufel immer eine Menge Kinder zuzuführen.

9 Monstrueuse Elevation de l'Hostie au Sabbat.

9 Abscheuliche Elevation der Hostie auf dem Sabbat.

... Le commun a dict tousiours ..., qu'on disoit quelque forme de Messe au sabbat, le Prestre estant revestu tout ainsi que les nostres, et luy estant tout au costé du Diable: qu'on y faisoit l'Elevation avec une Hostie noire toute simple, sans qu'il y eust rien de gravé au dessus ...

... Die große Mehrzahl hat immer ausgesagt ..., daß man auf dem Sabbat eine Art Messe lese, wobei der Priester ganz so wie die unsrigen bekleidet sei, und er stehe ganz nahe bei dem Teufel; daß man dort die Elevation mit einer schwarzen, ganz einfachen Hostie mache, ohne daß es etwas auf ihr Eingraviertes gebe ...

... Qu'il y a une espece d'Elevation d'une Hostie noire, non ronde comme on dict, ains faicte en triangle ...

... Daß es eine Art Elevation einer schwarzen Hostie gebe, die nicht rund, wie man sagt, sondern als Dreieck gemacht sei ...

21 Hans Baldung Grien, Hexensabbat. Holzschnitt, 1510

22 Hans Francken, Der Hexensabbat, 1607

23 Martin van Maele, Hexensabbat. Radierung, 1911

24 Krypta von Tiffauges (Vendée), 11. Jahrh.

Et un . . . habitant de Sainct Iean de Luz aagé de quinze ans, depose avoir ouy dire Messe six ou sept fois au Sabbat à maistre Iean Souhardibels, au lieu appellé à la Cohandia et faisoit l'Elevation monstrant une Hostie noire, luy estant eslevé en l'air les pieds contremont, et la teste renversee en bas devant le Diable, et demeuroit en cette posture pendant l'Elevation, autant de temps qu'on mettroit à dire un *Credo* . . .

Und ein . . . Einwohner von Saint-Jean-de-Luz, fünfzehn Jahre alt, sagt aus, sechs oder sieben Male auf dem Sabbat die Messe lesen gesehen zu haben durch Maître Jean Souhardibels, an einem Ort genannt ›à la Cohandia‹, und er habe die Elevation gemacht, indem er eine schwarze Hostie gezeigt habe, wobei er in die Luft emporgehoben gewesen sei, die Füße nach oben und den Kopf umgekehrt nach unten vor den Teufel, und er sei in dieser Stellung während der Elevation geblieben, so lange Zeit, wie man brauche, um ein *Credo* zu sagen . . .

Ieanne d'Abadie dit . . . [q]u'on luy a apprins au sabbat de dire tousiours à l'Elevation du calice en quelque part qu'elle se trouve et non de la saincte Hostie, *Corbeau noir, Corbeau noir*, ne pouvant faire autre priere, ny prononcer autres mots que ceux là, ce qu'elle n'a sçeu autrement expliquer: Que les autres sorciers en disent de mesme . . .

Jeanne d'Abadie sagt aus . . ., daß man sie gelehrt habe, auf dem Sabbat bei der Elevation des Kelches – im Falle, daß diese stattfindet und nicht [die] der heiligen Hostie – immer zu sagen: *Schwarzer Rabe, schwarzer Rabe*, indem sie [dabei] kein anderes Gebet hätte sagen noch andere Worte als diese da hätte aussprechen können, etwas, das sie sonst nicht zu erklären gewußt hat; daß die anderen Hexer dabei dasselbe sagten . . .

Et en la procedure de trois Prestres de S. Iean de Luz . . . un tesmoing accusa entre autres choses un de ces Prestres, d'avoir dict la Messe, et faict tout ce que les Prestres ont accoustumé de faire: mais non le visage tourné vers l'autel, ains tout à rebours le visage tourné vers le peuple: et après avoir levé leur Hostie, en signe de plus grande execration, l'avoir iettee aussi tost et foulee aux pieds.

Und bei dem Verfahren der drei Priester von Saint-Jean-de-Luz . . . klagte ein Zeuge unter anderem einen dieser Priester an, die Messe gelesen zu haben und alles gemacht zu haben, was die Priester zu machen gewohnt sind, aber das Gesicht nicht zum Altar gewendet, sondern ganz verkehrt das Gesicht gegen das Volk gewendet, und nach der Erhebung ihrer Hostie im Zeichen größter Verwünschung sie sogleich auf den Boden geworfen und mit den Füßen getreten zu haben.

10 Quand est ce que les sorcieres appellent le Diable Barrabam.

10 Wann die Hexen den Teufel ›Barabbas‹ nennen.

Nous avons aussi remarqué plusieurs noms que les sorcieres donnent au Diable leur maistre, quand elles sont au sabbat: elles l'appellent Monsieur, Iauna, Maistre, le grand maistre; mais quand elles sont entre les mains de la Iustice, faisant semblant de l'avoir en horreur, pour se rendre les Iuges plausibles, et leur tesmoigner qu'elles n'adherent nullement avec luy, elles l'appellent par desdain Barrabam: mais aussi quelque fois elles appellent Nostre Seigneur Barrabam . . .

Wir haben auch verschiedene Namen beobachtet, die die Hexen dem Teufel, ihrem Meister, geben, wenn sie auf dem Sabbat sind: sie nennen ihn ›Herr, Iauna, Meister, den großen Meister‹; wenn sie aber in den Händen der Justiz sind, nennen sie ihn, indem sie sich den Anschein geben, vor ihm Abscheu zu haben, um sich den Richtern glaubwürdig zu machen und ihnen zu bezeugen, daß sie ihm niemals angehangen hätten, mit Verachtung ›Barabbas‹, aber bisweilen nennen sie ihn auch ›Unseren Herrn Barabbas‹ . . .

11 Que le Diable a introduit au sabbat des Messes nouvelles, pour mieux seduire toute forte de Prestres et Religieux.

11 Daß der Teufel auf dem Sabbat neue Messen eingeführt hat, um besser Priester und Mönche ganz stark verführen zu können.

Le Diable ne se contente pas de cette imitation, il veut encore qu'on y die Messe nouvelle, à cause que les Prestres en Labourt y font tant de festins et de dissolution que rien plus, qui est chose fort argreable au Diable, qui ne touche en rien, ny ne destruict ce sainct et sacré mystere.

Der Teufel begnügt sich nicht mit dieser Imitation, er will noch, daß man dabei eine neue Messe liest, weswegen die Priester in der Labourd dabei so viele Schmausereien und Ausschweifung veranstalten, daß es nichts darüber hinaus [gibt], was eine sehr angenehme Sache für den Teufel ist, der daran in nichts rührt noch dieses heilige und geweihte Mysterium zerstört.

Plusieurs nous ont dict que Maistre Pierre Bocal Prestre aagé de vingt sept ans, voulant dire la Messe nouvelle en l'Eglise de Siboro, fit essay par deux ou trois fois au sabbat, les deux ou trois nuicts precedentes, s'il feroit bien les ceremonies, et y dict deux ou trois Messes: que le Maistre de l'assemblee nocturne, et autres petits Diables estoient sur l'autel en forme de petites images de Saincts: et que par après au quatriesme iour, l'on ouït deux Messes nouvelles de luy, l'une dans l'Eglise de Siboro, et l'autre au sabbat ...«

Mehrere haben uns gesagt, daß Maître Pierre Bocal, ein Priester von siebenundzwanzig Jahren, der die neue Messe in der Kirche von Siboro lesen wollte, zwei- oder dreimal einen Versuch auf dem Sabbat machte, in den zwei oder drei vorausgehenden Nächten, ob er die Zeremonien gut mache, und er [habe] dort zwei oder drei Messen gelesen, daß der Meister der nächtlichen Versammlung und andere kleine Teufel auf dem Altar in Gestalt von kleinen Heiligenbildern gewesen seien, und daß man danach, am vierten Tage, zwei neue Messen von ihm [diesem Priester] gesehen habe, die eine in der Kirche von Siboro und die andere auf dem Sabbat ...«

[a] Matth. XXVI, 55.
[b] Das heißt mit abgebrochenem Querbalken.
[c] ›Couronne‹ = kleiner Rosenkranz von zehn Perlen, ›chappelet‹ = normaler (großer) Rosenkranz.

Im Gegensatz zu vielen mittelalterlichen Dämonologen, die alles, was sie in den Verhören erfahren, für Tatsachen im physischen Sinne halten, unterscheidet de Lancre zwischen Dingen, die real sind, und Dingen, die auf trügerischer Illusion beruhen. Unberücksichtigt ist dabei noch das, was bei den schematisch durchgeführten, meist mit der Folterung verbundenen Befragungen den Angeklagten von den Inquisitoren gleichsam in den Mund gelegt wird. Für die religionsphänomenologische Betrachtung ist jedoch, so sei noch einmal betont, die Trennung zwischen dem physisch Realen und dem nur als Einbildung – der Angeklagten oder auch lediglich der Ankläger – Existenten unerheblich, denn immer handelt es sich um eine Manifestation von Erlebtem, dem *auf jeden Fall eine psychische Realität* zukommt.

»Les courriers ordinaires du sabbat sont les femmes, les mysteres duquel passent par leurs mains, que par celles des hommes – die ordentlichen Kuriere des Sabbats sind die Frauen, seine Mysterien gehen [mehr] durch ihre Hände als durch die der Männer.« Um den mit diesem Satz gemeinten außerordentlich wichtigen Sachverhalt genauer darstellen und würdigen zu können, müssen wir weiter ausholen.

Entsprechend seinen religions- und kulturgeschichtlichen Voraussetzungen stand das Christentum seit seinen Anfängen *dem Bereich des ›Großen Weiblichen‹* teilweise *ablehnend* gegenüber. Diese Ablehnung betraf einerseits *den elementar-erdhaften Aspekt* des Weiblichen mit seinen vielfältigen Beziehungen zur Fruchbarkeit und zur Sexualität, andererseits *den verschlingend-furchtbaren* Aspekt des Weiblichen, den Erich Neumann unter der Bezeichnung ›Der negative Elementarcharakter‹ beschreibt[54]. Die Gestalt der Maria enthielt bis zum Frühmittelalter zwar noch wesentliche Züge des Ganzheitsbildes der Großen Mutter[55], im Laufe des Mittelalters wurde Maria jedoch, unter anderem durch den Einfluß der Minnekultur, zu einer einseitig hellen und lichten Figur. Die in vielen Liedern besungene ›Liebe Frau‹ enthielt so gut wie nichts mehr von der Fülle und Kraft der alten Mutter-Gottheiten. Zwar wurde Maria gerade im Mittelalter auch als kosmisches Symbol aufgefaßt[56], aber diese Symbolik entfaltete sich auf einer hohen spirituellen Ebene und übersprang den Bezirk des Erdhaften in seinem magisch-konkreten Sinne. Im christlichen Kult spielte die Frau nur in der Frühzeit – als Prophetin und als Diakonin – eine Rolle; als das Christentum Staatsreligion wurde, nahm man der Frau jede eigentliche liturgische Funktion.[57] Parallel damit vollzog sich eine immer stärker werdende Abwertung der Frau bei den mittelalterlichen Theologen[58] – eine Einstellung, die der Urkirche ferngelegen hatte. *Der Hexensabbat* stellt eine mit gewaltiger Kraft erfolgende *Reaktion auf die* umrissene *Zurückdrängung des Weiblichen in der christlichen Welt dar.*
In seiner Untersuchung ›Erdmutter und Hexe‹[59] geht Anton Mayer den Zusammenhängen nach, die zwischen der alten Erdmutter-Verehrung und dem mittelalterlichen Hexenwesen bestehen. Die Tradition der Erdverehrung, zu der die Erdmagie, die zauberischen Frauen und Seherinnen, der Hain- und Baumkult und vieles andere mehr gehören, wurzelt in einer allgemein-indogermanischen oder sogar vor-indogermanischen Schicht und konzentrierte sich dann in zwei Zentren: dem mittelmeerisch-antiken und dem nördlichen. »Nebeneinanderher haben sich der südliche und der nördliche Zweig weiterentwickelt, bis sie bei der Berührung der Antike in der römischen Form mit dem Germanentum vor und während der Völkerwanderung, dann aber auch noch zur Zeit der Christianisierung ineinander übergreifen konnten.«[60]. Im Frauenkult des Hexensabbats *vermischen sich* somit *antike* Elemente mit Elementen der *nordländischen,* besonders *germanischen* Überlieferung.
Auf einen wesentlichen Unterschied zwischen der südlichen und der nördlichen Ausprägung des Hexenwesens hat Will-Erich Peuckert[61] aufmerksam gemacht: die mittelmeerischen Hexen beziehungsweise deren Vorläuferinnen treten meist *in Bünden* auf, die Hexe des Nordens ist ursprünglich *ein Einzelwesen,* weshalb nur wenige Sagen des Nordens – so die Blocksbergsage in ihren verschiedenen Varianten[62] – den Hexenschwarm kennen. Damit hängt es zusammen, daß die nördliche Tradition des Hexensabbats trotz ihrer Beeinflussung durch die südliche Tradition für den eigentlichen Satanskult, der ja immer eine Kultgemeinschaft voraussetzt, im Verhältnis zu der romanischen Tradition sehr wenig Material bietet. Auch später sind die romanischen Länder in der Ausgestaltung der Schwarzen Messe ungleich produktiver gewesen als die Länder des Nordens. Hier liegt der Grund dafür,

weshalb wir auf die Wiedergabe von Texten aus dem letztgenannten Bereich fast ganz verzichtet haben, geht es uns ja darum, möglichst reichhaltige Dokumente vorzulegen. Die weniger ergiebigen Quellen ordnen sich unschwer in die in unserer Darstellung aufgewiesenen Zusammenhänge ein.

Das Große Weibliche manifestiert sich vor allem auch in der Gestalt der *›Royne du sabbat – Königin des Sabbats‹*, die uns bereits in dem altspanischen Text begegnet war. Sie ist prunkvoll geschmückt und sitzt zur Rechten des Satans (siehe Tafel 15, Hinweis B). Die Sabbatkönigin stellt eine Art *Gegenbild zur gekrönten Maria*, der Himmelskönigin, dar; sie verkörpert etwas vom Geist der vorderorientalischen, antiken und germanischen Mutter-, Erd- und Unterweltsgöttinnen (Ischtar, Kybele, Isis, Gaia, Hekate, Artemis-Diana[63], Baubo, Persephone, Hel, Frija, Nerthus und so weiter). Der Satan und die Königin des Hexensabbats bilden jenes ›göttliche Paar‹, in dessen Zeichen sich die nächtliche Feier vollzieht.

In der Rekonstruktion des Sabbat-Rituals, die Jules Michelet in seinem zuerst 1862 erschienenen Werk ›La Sorcière‹ durchgeführt hat[64], weist er einer der Sabbatkönigin entsprechenden Priesterin detaillierte Funktionen zu. So soll insbesondere ihr Körper als ›lebender Altar‹ gedient haben (siehe Tafel 23, eine Illustration zu einer Michelet-Ausgabe). Für diese Angaben, die etliche spätere – vor allem die französischen – Publikationen über die Schwarze Messe beeinflußt haben, habe ich keine Anhaltspunkte in den Quellen finden können. So gebrauchte man meines Wissens erst von der zweiten Hälfte des siebzehnten Jahrhunderts an bei der Schwarzen Messe den Körper einer Frau als Altar.

Noch im frühen Mittelalter hatte man die Vorstellung vom *Hexenflug* in das Reich der Phantasie verwiesen. So hatte der sogenannte ›Canon Episcopi‹ (um 900) jene Frauen, die den nächtlichen Flug bekannten, als »daemonum illusionibus et phantasmatibus seductae – verführt durch Täuschungen und Trugbilder der Dämonen«[65] bezeichnet. In den folgenden Jahrhunderten aber setzte sich der Glaube an die physische Realität des Phänomens allgemein durch, und so ist auch de Lancre von ihr überzeugt. Viele bildliche Darstellungen zeigen den Hexenflug (Tafel 14. Siehe auch Tafel 15, Hinweis K sowie 16, 18 und 21). Besen und Stock sind als phallische Symbole aufzufassen. Das Flugerlebnis hat, wie Mircea Eliade in seinem Aufsatz ›Der magische Flug‹[66] zeigt, eine enge Beziehung zur *Ekstase*: der Mensch sprengt die Fesseln seines gewöhnlichen Daseins und erhebt sich in die Sphäre des Übermenschlichen. Auch in Verbindung mit dem dionysischen Kult kommt das Motiv des Fliegens vor.[67] Eine spätantike Stuckarbeit zeigt das Levitationsphänomen in Verknüpfung mit dem Motiv des Raubes (Tafel 17). In ekstatischem Flug werden die Frauen von Satan, der, wie der Text sagt, die Hexen manchmal persönlich durch die Lüfte schwingt, aus ihrer Alltagexistenz entführt und an die Stätte des satanistischen Kultes entrückt.

Als Erscheinungsformen des Teufels gibt der Text an: die des *Bockes* (die wir bereits besprochen haben), die eines *Baumstammes* und die eines düsteren, ungeheuer großen *Menschen*. Der Baum kommt – im Sinne der antiken und germanischen Vegetationskulte – sehr häufig im Bereich des Hexenwesens vor[68], er ist seit uralter Zeit der bevorzugte Sitz eines göttlichen Numen (siehe zum Beispiel die Donars-

eiche bei Geismar in Hessen, die Bonifatius fällte). Wenn, wie hier, der Stamm betont ist, tritt der phallische Aspekt des Baumes hervor.[69] Als Mensch ist Satan nach Aussage von de Lancre »gehenné, tourmenté – gequält, gepeinigt« – eine ähnliche Charakterisierung wie die, die sich in der spanischen Quelle findet.
In fast allen Beschreibungen und Bilddarstellungen des Sabbats nimmt ein *großer Kessel,* in dem allerlei schauderhaftes Fleisch zur Herstellung von Giften gekocht wird, einen erstrangigen Platz ein (siehe Tafel 15, Hinweis I sowie Tafel 16, 18, 21 und 22). Immer wieder zählen die Dämonologen die ekelhaften Bestandteile, die in den Kessel kommen, auf. Es kann nicht ausgemacht werden, wieviel daran Übertreibung und Phantasie ist, insbesondere nicht, in welchem Umfang Kinder getötet wurden, um ihr Fleisch zu kochen. Diese Kinder müssen ungetauft sein, weil sie so nicht in den Himmel kommen und das Reich Gottes vergrößern können. Durch die Verwendung der Kröten und Schlangen erhält das Gift *chthonische Kraft* (den chemisch-toxikologischen Gesichtspunkt, der – in Hinblick auf die Eiweiß-Zerfallsprodukte – zu prüfen wäre, lassen wir unberücksichtigt). Das Wissen um die heilenden und schädlichen Stoffe aus dem Pflanzen- und Tierreich, die Medizinen und Gifte, gehört von alters her zur Domäne des Weiblichen.[70] Die Hexen wenden – entsprechend ihrer antithetischen Funktion in der christlichen Kultur – nur die negative Seite dieses Urwissens an.
Ähnlich zusammengesetzt wie das in den Kessel Geworfene ist das, was beim *Hexenmahl* (siehe Tafel 15, Hinweis D) genossen wird. Der Charakter dieses pervertierten Agape-Mahles ist *kannibalitisch* oder – wie die Psychoanalyse sagen würde – oral-aggressiv.

Michelet, Das Mahl auf dem Hexensabbat

Das Hexenmahl ist eine Parallele zum Embryo-Mahl der Phibioniten (siehe oben Seite 31). Auch hier *identifizieren sich* die Teilnehmer *mit dem destruktiv-verschlingenden Aspekt des Großen Weiblichen*, den das Christentum nicht akzeptiert hat. Um das Verständnis für diesen Vorgang zu vertiefen, soll Erich Neumann, der die Ambivalenz des Weiblichen am deutlichsten dargestellt hat, mit einem etwas längeren Zitat zu Wort kommen: »Aus den Mythologien und Märchen aller Völker, Zeiten und Länder starren uns die Hexen und Vampire, Ghulen und Gespenster bis hinein in die Angstträume unserer eigenen Nächte in furchterregender Gleichartigkeit unheimlich entgegen. .. [W]enn Welt, Leben, Natur und Seele als gebärendes und nährendes, als schutzgebendes und wärmendes Weibliches erfahren wurden, dann wird auch der Gegensatz dazu am Bild des Weiblichen erlebt, und die Menschheit erfährt Tod und Abgrund, Gefahr und Not, Hunger und Schutzlosigkeit als Preisgegebensein an die dunkle und furchtbare Mutter. So wird der Schoß der Erde zum tödlich zerreißenden Maul der Unterwelt, und neben dem zu befruchtenden Schoß und der schützenden Höhle der Erde und des Berges klafft der Abgrund und die Hölle, das dunkle Loch der Tiefe, der fressende Schoß des Grabes und des Todes, der lichtlosen Dunkelheit und des Nichts. Denn dieses Weib, welches das Leben und alles Lebendige der Erde gebiert, ist zugleich auch die alles wieder Fressende und in sich Einschlingende, die ihre Opfer jagt und mit Schlinge und Netz einfängt . . . Überall . . ., wo das Weibliche als furchtbar auftritt, ist es auch die uroborische Schlangenfrau, das Weib mit dem Phallus . . . Deswegen ist die Gorgo mit allen männlichen Attributen ausgestattet, der Schlange, dem Zahn, den Eberhauern, der hervorgestreckten Zunge und manchmal sogar mit dem Bart . . . Zum Fruchtbarkeitsritual der Großen Mutter gehört das Blutopfer und die Zerstückelung, welche beide den Schoß der Erde befruchten, wie noch in einer Anzahl von Riten lebendig ist, in denen die Stücke des Opfers – sei dies ein Menschen- oder ein Tieropfer – feierlich auf die Felder verteilt wurden. Auch die griechischen Thesmophorien, in denen Ferkel, die Kindsymbole der Erd-Sau und phallische Symbole, in einen angeblich von Schlangen belebten Erdschlund geworfen wurden, gehören in diesen Zusammenhang . . . Die verwesten Teile der Opfer wurden dann später aus dem Schlund heraufgeholt und als Fruchtbarkeitszauber über die Erde verteilt. Die Notwendigkeit, die Erde und das als weiblich erschaute Leben durch Blut, Tod und Leichen zur Befruchtung und zum Wiederaufleben zu bringen – diese durch den Wechsel von Leben und Tod in der Natur immer wieder bekräftigte Konzeption konstelliert das Große Weibliche als furchtbar, zerstückelnd und tötend.«[71] In besonderer Weise offenbaren *die Mänaden* die Doppelnatur des Weiblichen: sie sind sowohl mütterliche Wesen, Ammen, die junge Rehe und Wölfe an ihre Brust nehmen, wie Rasende, die Menschen (siehe etwa die Erzählungen von den Kindern von Argos, von Pentheus und Orpheus) und Tiere zerreißen.[72] In den ›Bakchai‹ des Euripides berichtet der Hirt dem Pentheus:

> »Und sie zerrissen, was nicht floh. Das Vieh
> Erlegten sie mit eisenloser Hand.
> Da sah man manche Milchkuh mit Gebrüll

Verenden in dem gnadenlosen Arm,
Dort wurden Kälber gleicherweis zerstückt
Und manche Rippe, manch gespaltner Huf
Flog durch die Luft, verfing sich im Geäst
Der Tannen, träufelte den blutgen Tau.
Die Stiere senkten erst zum wilden Stoß
Die spitzen Hörner, wurden aber bald
Von tausendfacher Frauenhand gestürzt
Und schneller wurde noch ihr Fleisch zerteilt,
Als deine königliche Braue zuckt.«[73]

Dionysos selbst wurde nach orphischer Tradition als Kind von den Titanen zerschnitten und in einen siedenden Kessel geworfen; nach der ursprünglichen Erzählung wurden seine gekochten Glieder – bis auf das Herz oder den Phallus – verbrannt, und aus der Asche entstand der Weinstock. Beim dionysischen Kult wurde der Tod des Gottes durch die Opferung eines Kälbchens, eines jungen Bockes oder anderer Tiere nachvollzogen.[74] Im Norden entspricht dem mänadischen Rasen in gewisser Hinsicht die ›Wilde Jagd‹[75], die nicht nur von Odin (Wotan) in Gestalt eines Sturmgottes, sondern – nach nicht wenigen Überlieferungen – auch von Frauen (Frau Wode, Frau Gode, Diana, Herodias und so weiter) angeführt wird. Ebenfalls haben die Walküren[76], die den Willen Odins vollstrecken, Ähnlichkeiten mit den Mänaden. Odin selbst, der ruhelose Wanderer, erleidet ein Todesschicksal wie Dionysos. Vom Speer durchbohrt wird er an der Weltesche aufgehängt:

»Ich weiß, daß ich hing am windigen Baum
Neun lange Nächte,
Vom Speer verwundet, dem Odin geweiht,
Mir selber ich selbst . . .«[77]

Durch die angeführten Parallelen ist eine Problematik berührt, deren Kernpunkt wir am besten sichtbar machen können, wenn wir den kurzen Abschnitt heranziehen, in dem de Lancre über das Sitzen des Teufels auf dem Sabbat spricht (siehe Seite 76). Die wenigen Sätze gehören zum Wesentlichsten, was jemals über den Satan gesagt wurde. De Lancre vergleicht den sitzenden Teufel mit dem gekreuzigten Christus und bemerkt dazu: »s'il vouloit bien l'imiter, il faudroit qu'il fust bien crucifié pour les siens – wenn er [Satan] ihn gern imitieren möchte, wäre es notwendig, daß er ebenso gekreuzigt worden wäre für die Seinen.« Was bedeutet das?

Der negative Charakter des Weiblichen repräsentiert psychologisch gesehen das Unbewußte, insofern es das Bewußtsein bedroht und verschlingt, religionsphänomenologisch gesehen das Über- und Untermenschlich-Göttliche, insofern es das Begrenzt-Irdische zerstört. *Die Destruktivität des Großen Weiblichen* kann nur *durch den Akt des Opfers überwunden* werden, und dieser Akt ist es auch, auf den die Tendenz des Negativ-Weiblichen zielt: »es gehört zu den Mysterien der Großen Göttin und zum Wesen ihres Geistcharakters, daß sie nur über den Tod das Leben und nur über das Leiden die Entwicklung zu neuer Geburt gewährt, ebenso wie sie als Herrin der Tiere und Menschen keine Geburt und kein Leben ohne Leiden zu gestatten gewillt ist.«[78] Im Tod Christi am mütterlichen Baum des Kreuzes[79] und in seiner Auferstehung, im Kochen des zerstückelten Dionysos im Bauch des Kessels und in seinem Wiederaufleben als Weinstock, im Hängen des verwundeten Odin an der Mutter-Esche und in seiner – durch die Zauberkraft der Runen bewirkten[80] – Lösung vom Baum, in zahllosen anderen Mythologemen und in allen entsprechenden Kulten (siehe zum Beispiel das oben angeführte Fruchtbarkeitsritual bei den Thesmophorien) kommt dieses Mysterium zum Ausdruck. Von hier aus erschließt sich die Tragik des Satans und des satanistischen Kultes – nicht nur des Hexensabbats.

Der Satan ist kein Sterbender und Auferstehender, er hat *keinen Teil am Mysterium des Todes und der Wiedergeburt.* Hier liegt der eigentliche Grund dafür, daß er traurig, gequält, hektisch und destruktiv ist – alles Zeichen eines sterilen Ersatz-Leidens anstelle eines echten, schicksalhaften Leidens, das allein Wandlung und neues Leben ermöglicht. Es ist *eine wahrhaft tragische Situation*: der Satan ist dazu bestimmt, als Gegenspieler Gottes die abgetrennte dunkle Seite des Göttlichen – notwendigerweise in Verzerrung – darzustellen und ›wachzuhalten‹, gleichzeitig aber bleibt ihm gerade dadurch das Mysterium des leidenden Gottessohnes verschlossen. Es gibt unter den Bedingungen des traditionellen Christentums *keinen Ausweg*: würde sich Satan dem Kreuz unterwerfen, so müßte er seine Rolle als Widersacher aufgeben, damit aber würde die Ganzheit des Göttlichen preisgegeben werden. Auch die Rückkehr in einen vorchristlichen Status – etwa in den des Dionysos – und damit die Erneuerung eines alten Mysteriums ist ihm versagt, denn das Extrem der christlichen Position verlangt eine ebenso extreme Gegenposition. So wahr die Feststellung von de Lancre ist, so unmöglich ist die Erfüllung seiner ›Aufforderung‹ an den Satan, Christus auch als Gekreuzigten nachzuahmen. Wenn de Lancre sagt: »Satan se trompe – Satan täuscht sich«, so liegt in diesem, das Kreuz vermeidenden Selbstbetrug der Inbegriff der satanischen Existenz. Es ist eine unausweichliche Täuschung um der Wahrheit willen, eine Lüge, die von der Wahrheit ebenso gefordert wie verurteilt wird. Hat Christus ›außerhalb des Tores‹ (Hebr. XIII, 12) gelitten, so wird dieses *›außerhalb‹* beim ›Mysterium iniquitatis – Geheimnis der Bosheit‹ in einer kaum zu ermessenden Schärfe potenziert.

Wie die Mänaden und das übrige Gefolge des Gottes an der Natur des Dionysos teilhaben, so die auf dem Sabbat Versammelten an der Natur des Satans. Auch *die Hexen und Hexer* sind aus dem Raum des Mysteriums der Wiedergeburt *verbannt*, und daraus ergibt sich ihre einseitige *Destruktivität und Sterilität.* So ist es kennzeichnend, wenn de Lancre sagt, daß der Ort, auf dem die Hexen tanzen, einen solchen Fluch empfange, daß an ihm nichts mehr wachsen könne, und wenn er mitteilt, daß der Same der Männer auf dem Sabbat, obwohl er natürlich sei, ebenso wie der Same Satans nicht schwängere. Auch darin kommt die Tragik des Satanskultes zum Ausdruck: das, was als Erneuerung vorchristlicher Fruchtbarkeitsriten fungiert, ist zur Unfruchtbarkeit verurteilt.

Für die Hexen besteht jedoch – anders als für den Satan – *eine Möglichkeit*, das ›*Mysterium crucis* – Geheimnis des Kreuzes‹ an sich zu erfahren. Nicht ohne Ergriffenheit vermag man jene Stellen zu lesen, in denen davon berichtet wird, daß manche Hexen geradezu für den Teufel zu leiden begehrten, daß sie es kaum erwarten konnten, gefoltert und hingerichtet zu werden und daß sie heiteren Sinnes in den Tod gingen, im festen Glauben, mit Satan endgültig vereint zu werden. Der folgende Holzschnitt spiegelt die Vorstellung der ›Todeshochzeit‹ mit dem Satan wider:

Hexenverbrennung, Holzschnitt von 1555

In dem Text zu dem Bild heißt es: »und wie man dieselben Gröbischen [eine der Hexen] zu der Fewrstat gebracht / und an die sayl mit Ketten geschlagen / und das Fewr angezündt / ist der bule / der Sathan kommen / und sie in lüfften sichtigklich vor yedermann weck gefürt.«[81] Die Berichte (siehe auch Seite 51) – die natürlich nicht verallgemeinert werden dürfen, und denen gegenüber die ›Feuerproben‹ der Hexen auf dem Sabbat wie seichte Verharmlosungen erscheinen – gleichen den Erzählungen vom Sterben der Märtyrer, weshalb de Lancre vom *›falschen Martyrium‹* der Hexen spricht. Auch in diesem Martyrium waltet eine Tragik: der, für den die Frauen freudig in den Tod gehen, ist im Sterben nicht erreichbar, denn ihm selbst ist das Schicksal des Todes versagt geblieben. Die Todeshochzeit findet mit einem nur imaginären Bräutigam statt. In der Selbsthingabe des Lebens lassen die Hexen ihren Meister zurück, und auch der ›gute Gott‹ ist nicht mehr anwesend. Es ist ein Sterben von einer absoluten Heimatlosigkeit. Der Sinn des ›falschen Martyriums‹ kann sich erst auf einer Ebene jenseits des traditionell-christlichen Dualismus erfüllen.

Der Satan erhält von den Teilnehmern des Sabbats einen rituellen *Kuß auf das* Gesäß (Tafel 18), den der spanische Quellentext drastisch ausmalt (siehe Seite 60). In der christlichen Körpersymbolik, die im Mittelalter entwickelt worden war, wurde die Gesäßzone – ebenso wie die Genitalzone – *als Bereich der Finsternis, des Höllischen und Teuflischen* aufgefaßt (Tafel 19); das Geistig-Göttliche dagegen wurde mit den oberen Körperzonen und -organen in Beziehung gesetzt. Diese Symbolik wirkt in der katholischen Moraltheologie durch die Einteilung des Körpers in ›partes honestae, minus honestae und inhonestae – ehrenhafte, weniger ehrenhafte und unehrenhafte Teile‹ bis in unsere Zeit nach.[82] Gerade hier kommt die dualistische Einstellung des Christentums besonders deutlich zum Ausdruck, im Gegensatz etwa zum Griechentum, das der Aphrodite den Beinamen ›Καλλίπυγος – die mit dem schönen Gesäß‹ gab. Die christliche Bewertung der Gesäßzone hängt mit der Tabuierung des dunkel-archaischen Großen Weiblichen zusammen: wie etwa das Beispiel der bekannten aus dem Paläolithikum stammenden ›Venus von Willendorf‹ zeigt, ist die Gesäßpartie der Vorzeitgöttinnen durch übergroße Breite und Fülle ausgezeichnet, wodurch ihre ›Seßhaftigkeit‹ auf der Erde augenfällig wird.[83] (Unter psychoanalytischem Gesichtspunkt handelt es sich um die Tabuierung der anal-prägenitalen Sexualität). Durch den Gesäß-Kuß verbinden sich die Hexen und Hexer in ganz besonderer Weise mit der chthonischen Natur des Satans. Joseph von Görres drückt das in seiner ›Christlichen Mystik‹ so aus: »Überaus charakteristisch ist der Bocksgestalt des bösen Geistes ein zweites Antlitz zugetheilt, nach Abwärts hin gewendet; in die Nachtreiche der Tiefe eingewiesen; mit allen Excretionsorganen, die nach Niederwärts öffnen, nahe verbunden ... Auf die Mitte dieses Antlitzes wird der Kuß gedrückt; und der Küssende verlobt sich damit ewiger Knechtschaft unter dem Absolutism des Bösen.«[84]

Wir gelangen nun zur Besprechung *der sexuellen Orgien* auf dem Sabbat. Da dieses Thema ohne Berücksichtigung des psychopathologischen Aspektes nicht angegangen werden kann, müssen wir zuvor – in Anknüpfung an das Seite 23 ff. Ausgeführte – einige Bemerkungen über das Verhältnis der phänomenologischen und der psychologischen beziehungsweise psychopathologischen Betrachtung der Sabbat-Orgien machen.

Von letzterem Gesichtspunkt aus gesehen, finden wir alle möglichen Perversionen vor: Inzest, Homosexualität, Sadismus, Masochismus und so weiter. Sie gewähren, wie betont wird, ›un merveilleux plaisir – ein wunderbares Vergnügen‹, und die spanische Quelle kennzeichnet eine Frau nach der Kopulation mit dem Satan als ›muy ufana y contenta – sehr stolz und zufrieden‹. Es könnte naheliegen, es bei der psychoanalytischen Deutung bewenden zu lassen, nach der bei diesen Perversionen eine Regression in infantil-prägenitale Phasen der Sexualentwicklung[85] stattfindet – in Auflehnung gegen die strikt genital und monogam orientierte christliche Sexualmoral. (Die soziologischen Probleme, die in Verbindung damit auftauchen – ich nenne nur die Stichworte: Matriarchat und Patriarchat, der Ödipus-Komplex als Ursprung oder als Ergebnis der Kultur[86] – können hier nicht diskutiert werden). Eine solche Deutung bietet sich um so mehr an, als die bisherigen Interpretationen der Orgien innerhalb des Satanskultes oder dessen Grenzphänomenen (siehe Seite

33 und 50) für den Sabbat nicht mehr zutreffen, denn hier hat die Orgie weder ausgesprochen ›pneumatischen‹ noch ›ekstatischen‹ Charakter, man sucht vielmehr die Lust ›an sich‹, eben das ›merveilleux plaisir‹. Als weitere Möglichkeit käme eine Deutung im Sinne der Psychologie des kollektiven Unbewußten in Frage. Nach ihr sind die abnormen sexuellen Verhaltensweisen auf ihren archetypischen Symbolgehalt zu untersuchen. Im Inzest etwa kommt die Rückkehr in den Zustand einer archaischen Identität des Bewußtseins mit dem durch die Große Mutter repräsentierten kollektiven Unbewußten zum Ausdruck[87], in der Homosexualität eine Identifizierung mit dem Archetypus des Hermaphroditen, also des androgynen Urmenschen[88], und so fort. Wir haben uns immer dann auf den Standpunkt der letztgenannten Sicht gestellt, wenn es vom Phänomen her gerechtfertigt war, das heißt wenn dem Gegenstand der Betrachtung als solchem der symbolische Verweis auf den archetypischen Hintergrund (den wir allerdings immer als etwas Transpsychisch-Kosmisches sehen) innewohnte. Zweifellos haben die Sabbat-Orgien nicht nur eine individuell-psychologische, sondern auch eine archetypische Bedeutung, man würde jedoch das Phänomen *in unzulässiger Weise reduzieren*, wollte man es *ausschließlich unter diesen beiden Aspekten* erfassen.

Die von de Lancre Verhörten sprechen in bezug auf ihre sexuellen Erlebnisse beim Sabbat weiterhin von: ›contentement – Befriedigung, ioye – Freude, une chose agreable et plaisante – einer angenehmen und lustvollen Sache‹, und in einem von uns hier nicht vorgelegten Textpassus ist die Rede von ›une volupté admirable – einer wunderbaren Wollust‹ und von der Tatsache, daß die Frauen hinterher ›accomplissement entier – vollständige Erfüllung‹ empfinden.[89] Mit diesen Ausdrücken wird *ein sexuelles Urerlebnis* gemeint, dessen Kern jenseits der persönlichen wie auch jenseits der symbolischen Determinierung liegt, das heißt ein direktes Ergriffensein von dem, was Georg Groddeck *das ›Es‹* nennt (Freud hat diesen Begriff übernommen, ihn aber auf den Bereich des individuellen Unbewußten eingeengt)[90]. Das reine Es ist prä-archetypisch: »das Symbolische, das alle Lebensbeziehungen begleitet«, ist »Form des Es.«[91] So ist das Große Weibliche eine Form des Es, nicht umgekehrt. Natürlich ist das Es auch prä-bewußt, und je mehr der Mensch in es eintaucht, desto unbewußter wird er. Der ›Weg zum Es‹ führt zunächst zur frühen Kindheit zurück. Daher rührt die Tatsache, daß die frühkindlichen Formen der Sexualität – jenseits der psychoanalytischen Theorien – für den Erwachsenen eine so hohe Faszinationskraft ausüben, sind sie ja ›durchlässiger‹ für das Es als die genormten, bewußtseinsnahen und mehr oder weniger spiritualisierten Formen der ›reifen‹ Sexualität.[92] Der Weg führt weiter, wie gerade der Sabbat zeigt, in die Schicht des Animalischen: die Hexen glauben, bisweilen in Tiere verwandelt zu sein. So spielt auch auf der folgenden Darstellung einer Frau mit einem Incubus[93] die Frau eine Tier-Rolle:

Frau mit Incubus, Säulenskulptur aus Mollien-Vidame

Die Sabbat-Orgie ist *kein Mittel zur ekstatischen Befreiung* aus den Fesseln des Körperlichen, sondern *das Gegenteil davon*: ein Hinabsteigen in die Tiefe des Körperlich-Animalischen, um dort an jener großen, lustvollen – und zugleich schmerzhaften – Gewalt teilzuhaben, die in der christlichen Kultur weitgehend unterdrückt oder sublimiert worden ist. Es wäre jedoch falsch, in die Orgien des Hexensabbats Gedanken moderner Sexualmystik[94] hineinzuprojizieren, denn diese beruht auf anderen Voraussetzungen, so auf dem Intellektualismus und Subjektivismus des neuzeitlichen Menschen.

Die Hexe Necato berichtet von einem Ritus, der eine Art *Entsprechung zur ›Fractio panis* – Brechung des Brotes‹ in der kirchlichen Messe ist: Schlangen und Kröten wird der Kopf abgetrennt, wobei unter anderem die Worte gesprochen werden: ›Ha Philip, si ie te tenoy, ie te couperoy aussi bien la teste . . . – Ha, Philipp, wenn ich dich hielte, würde ich dir ebensowohl den Kopf abtrennen . . .‹ De Lancre bringt den Namen ›Philip‹ in einer längeren Erklärung (die wir wegen ihrer Unglaubwürdigkeit hier nicht abdrucken) mit der Legende des Apostels Philippus in Verbindung.[95] Michelet[96] vermutet, daß die Verwünschung eine Erinnerung an König Philipp von Valois (1328–1350) enthält: unter ihm hatte der Hundertjährige Krieg Frankreichs gegen England begonnen, und nach der französischen Niederlage bei Crécy (1346) war das Volk durch Hungersnot und Steuerdruck in äußerste Not geraten, die später zu blutig unterdrückten Bauernaufständen geführt hatte. Henry T. F. Rhodes[97] zieht auch König Philipp den Schönen (1285–1314) in Betracht. Auf jeden Fall muß man annehmen, daß sich in dem Fluch *der Haß der niederen Stände* gegen ein Symbol der Unterjochung *entlädt*. Hier müßte die soziologische Interpretation des Hexensabbats einsetzen. In Anbetracht der großen Zahl von Menschen, die an den Sabbaten teilnahmen (die Quellen enthalten in diesem Punkt natürlich – manchmal maßlose – Übertreibungen), kommt dem Charakter des Hexensabbats als einem Ausdruck der Revolte des Volkes gegen die herrschende Sozialordnung außerordentliche Bedeutung zu. Die nähere Behandlung dieser Thematik muß Soziologen und Historikern überlassen bleiben.

Der Tanz auf dem Sabbat (siehe Tafel 15, Hinweis F und H, sowie Tafel 16 und 18) gehört sowohl – als erotisch-sexuell gefärbter Tanz – in den Zusammenhang der *Orgie*, ebenso aber auch in den Zusammenhang der in der ganzen Welt verbreiteten *Fruchtbarkeitstänze*, die schon aus der Altsteinzeit bezeugt sind:

Tanz der Frauen, paläolithische Felsmalerei aus Cogul

Neun Frauen umtanzen einen nackten Mann, dessen Phallus betont ist[98]; mit den Füßen wird der Erde Fruchtbarkeits-Mana zugeführt, das sich in der phallischen Figur personifiziert. Der Sabbat-Tanz weist deutliche Paralellen zu derartigen Tänzen auf, er ist jedoch, wie oben gesagt, durch das Schicksal der Sterilität gekennzeichnet.

De Lancre sagt, daß man auf dem Sabbat Branles tanze. Der ›Branle‹ (von französisch ›branler‹ = ›wackeln, schlenkern‹) ist ein meist reigenförmiger Tanz, dessen hauptsächliches Merkmal die »kettenmäßige Vereinigung und Seitenbewegung der tanzenden Paare«[99], also eine beständige Hin- und Herbewegung der Tanzenden ist. Viele Formen des Branle, der ausgesprochen volkstümlichen Ursprung hat und oft pantomimische Elemente enthält, wurden getanzt (in der Regel als Suite), weshalb der Text von ›nur‹ drei Arten spricht. Obwohl der Branle die mittelalterliche Reigenform hat. zählt er zu den Tänzen der Renaissance-Zeit. Wir stoßen hier also bei dem seinem Wesen nach noch zum Spätmittelalter gehörenden Hexensabbat auf ein Element der neueren Epoche. Die Françoise (Française), die gleichfalls getanzt wird, ist im Unterschied zum Branle ein Kolonnentanz, bei dem Männer und Frauen unabhängiger voneinander sind.[100]

Die Einzelheiten der von de Lancre geschilderten *Schwarzen Messe*, die er ein ›abominable mystere et badinage – abscheuliches Mysterium und Possenspiel‹ nennt, bedürfen nur einiger kurzer Erläuterungen, da der Autor selbst Kommentare gibt. Festzustehen scheint, daß Priester der Kirche solche Messen zelebriert haben, was dadurch einen schwerwiegenden Akzent hat, als nach katholischer, auch von der Sabbatsgemeinde nicht bestrittener Auffassung der in schwerer Sünde lebende oder von der Kirche abgefallene Priester seine Konsekrationsgewalt behält. Wichtig ist die Tatsache, daß die Schwarze Messe zur damaligen Zeit schon in die Gotteshäuser selbst einzudringen beginnt. Manche Details, die gegeben werden, machen den Eindruck, als seien sie der Vollständigkeit halber – durch Umdrehung der kirchlichen Einrichtungen und Gebräuche – ergänzt worden (dies ist zum Beispiel für die genaue Aufstellung der satanistischen Kleriker-Hierarchie anzunehmen). Wenn auch die Levitation und Umkehrung der Priester in der Luft eine ausgesprochene Halluzination darstellt, so erinnert ihre Wendung zum Volk statt zum Altar an die frühe Kirche, in der diese Stellung – allerdings nicht vor, sondern hinter dem Altar – allgemein üblich war. Was die beim Kreuzzeichen gesprochenen Worte im einzelnen besagen, bleibt dunkel. Wenn bei der Elevation ›*Corbeau noir* – Schwarzer Rabe‹ gesagt wird, so hängt dies mit der Symbolik des Tieres[101] zusammen. In der Antike galt der – nach dem Mythos ursprünglich weiße – Rabe als Tier des Apollon, des Helios und des Mithra sowie als Götterbote und Wahrsagevogel. Bei den Germanen war er – wegen seiner Aggressivität und seiner Vorliebe für Fleisch, auch für das von Leichen – ein Begleittier Wotans als Kriegsgott. Im Christentum wurde der Rabe – wegen seiner Schwärze – vorwiegend zum Bild der Unreinheit, Finsternis und Sünde, also zu einem teuflischen Tier, sowie – im Anschluß an Gen. VIII, 6 f. – zum Symbol der aus der Arche der Kirche verschwundenen und nicht wieder in sie zurückkehrenden Apostaten und Häretiker. Die Anrufung ›Schwarzer Rabe‹ kann entweder eine Blasphemie gegenüber dem durch die Konsekration präsenten Christus bedeuten oder aber eine Identifizierung des in der Konsekration anwesend gewordenen Göttlichen mit dem Satan. Damit berühren wir ein Problem, das bei der Interpretation der folgenden Quelle besprochen werden soll.

3. Ein erheblich anderer Geist spricht aus den Textstellen, die wir einem Werk entnehmen, das etwa ein Jahrzehnt nach dem von de Lancre erschienen ist:

Histoire veritable et memorable de ce qui c'est passé sous l'exorcisme de trois filles possedées és païs de Flandre, en la descouverte et confession de Marie de Sains ... et Simone Dourlet complice, et autres etc. Extraict des memoires de Messire Nicolas de Momorenci ... et du R.P.F. Sebastien Michaëlis [O.P.] ... et du R.P.F. François Donsieux ... mis en lumiere par J. le Normant ... etc.
Premiere partie, Paris 1623.

Traicté I.

Des peschez qui se font dans la Synagogue.

Chapitre IV.
S. 32 f.

»Parlant donc du sabbat tenu le 24. de May 1613 disoit qu'on avoit arresté au conseil de ce iour, qu'on prendoit une saincte Hostie apres la Messe dite, et qu'on la poseroit sur une table, et que tous ceux du sabbat se mettroient à l'entour, et que chacun diroit contre la saincte Hostie les blasphemes qu'il voudroit: Disant que tous les Vendredys on prend l'Image d'un Crucifix, auquel on fait les irrisions de la Passion, on le foüette, on luy donne des soufflets, on luy crache au visage, on le frappe sur la couronne d'espines, on luy arrache les cloux des mains et des pieds, et on les remet, on luy ouvre le costé pour renouveller ses playes et douleurs, et aux pieds, mains, et costé on met une Hostie sacrée afin qu'elle reçoive les coups et les iniures.

Dit aussi et declara qu'à ceste fois on n'avoit pas pris un Crucifix de bois, ou d'alebastre; mais un Crucifix formé de pain, qu'on avoit puis apres consacré, disant que premierement on l'avoit deshonnoré en mille manieres; et que depuis on l'avoit foulé aux pieds, et chiqueté en pieces, lesquels apres on avoit ietté aux chiens pour les devorer. Outre ce, disoit qu'elle avoit pris ceste mesme nuict une saincte Hostie, et qu'elle l'avoit mise en sales endroits, declarant qu'elle avoit consommé la saincte Hostie en la pressant et pulverisant entre ses doigts: et que plusieurs avoient fait le mesme . . ., qu'au mesme temps aucuns avoient bruslé la saincte Hostie, et que d'autres l'avoient chiquetée, et d'autres l' avoient boullie.«

Abhandlung I

Sünden, die in der Synagoge begangen werden.

Kapitel IV

»Indem sie [Marie de Sains] also vom Sabbat sprach, der am 24. Mai 1613 abgehalten wurde, sagte sie aus, daß man auf der Ratsversammlung dieses Tages dabei verweilt habe, daß man eine heilige Hostie nach gelesener Messe genommen habe, daß man sie auf einen Tisch gelegt habe und daß alle die vom Sabbat sich zu [dessen] Umkreisung angeschickt hätten und daß jeder gegen die heilige Hostie die Blasphemien, die er gewollt, gesagt habe; wobei sie sagte, daß man jeden Freitag die Darstellung eines Gekreuzigten nehme, gegen den man die Verspottungen der Passion richte, man peitsche ihn, man gebe ihm Backenstreiche, man spucke ihm ins Gesicht, man schlage ihm auf die Dornenkrone, man reiße ihm die Nägel der Hände und der Füße aus, man schlage sie wieder ein, man öffne ihm die Seite, um seine Wunden und Schmerzen zu erneuern, und an den Füßen, Händen und der Seite bringe man eine geweihte Hostie an, damit sie die Schläge und Beleidigungen empfange.

Sie hat auch gesagt und erklärt, daß man diesmal [= auf dem genannten Sabbat] nur ein Kruzifix aus Holz oder aus Alabaster genommen habe; [ein andermal] aber ein aus Brot gebildetes Kreuz, das man dann später konsekriert habe, indem sie sagte, daß man es zuerst auf tausenderlei Weise entehrt habe; und daß man es dann mit den Füßen getreten habe und es in Stücke zerrissen habe, die man danach den Hunden zum Fressen vorgeworfen habe. Außerdem sagte sie, daß sie in dieser selben Nacht eine heilige Hostie genommen habe und daß sie sie an schmutzige Stellen gebracht habe, wobei sie erklärte, daß sie die heilige Hostie verzehrt habe, indem sie sie zwischen ihren Fingern gepreßt und pulverisiert habe, und daß mehrere dasselbe getan hätten . . ., daß einige die heilige Hostie verbrannt hätten und daß andere sie zerrissen hätten und andere sie gekocht hätten.«

Traicte II.

Du culte que ceux du sabbat rendent au diable.

Chapitre II.
Ebd., S. 56.

»... Disant tous les Dimanches on iette le sang de nostre Seigneur sur ceux qui sont presents, et tous crient en Latin: ›*Sanguis eius super nos et super filios nostros*‹[a], et que cela se fait au lieu de l'eau beniste pour contrefaire l'Eglise ... Durant le sacrifice on fait mille indignitez, les uns tirent la langue, les autres blasphement, les autres découvrent leurs parties honteuses; et les plus grands de la Synagogue commettent les plus grandes indignitez. Sous l'elevation les diables vont vers l'autel, et tournent leur derriere vers le sainct Sacrement, et les magiciens et magiciennes, et les principaux de la Synagoge le font aussi bien que les diables ... Pour *l'Ite Missa est*, on dit: ›*Allez à tous les diables*‹ ...«

Abhandlung II

Vom Kult, den die vom Sabbat dem Teufel darbringen

Kapitel II

»... Indem sie sagt, daß man jeden Sonntag das Blut unseres Herrn über die, die anwesend seien, sprenge, und alle schrien auf lateinisch: ›*Sein Blut [komme] über uns und über unsere Kinder*‹[a], und daß dies anstelle [der Aussprengung] des Weihwassers stattfinde, um die Kirche nachzuäffen ... Während des Opfers begehe man tausend Schändlichkeiten, die einen streckten die Zunge heraus, die anderen lästerten, die anderen entblößten ihre Schamteile; und die Größten der Synagoge begingen die größten Schändlichkeiten. Bei der Elevation gingen die Teufel zum Altar und wendeten ihr Gesäß gegen das heilige Sakrament, und die Zauberer und Zauberinnen und die Vornehmsten der Synagoge täten das ebenso wie die Teufel ... Anstelle des *Ite Missa est* sage man: ›*Geht zu allen Teufeln*‹ ...«

(Beispiel einer Predigt auf dem Sabbat:)
Ebd., S. 69.

»Mes amis, auiourd'huy nous celebrons le sabbat de sodomie. La sodomie es un œuvre tresagreable à Lucifer. Ie vous prie faire bien vostre devoir; voire mesme vous provoquer les uns aux autres. Prenez exemple de moy qui suis le prince de luxure, et si vous accomplissez souvent cet œuvre, vous aurez la recompense en ce monde, et en l'autre la Vie eternelle.«[b]

»Meine Freunde, heute feiern wir den Sabbat der Sodomie. Die Sodomie ist ein Luzifer sehr angenehmes Werk. Ich bitte euch, gut eure Pflicht zu tun; sogar euch einander anzureizen. Nehmt euch ein Beispiel an mir, der ich der Fürst der Unzucht bin, und wenn ihr dieses Werk oft vollbringt, werdet ihr den Lohn in dieser Welt haben und in der anderen das ewige Leben.«

[a] Matth. XXVII, 25.
[b] Ohne Kursiv wiedergeg.

Vergleicht man diese Quelle mit der vorhergehenden, so fallen weitgehende Unterschiede auf. Einmal ist – und das gilt für das ganze Werk, dem die Texte entnommen sind – fast nur noch die rein negative Seite des Satanskultes übriggeblieben, sodann ist eine fast mechanische Parallelisierung des Sabbat-Rituals mit dem kirchlichen Kult durchgeführt. Was das letztere angeht, so enthält die ›Histoire veritable...‹ beispielsweise satanistische Versionen des Vaterunsers, des Ave Maria, des Credo und der Allerheiligen-Litanei sowie eine ganze Sammlung von Predigten des Teufels für die Kirchenfeste des Jahres; darüber hinaus sind Systematisierungen verschiedener Art durchgeführt, indem etwa den einzelnen Wochentagen bestimmte

Blasphemien und sexuelle Perversionen zugeordnet werden.[102] Da die diesbezüglichen Passagen ziemlich uninteressant sind, legen wir zur Charakterisierung nur einen kurzen Predigttext vor.
In den beiden ersten Textstellen vermischt sich das spätmittelalterliche Geistesgut *mit barocken Elementen.* So stoßen wir auf eine Pervertierung jener spezifischen *Wunden- und Leidensmystik,* die sich im Barock entwickelt hat. Um das zu illustrieren, seien Auszüge aus einem zeitgenössischen französischen Gebetbuch, das wir in der deutschen Übertragung von 1628 zitieren, einigen Details unserer Quelle gegenübergestellt:

Der Kruzifixus wird ausgepeitscht.	»Für mich ist mein geliebter von den Vihischen Kriegsknechten ohn alles erbarmen gegaißlet / zerrissen / und zerfleischet worden ...
Man gibt ihm Backenstreiche, spuckt ihm ins Gesicht und schlägt ihm auf die Dornenkrone.	Ach wehe / ... für mich ist mein ganz erwünschlicher Bräutigam mit stechenden dörnen gekrönet / verspeyet / geschlagen / verlachet / und gelästert worden!
Die Nägel werden ausgerissen und wieder eingeschlagen.	Ach wehe / meinem geliebten seyn erbärmlich Händ und Füeß an den härten stammen deß Creutzes durchstochen worden!
Man öffnet ihm die Seite.	Ach wehe/auch nach dem todt ist ihm sein Seiten mit dem Speer durchstoßen worden!«[103]

Wenn man konsekrierte Hostien schlägt, sie auf vielerlei Weise entehrt und destruiert, so läßt dies erkennen, daß die Gegenwart Christi in ihnen *ganz konkret und realistisch* verstanden wird. Für die Satanisten, wie sie uns in dieser Quelle entgegentreten, schafft also der Akt der Konsekration eine entscheidende Voraussetzung für ihre Praktiken, indem man so des gehaßten Christus im direkten Sinne ›habhaft‹ werden kann. Von hier aus müssen wir einen Blick zurückwerfen.
Auch bei de Lancre ist die Satansgemeinde von der Wirksamkeit der Konsekration überzeugt und auch bei ihm wird davon berichtet, daß Hostien verwünscht, auf den Boden geworfen und mit Füßen getreten werden. Die Anrufung ›Corbeau noir – schwarzer Rabe‹ bei der Elevation hat jedoch zu der Frage geführt, ob hier nicht eine Identifizierung Christi mit dem Satan geschieht. Diese Frage stellt sich um so mehr, als die Hostie schwarz ist, das heißt eine ausgesprochene Teufelsfarbe[104] hat. Es kann dazu nur eine Vermutung ausgesprochen werden. Die Tatsache, daß man zunächst die Elevation, also das Gegenteil des Auf-die-Erde-Werfens vollzieht und dabei – unter fast magischem Zwang, wie eine Frau aussagt (siehe oben Seite 81) – das besagte ›priere – Gebet‹ spricht, nach der Elevation aber die Hostie entweiht und zertreten wird, zeigt an, daß zwischen beiden Verhaltensweisen etwas stattgefunden hat. Vielleicht ist anzunehmen, daß dies so etwas wie eine Enttäuschung ist, nämlich darüber, daß der Versuch der Identifizierung nicht gelungen ist: die

schwarze Hostie kann die Erinnerung an die weiße Hostie nicht auslöschen, immer wieder drängen sich christliche Vorstellungen in den antichristlichen Kult hinein, und deswegen müssen Verwünschung und Zerstörung folgen. Über eine Imitation der kirchlichen Liturgie gelangen die Satanisten nicht hinaus; *der Versuch, sich des Mysteriums selbst zu bemächtigen, scheitert,* und das offenbart sich unmittelbar nach der Konsekration. Dieses Scheitern hängt mit dem zusammen, was über den Ausschluß des Satans vom Mysterium des Todes und der Wiedergeburt gesagt wurde. Da die Meßliturgie ihrem Wesen nach eine Gegenwärtigsetzung und Erneuerung des Kreuzesopfers ist, kann die Identifizierung des Satans mit dem im Kult präsenten Christus beziehungsweise die Verdrängung Christi durch den Satan nicht erreicht werden. Eindrucksvoll kommt das in einem Bild von Hieronymus Bosch (Tafel 20) zum Ausdruck: das satanistische Treiben verbleibt ›extra muros – vor den Mauern‹ des Heiligtums. Der ›schwarze Rabe‹ vermag nicht, das ›Agnus Dei – Lamm Gottes‹, auf das bei der zweiten – älteren – kirchlich-liturgischen Elevation (vor der Kommunion) hingewiesen wird, zu ersetzen.
Bei der vorliegenden Quelle ist eine solche Interpretation unangebracht. In ihr ist alles verhältnismäßig einschichtig und undifferenziert, und es ist nur Haß, der in vielfältiger Gestalt sichbar wird.

d) Gilles de Rays

In einer Darstellung des Satanskultes darf eine Figur des Spätmittelalters nicht übergangen werden, in der sich das Destruktive des Satanismus in extremer Weise konzentriert hat: *Gilles de Rays*[105], auch wenn die Quellen über ihn von keinen ausgedehnten Teufels-Ritualen berichten (weshalb wir auf die Wiedergabe längerer Texte verzichten), und wenn auch seine Taten weitgehend unter rein psychopathologischem Gesichtspunkt gesehen werden müssen.
Gilles de Rays wurde im Jahre 1404 aus vornehmem Geschlecht geboren. Nachdem er mit elf Jahren seinen Vater verloren hatte, wurde er von seinem schwachen Großvater Jean de Craon erzogen. Zügellos und von maßlosem Ehrgeiz besessen wuchs er auf. Seine Güter machten ihn zum Haupt des bretonischen Adels, und durch seine Heirat wurde er zu einem der reichsten Männer Frankreichs. Gilles de Rays bewährte sich nicht nur hervorragend in mehreren Feldzügen, er besaß auch eine außerordentliche Bildung und interessierte sich für Bücher, für Musik und Theater. Er wurde sodann zum ständigen Begleiter und Leibwächter der Jeanne d'Arc bestimmt. Anläßlich der Krönungsfeierlichkeiten in Reims (1429) erhielt er, erst fünfundzwanzig Jahre alt, den Rang eines Marschalls von Frankreich. Vier Jahre später aber zog er sich auf seine Güter zurück und begann ein Leben der Verschwendung und Ausschweifung. Gleichzeitig betätigte er sich als Alchemist und zog für seine Experimente, bei denen die Beschwörung von Dämonen als unerläßlich angesehen wurde, verschiedene Zauberer, unter ihnen den Italiener Francesco Prelati, heran. In den Gemächern und Gewölben seiner Schlösser, so in der Krypta von Tiffauges (Tafel 24) schlachtete er nach den Angaben des Prozesses im Laufe der Zeit

etwa einhundertvierzig Kinder ab, um sie dem Satan beziehungsweise einem Dämon zu opfern oder um nur seine sadistische Lust zu befriedigen. Die Kinder wurden herbeigelockt, geraubt oder aufgekauft. In den Quellen heißt es: » . . . super ventres ipsorum sedebat et plurimum delectabatur eos videndo sic mori, et de hoc risus emittebat – . . . er setzte sich auf ihren Bauch und ergötzte sich am meisten daran, sie so sterben zu sehen, und er brach darüber in Lachen aus«[106] und ». . . magis delectabatur occidendo . . ., ac videndo ipsos languere et mori, ac in aspectu sanguinis eorundem, quam luxuriando cum ipsis – . . .er ergötzte sich mehr beim Töten . . . und beim Zusehen, wie sie schlaff wurden und starben, und beim Anblick ihres Blutes als dadurch, daß er mit ihnen Unzucht trieb.«[107] In J.-K. Huysmans' Buch ›Là-Bas‹[108] sind ins einzelne gehende Schilderungen der sadistischen Praktiken des Gilles de Rays enthalten, die sich allerdings nicht immer durch die Quellenzeugnisse belegen lassen. Die Feindschaft einflußreicher Adeliger, die sich Gilles de Rays zugezogen hatte, gab den Anstoß zu seinen Prozessen vor dem geistlichen und vor dem weltlichen Gericht. Ob seine Selbstanklagen und tränenreichen Reuebekundungen vor dem Tode echt gemeint waren oder im exhibitionistischen Sinne zu verstehen sind, ist wohl nicht zu entscheiden. Am 26. Oktober 1440 wurde er – unter dem Mitleid des durch die Schuldbekenntnisse und Bitten um Vergebung umgestimmten Volkes – zusammen mit seinen Dienern gehängt. Gilles de Rays wurde immer wieder in Zusammenhang mit dem Ritter Blaubart gebracht, vielleicht hat er sogar das Urbild zu dieser durch Charles Perrault bekanntgewordenen Märchengestalt abgegeben.

Bei Huysmans findet sich eine bemerkenswerte Deutung der Figur des Gilles de Rays: »Dieser Mann war . . . ein echter Mystiker . . . Der Umgang mit Jeanne d'Arc hatte sicherlich den Aufschwung seiner Seele zu Gott zur Überspannung gebracht. Es ist ja vom übersteigerten Mystizismus bis zum verzweifelten Satanismus auch nur ein Schritt. Im Jenseits berührt sich alles. Er hat die Leidenschaftswut der Gebete ins Gebiet des Abwegigen verpflanzt . . . Es läßt sich ein Stolz denken, der *im Verbrechen die gleiche Wertstärke* erreichen will, *die ein Heiliger in der Tugend* gewinnt. Darin steckt der ganze Gilles des Rais!«[109] Mag eine solche Interpretation überspitzt sein, einen richtigen Kern hat sie sicherlich.

e) Die geheimen Aufnahmeriten der Templer

Zu den dunkelsten Phänomenen in der Tradition des Satanskultes gehören *die blasphemischen Aufnahmeriten der Templer*. Sie bildeten den wesentlichsten Teil des Anklagematerials in dem siebenjährigen Templer-Prozeß, der im Jahre 1312 zur Aufhebung des Ordens durch Papst Clemens V. führte und im Jahre 1314 mit der Verbrennung des Großmeisters Jacques de Molay, des Präzeptors der Normandie Geoffroy de Charnay und anderer Ritter endete.[110] Die Vernichtung der Templer war eine Tat Philipps des Schönen. Dem König war die große Macht, die der im Jahre 1119 entstandene Orden erlangt hatte, ein Dorn im Auge, vor allem aber ging

es ihm darum, die Besitztümer der Templer an sich zu bringen, da er sich zur damaligen Zeit in einer verzweifelten finanziellen Lage befand.
Die Verhöre wurden nach einem starren Schema, das bis zu hundertsiebenundzwanzig Fragen enthielt, durchgeführt. Hier einige Auszüge aus den umfangreichen Protokollen:

Le Procès des Templiers.

Aus dem Verhör des Huguet de Bure (24. IV. 1310), ed. Michelet I, S. 205 ff.

»... requisitus quanto tempore fuerat in dicto ordine Templi, et ubi, a quo et qualiter receptus, respondit quod ante capcionem eorum fuerat per trienium, et fuerat receptus in domo ordinis vocata Fontanetos, Lingonensis diocesis, a fratre P. de Buris, fratre serviente preceptore dicte domus, quem dixit nunc vita finitum esse, adiciens dictum fratrem P., qui recepit eum in quadam capella dicte domus, cum idem testis exuisset sibi omnes vestes quas deferebat, exceptis camisia et bracis, tradidisse sibi vestes ordinis et mantellum; et quod inmediate fuit osculatus eundem testem, primo in ore, secundo in umbilico, tertio in spina dorsi, supra locum quo defertur bracale, dicens quod idem frater P. levavit vestes ipsi testi ante et retro, quando fuit eum osculatus in umbilico et in spina dorsi predictis.

»... befragt, wie lange Zeit er in dem besagten Templerorden gewesen sei und wo, von wem und wie er aufgenommen worden sei, antwortete er, er sei vor ihrer [der Templer] Gefangennahme drei Jahre [im Orden] gewesen und in einem Ordenshaus mit Namen Fontenottes, Diözese Langres, von dem Bruder P. de Bure aufgenommen worden, einem Bruder, der diesem Hause als Lehrer gedient habe, und er sagte weiter, der genannte Bruder P., der ihn in einer Kapelle dieses Hauses aufgenommen habe, habe ihm, als sich der nämliche Zeuge aller Kleider, die er trug – ausgenommen Hemd und Hose – entledigt habe, die Ordenskleider und den Mantel übergeben; und er habe denselben Zeugen geküßt, erstens auf den Mund, zweitens auf den Nabel, drittens auf das Rückgrat, oberhalb der Stelle, wo der Gürtel getragen wird, und er sagte, der gleiche Bruder P. habe demselben Zeugen die Kleider vorn und hinten emporgehoben, als er ihn, wie gesagt, auf den Nabel und auf das Rückgrat geküßt habe.

Item, dixit quod, post premissa, in continenti idem frater P. attulit quamdam crucem, et precepit eidem testi quod spueret super dictam crucem, et eam conculcaret pedibus, et quod abnegaret ter Jhesum; et cum ipse testis de dictis osculis umbilici et spine dorsi, et de talibus preceptis miraretur, ut dixit, et reluctaretur se facturum quod dictus frater P. precipiebat eidem, idem frater P. dixit quod oportebat eum facere supradicta, quia hoc erat de punctis ordinis Templi, et, nisi faceret predicta, sciebant bene quod erant facturi de eo; et tunc frater Guillelmus de Buris, presbiter dicti ordinis, frater carnalis ipsius testis, nunc defunctus, qui presens erat, ut dixit, in dicta recepcione, et

Ebenso sagte er, derselbe Bruder P. habe nach dem Vorausgegangenen sogleich ein Kreuz herbeigebracht und dem nämlichen Zeugen befohlen, auf das genannte Kreuz zu spucken, es mit den Füßen zu treten und dreimal Jesus abzuschwören; und als derselbe Zeuge sich über die genannten Küsse auf den Nabel und das Rückgrat sowie über derartige Befehle gewundert habe, wie er sagte, und sich zu tun gesträubt habe, was der genannte Bruder P. ihm befahl, habe derselbe Bruder P. ihm gesagt, daß er das Obenerwähnte tun müsse, weil dies zu den Regeln des Templerordens gehöre, und daß, wenn er das Befohlene nicht täte, sie wohl wüßten, was sie mit ihm tun würden; und alsdann habe

nullus alius, dixit ipsi testi quod faceret supradicta; quibus auditis, ipse testis negavit Jhesum ter, ut dixit, ore, non corde, et spuit juxta crucem semel, non tamen conculcavit eam pedibus.

der Bruder Guillaume de Bure, Priester dieses Ordens, ein – nunmehr toter – Blutsbruder desselben Zeugen, der und kein anderer, wie er sagte, bei der besagten Aufnahme anwesend gewesen sei, demselben Zeugen gesagt, daß er das Obenerwähnte tun solle; nachdem er dies gehört habe, habe derselbe Zeuge dreimal Jesus abgeschworen, mit dem Munde, wie er sagte, nicht mit dem Herzen, und er habe einmal neben das Kreuz gespuckt, es jedoch nicht mit den Füßen getreten.

Item, dixit quod, inmediate post predicta, dictus frater P. extraxit de quoddam armario dicte capelle quoddam capud et posuit supra altare, et cum quadam cordula circumduxit dictum capud, tradens illam cordulam ipsi testi, et precipiens ut ea continuo supra camisiam cingeret; sed tamen dixit quod non portavit eam.

Ebenso sagte er, unmittelbar nach dem vorher Gesagten habe der besagte Bruder P. aus einem Schrank dieser Kapelle ein Haupt hervorgeholt, es auf den Altar gestellt und um das besagte Haupt eine Schnur gelegt, jene Schnur demselben Zeugen übergeben und ihm befohlen, sich mit ihr beständig über dem Hemd zu gürten; dennoch aber, sagte er, habe er sie nicht getragen.

... Interrogatus per que verba negaverat Jhesum, respondit quod per hec verba: *Je reney Dieu, je reney Dieu, je reney Dieu.* Interrogatus, si predicta omnia fuerunt facta in eodem loco, respondit quod sic et in eadem capella, ante altare, post auroram, sine reducione ad alium locum. Interrogatus, si erat in dicta capella luminaria tunc, respondit quod non; sed bene videbat, quia dies illucescebat, ita quod bene discernebat dictam crucem. Interrogatus de quo erat dicta crux, respondit quod de ligno, et erat depicta cum imagine Crucifixi, magnitudinis quasi dimidii cubiti. Interrogatus de dicto capite quale erat, respondit quod non erat ligneum, sed videbatur argenteum, vel cupreum, vel aureum; et erat ad instar capitis humani, cum facie et cum longa barba quasi cana. Interrogatus cujus erat dictum caput, respondit se nescire nec vidisse postmodum dictum capud, quia non fuit, ut dixit, ex tunc in dicta domo nisi duobus diebus, et dictus preceptor, facta dicta recepcione, reposuit ipsum capud in predicto armario.

... Gefragt, mit welchen Worten er Jesus abgeschworen habe, antwortete er, durch diese Worte: *Ich widersage Gott, ich widersage Gott, ich widersage Gott.* Gefragt, ob all das vorher Gesagte am gleichen Ort geschehen sei, antwortete er: ja, und zwar in der nämlichen Kapelle, vor dem Altar, nach der Morgenröte, ohne Hinführung an einen anderen Ort. Gefragt, ob in dieser Kapelle damals Lichter waren, antwortete er: nein; aber er habe gut gesehen, weil der Tag angebrochen gewesen sei, so daß er das besagte Kreuz gut unterschieden habe. Gefragt, aus was das besagte Kreuz gewesen sei, antwortete er, aus Holz, und es sei bemalt gewesen mit dem Bilde des Gekreuzigten und von der Länge etwa eines halben Armes [gewesen]. Gefragt, wie beschaffen das besagte Haupt gewesen sei, antwortete er, es sei nicht aus Holz gewesen, sondern es habe ausgesehen wie aus Silber oder aus Kupfer oder aus Gold; und es sei ganz wie ein Menschenhaupt gewesen, mit einem Gesicht und mit einem langen, fast weißen Bart. Gefragt, wessen Haupt es gewesen sei, antwortete er, er wisse es nicht und er habe späterhin das besagte Haupt nicht mehr gesehen, weil er, wie er sagte, seitdem nicht in dem genannten Hause gewesen sei, sondern nur an den beiden Tagen, und der genannte Lehrer habe, nachdem die besagte Aufnahme vollzogen worden sei, dasselbe Haupt in den vorher erwähnten Schrank zurückgestellt.

Interrogatus qualis erat dicta cordula, respondit quod de filo albo gracili, longitudinis talis quod homo poterat inde cingi. Interrogatus quare non cingit dictam cordulam, ex quo fecerat alia graviora que fuerant sibi precepta, respondit quia credebat esse peccatum, quia viderat eam cingi dictum capud, quod capud non credebat significare bonum, ut dixit ... Requisitus quot annorum erat quando intravit dictum ordinem, respondit quod XXVII annorum, vel circa.«

Gefragt, wie beschaffen die genannte Schnur gewesen sei, antwortete er, von dünnem weißem Faden, von solcher Länge, daß sich ein Mensch damit hätte gürten können. Gefragt, warum er sich nicht mit der genannten Schnur gegürtet habe, da er doch anderes Schwererwiegendes, das ihm befohlen worden sei, getan habe, antwortete er, er habe sich nicht darum gekümmert; befragt, warum er sich nicht darum gekümmert habe, antwortete er, weil er geglaubt habe, es sei Sünde, da er sie [die Schnur] das besagte Haupt habe umgürten sehen, das Haupt, von dem er geglaubt habe, es bedeute nichts Gutes, wie er sagte ... Befragt, wie alt er gewesen sei, als er in den genannten Orden eingetreten sei, antwortete er, etwa siebenundzwanzig Jahre.«

Aus dem Verhör des Jacques de Troyes (9. V. 1310)
Ebd., S. 255 ff.

»Item, dixit quod dictus receptor [Radulphus de Gisiaco] expoliavit se totum nudum in presencia sua et aliorum fratrum astancium, et precepit ei quod oscularetur eum in ano, sed ipse renuit hoc facere; fuit tamen osculatus eum super carnem nudam in humero ex parte posteriori, et dixit ei quod predicta omnia erant de punctis ordinis ...

»Ebenso sagte er, der Genannte, der ihn aufgenommen habe [Raoul de Gisy], habe sich in seiner und der anderen assistierenden Brüder Gegenwart ganz nackt ausgezogen und habe ihm befohlen, ihn auf das Gesäß zu küssen, aber er habe es abgelehnt, dies zu tun; er habe ihn jedoch von hinten auf das nackte Fleisch der Schulter geküßt, und er [Raoul] habe ihm gesagt, daß alles Befohlene zu den Regeln des Ordens gehöre ...

Item, ad XXXVI–VIIII respondit quod clandestine fiebant recepciones, januis et fenestris clausis, nullis presentibus, nisi fratribus ordinis, et per IV annos, ut dixit, plus quam intraret ordinem, audivit dici quod osculabantur se in ano a pluribus gentibus et in pluribus locis, dicens se audivisse predicta, et quod ex predictis clandestinacionibus et osculis erat suspicio contra ordinem supradictum; ipse tamen testis non credebat tunc predicta, ut dixit, quia si credidisset, nullatenus ordinem intravisset ...

Ebenso, zu 36–39, antwortete er, sie vollzögen die Aufnahmen heimlich bei geschlossenen Türen und Fenstern, in Gegenwart nur von Ordensbrüdern, und vier Jahre, wie er sagte, bevor er in den Orden eingetreten sei, habe er sagen hören, daß sie sich auf das Gesäß küßten, und er sagte, er habe das Erwähnte von mehreren Leuten und an mehreren Orten gehört, und wegen der erwähnten Heimlichkeiten und Küsse habe Verdacht gegen den obenerwähnten Orden bestanden; der Zeuge selbst habe jedoch damals das Erwähnte nicht geglaubt, wie er sagte, da er, wenn er es geglaubt hätte, keinesfalls in den Orden eingetreten sei ...

Item, ad XLVI–LVII, de ydolis, respondit se audivisse refferri a pluribus, nescit tamen ubi nec a quibus, ante recepcionem suam per aliquos annos, quod quando capitulum Templariorum celebrabatur Parisius, apparebat eis circa me-

Ebenso, zu 46–57, bezüglich der Idole, antwortete er, er habe einige Jahre vor seiner Aufnahme von mehreren berichten hören – er wisse aber nicht, wo und von wem –, daß, wenn ein Kapitel der Templer in Paris abgehalten wor-

diam noctem quoddam capud quod multum venerabantur. Post recepcionem suam de hoc nichil audivit, nec credit ...; audivit tamen dici, postquam fuit in ordine, quod dictus frater Radulphus habebat demonem privatum, cujus consilio erat sapiens et dives.«

den sei, ihnen gegen Mitternacht ein Haupt erschienen sei, das sie sehr verehrt hätten. Nach seiner Aufnahme habe er davon nichts mehr gehört, und er glaube es nicht ...; er habe aber, als er schon im Orden gewesen sei, sagen hören, daß der genannte Bruder Raoul einen Privat-Dämon habe, dessen Rat weise und kostbar sei.«

Die Frage, wie die Aussagen im Templerprozeß zu bewerten sind, ist von der historischen Forschung eingehend diskutiert worden. Eine extreme Ansicht verficht zum Beispiel Hans Prutz[111]: nach ihm lassen die Protokolle erkennen, daß die Templer weitgehend eine katharisch-dualistische Lehre vertreten haben und somit als Häretiker anzusehen sind. Henry Charles Lea wendet dagegen ein, es sei höchst unwahrscheinlich, »daß sich eine reiche, weltlich gesinnte und ehrgeizige Körperschaft wie die Templer heimlich mit dem gefährlichen und phantastischen Versuch abgegeben habe, eine neue Religion zu begründen, die ihr ... keinen Vorteil bringen, wohl aber bei der unendlich großen Wahrscheinlichkeit der Entdeckung ihr das sichere Verderben bereiten konnte. Wollte man das wirklich annehmen, dann müßte man den Templern eine Begeisterung und eine Bereitwilligkeit zum Martyrium zuerkennen, die wir wohl von der Askese eines Katharers oder Dolcinisten, nicht aber von einem Orden erwarten dürfen, dessen weltliche Gesinnung sein tatsächlich zerstörendes Laster war.«[112] Lea fällt allerdings in das andere Extrem, indem er alle Aussagen als so gut wie wertlos ansieht. Die Aufnahmeriten führt er ausschließlich auf überspitze Erprobungen des unbedingten Gehorsams zurück.[113] Da die Frage der Historizität für eine phänomenologische Untersuchung nicht von wesentlicher Bedeutung ist, ist es nicht unsere Aufgabe, uns auf diese Kontroverse einzulassen. Im Anschluß an etliche Forscher, die die genannten Extreme vermeiden, darf jedoch gesagt werden, daß zweierlei festzustehen scheint: *erstens*, daß der Templerorden in gewisser Hinsicht *in die Tradition* der sogenannten *Männerbünde* mit ihren Initiationsriten gehört, und *zweitens*, daß die Templer *unter dem Einfluß vorderorientalisch-islamischer Geistesströmungen*, mit denen sie beständig in Berührung kamen, Züge entwickelt hatten, die dem kirchlichen Standpunkt *widersprachen*. Da diese Züge als gottlos und teuflisch bewertet wurden, können die Aufnahmeriten des Templerordens mit Recht in den Rahmen des Satanskultes eingeordnet werden. Die folgende Geschichte ist dazu kennzeichnend. Am 19. April 1311 gab Pierre de la Palu, Dominikanermönch und Bakkalaureus der Theologie aus der Diözese Lyon, der erklärt hatte, Informationen über die Templer zu besitzen, diese Sage zu Protokoll: In den Anfängen des Ordens hätten zwei Ritter, die auf dem gleichen Pferd gesessen hätten, miteinander gekämpft. Der eine, der vorn gesessen habe, habe sich Jesus Christus empfohlen und sei verwundet worden, der andere hinter ihm habe gesagt, er empfehle sich dem, der besser helfen könne, und sei nicht verwundet worden. Nach dem Kampfe habe der Sieger, der wohl der Teufel in menschlicher Gestalt gewesen sei, zu dem Unterlegenen gesagt: ›Wenn du willens bist, an mich zu glauben, wird der Orden sich vervielfältigen und reich werden.‹ Der andere habe sich verführen lassen, und von dort hätten die Irrtümer des Templerordens ihren Anfang genommen.[114]

Das Kuß-Ritual hat Ähnlichkeit mit dem entsprechenden Brauch auf dem Hexensabbat. Bei de Lancre wird berichtet, daß der Teufel nicht nur sein Gesäß, sondern oft auch sein Gesicht und seinen Nabel (sowie sein Glied) küssen lasse (siehe oben Seite 69). Das Rückgrat scheint hier – in Verschiebung – das Gesäß zu vertreten. Der Nabel hat als Körpermittelpunkt und als Stelle der Verbindung zur Mutter ein besonderes Mana, weshalb er in verschiedenen Meditationstechniken eine wichtige Bedeutung erlangt hat[115]. Der Kuß auf den Nabel bringt den Initianden symbolisch mit dem ›mütterlichen‹ Traditionsstrom des Ordens, der im Meister anwesend ist, in Berührung. Daß bei den Aufnahme-Küssen auch homoerotische Momente eine Rolle spielen (nach manchen Aussagen waren sexuelle Beziehungen unter den Mitgliedern des Templerordens freigegeben), ist möglich, im Vordergrund stehen sie jedoch nicht. Nach dem Kuß-Ritual folgen die zentralen Zeremonien.

Der Kreuz-Ritus steht vermutlich unter dem genannten islamischen Einfluß. Das wird deutlich, wenn man einige Stellen der Prozeß-Protokolle heranzieht, die berichten, welche Begründung den Novizen für die Aufforderung, auf das Kreuz zu spucken und es mit den Füßen zu treten, gegeben wurde. Man sagte, daß es sich ja bei dem Kreuz nur um ein Stück Holz handele und daß ›Dominus noster ... in coelis – unser Herr ... in den Himmeln‹[116] sei. Das islamische Verbot, bildliche Darstellungen Gottes anzufertigen, hat dieselbe Begründung. Auch das frühe Christentum lehnte die Bilderverehrung ab, und später kam es wegen dieser Frage zu den großen Bilderstreiten. Interpretiert man den Ritus so, so wäre auch die Abschwörung Jesu im Sinne einer *Absage an die bildliche Materialisierung des Gottessohnes* aufzufassen. In bezug auf die Kirche hätte das Kreuz-Ritual dann eine *antithetische Funktion:* es richtet sich gegen den übermäßigen Kruzifix- und Bilderkult des mittelalterlichen Christentums. Sicherlich trifft diese Deutung nur einen Aspekt des schwer verständlichen Ritus, vor allem deshalb, weil der Orden ein anderes Bild an die Stelle des Kreuzes setzt: das geheimnisvolle Haupt.

Das Haupt, das am häufigsten als ›Haupt des Baphomet‹ bezeichnet wird[117], erscheint in den Aussagen in vielerlei Gestalt: mit glühenden Karfunkeln anstelle der Augen, mit mehreren Gesichtern, in Tierform und so weiter. Von ihm geht eine so große magische Kraft aus, daß manche Templer sagen, sie seien bei seinem Anblick in tiefste Verwirrung geraten und in Zittern verfallen. Etwas von dieser Kraft empfängt der Gürtel, den man um es legt. Das Haupt ist mannigfach gedeutet worden: als Verkörperung Mohammeds, Allahs, des christlichen Schöpfergottes, des Teufels und so fort.[118] Auch wenn keine dieser Erklärungen beweiskräftig ist, so kann vielleicht doch die Frage nach dem ›Urbild‹, das das Haupt repräsentiert, beantwortet werden. Der bärtige Männerkopf ist wahrscheinlich eine Verkörperung *der dunklen, chthonischen Seite des ›Großen Männlichen‹*, die ebenso wie die entsprechende Seite des Großen Weiblichen, im Christentum weitgehend abgelehnt worden ist. Auch im Satan personifiziert sich dieser Aspekt des Männlichen, aber zwischen ihm und dem Haupt besteht ein Unterschied: während die Gestalt des

Satans eine ›spätere‹, dualistisch vereinseitigte und verzeichnete Schicht des Großen Männlichen darstellt, verweist das Haupt *in eine archaische, tiefe Schicht* desselben. Daher kommt es auch, daß das Haupt manchmal als androgyn (mannweiblich) geschildert wird, sind ja das Männliche und das Weibliche in einer letzten, ursprünglichen Schicht eines.

Werfen wir von hier aus einen Blick zurück auf das Kreuz-Ritual. Ein weiterer Gesichtspunkt erschließt sich jetzt: das Bild der kirchlich-konventionellen Personifikation des Männlich-Göttlichen soll im Initianden zunichte gemacht werden, damit er *in ein urtümlicheres Mysterium des Männlichen* eingeweiht werden kann. Möglicherweise können auch die Macht und der Reichtum des Ordens zu dem Haupt, das aus Silber, Kupfer oder Gold zu bestehen scheint, in Beziehung gesetzt werden. Mag die Masse der Tempelritter – besonders in der Spätzeit des Ordens – platt-materialistisch eingestellt gewesen sein, irgendwie lebt in der ›*Welthaftigkeit*‹ des Templerordens etwas von der Macht des chthonischen Großen Männlichen, im Kontrast zum Reich der spirituell betonten Christusgestalt, das ›nicht von dieser Welt‹ ist.

3. Die Privatisierung der Schwarzen Messe zur Zeit Ludwigs XIV.

Bereits bei de Lancre war sichtbar geworden, wie der Satanskult in Kirchenräume einzudringen begann. Bei der Schwarzen Messe im Zeitalter Ludwigs XIV. kommt dieser Prozeß zum Abschluß: die Rituale werden schließlich nicht mehr öffentlich, sondern nur noch in engem Kreise veranstaltet. Dadurch treten *individuelle Momente* wesentlich stärker in Erscheinung, als es früher der Fall war.

a) Die Bekenntnisse der Magdelaine Bavent

Aus den satanistischen Kloster-Affairen des siebzehnten Jahrhunderts, die unter anderem mit den Namen der Priester Louis Gaufridy, Urbain Grandier und Jean-Baptiste Girard verknüpft sind und bei denen die Ursulinerinnen eine besondere Rolle spielen[1], wählen wir diejenige aus, die die meisten kultischen Elemente enthält: die Angelegenheit der Nonnen *zu Louviers in der Normandie*. Zum Teil gehört sie noch zur Geschichte des Hexensabbats.

Nach dem großen Bekenntnis, das Schwester Magdelaine Bavent, die den Dienst der Pförtnerin versah, im Jahre 1647 vor dem Bischof von Evreux ablegte[2], herrschten in dem Kloster seit vierzehn Jahren außerordentlich schlimme Zustände. Der frühere Beichtvater des Klosters namens David, der inzwischen gestorben war, hatte die These vertreten, man müsse die Sünde durch die Sünde austreiben, weshalb er viele Schwestern zur Unzucht, darunter auch zur lesbischen Betätigung, verleitet hatte. Da er auch der Ansicht gewesen war, daß der Zustand des Paradieses wiederhergestellt werden müsse, hatte er die Schwestern nackt in Küche und Garten herumgehen und sie nackt bis zum Gürtel zur Kommunion gehen lassen. Gleichzeitig hatte er Sakrilege begangen, indem er zum Beispiel konsekrierte Hostien auf den Misthaufen hatte werfen lassen. Sein Nachfolger Picard, der ebenfalls nicht mehr lebte, war noch viel weiter als sein Vorgänger gegangen. Er hatte einen Blutpakt mit dem Teufel geschlossen, allerlei Hostienschändungen vorgenommen und die Nonnen verführt, am Sabbat teilzunehmen. Unter dessen Nachfolger Boullé war das Treiben fortgesetzt worden. Als Magdelaine Bavent ihre Generalbeichte ablegte, fühlten sich vierzehn von zweiundfünfzig Nonnen vom Teufel besessen. Magdelaine, an deren Körper man vier Teufelsmale feststellte und die als Anführerin der Schwestern galt, wurde zu lebenslänglichem Kerker verurteilt. Boullé und einen weiteren Priester verbrannte man im Jahre 1647 auf dem Scheiterhaufen. Mit ihnen übergab man den ausgegrabenen Leichnam von Picard den Flammen. Die übrigen Nonnen wurden auf verschiedene Klöster verteilt.

Hier einige Auszüge aus dem eine Fülle von Einzelheiten enthaltenden Schuldbekenntnis:

Histoire de Magdelaine Bavent, Religieuse du Monastere de Saint Loüis de Louviers etc., Paris 1652.

Kap. IX, S. 29.

»Ie dis donc que la malice des Prestres principalement qui se trouvent à ces assemblées nocturnes, va jusques à ce poinct, d'y apporter souvent de grandes Hosties consacrées à l'Eglise, lesquelles ils posent sur une forme d'Autel, qui y est, puis disent leur Messe; les reprennent apres, levent le rond du milieu de la grandeur d'un quart d'écu; les appliquent sur un velin ou parchemin percé et accomodé de la mesme sorte, les y font tenir avec une sorte de graisse, qui ressemble à de la poix; les passent en suite à leur partie honteuse jusques prés le ventre, et s'adonnent en cet état à la compagnie des femmes ...«

»Ich sage also, daß die Bosheit der Priester, die sich hauptsächlich bei diesen nächtlichen Versammlungen einfinden, bis zu dem Punkt geht, daß sie oftmals dorthin große, in der Kirche konsekrierte Hostien mitbringen, die sie auf eine Art Altar legen, der dort ist, dann ihre Messe lesen; sie danach wieder nehmen, das Rund in der Mitte in der Größe eines viertel Talers ausheben; sie auf ein durchbohrtes und nach derselben Art eingerichtetes Velin oder Pergament auflegen, sie dort mit einer Art Fett, die Pech gleicht, befestigen; sie dann über ihr Schamteil bis an den Bauch ziehen und sich in diesem Zustand der Gemeinschaft mit Frauen hingeben ...«

Ebd., S. 31.

»Le jour du Ieudy saint, j'ay veu faire la cene d'une horrible maniere. On apporta un enfant tout rôty. Il fut mangé de l'assemblée, et je ne sçaurois dire avec une certitude evidente, si j'en ay goûté. I'ay dit à mon Confesseur, qu'il me sembloit qu'oüy, et que je cessay aussi tost, parce que cette viande étoit fade. Mais ce qui est plus à remarquer, c'est que pendant une si destestable cene, un Demon faisoit le tour de la table et crioit, *Pas un d'entre vous ne me trahira.* Ie croy mesme que sur ces paroles, ils renouvellent alors leurs intentions de ne s'accuser les uns les autres, pour estre fideles au Diable.«

»Am Tag von Gründonnerstag habe ich gesehen, wie das Abendmahl auf eine schreckliche Weise vollzogen wurde. Man brachte ein Kind herbei, das ganz gebraten war. Es wurde von der Versammlung gegessen, und ich wüßte nicht mit völliger Sicherheit zu sagen, ob ich davon gekostet habe. Ich habe meinem Beichtvater gesagt, es schiene mir, ja, und daß ich sogleich damit aufhörte, weil dieses Fleisch fade war. Aber bemerkenswerter ist, daß während dieses so abscheulichen Mahles ein Dämon die Runde um den Tisch machte und schrie: *Nicht einer unter euch wird mich verraten.* Ich selbst glaube, daß sie bei diesen Worten damals ihren Willen erneuerten, sich gegenseitig nicht anzuzeigen, um dem Teufel treu zu sein.«

Ebd., S. 32.

»On fait au Sabat quantité de malefices, composez des Hosties, du sang qui en tombe quelque fois, et des principales parties internes des corps des enfans, ou autres morts. Ie ne sçay s'il y entre quelque autre drogue. Ce sont comme de petits boulots, et je n'ay point d'autre nom à leur donner. Picard en faisoit souvent...«

»Man macht am Sabbat viele Hexereien, Zusammensetzungen aus Hostien, aus Blut, das dabei einige Male fließt, und aus den wichtigsten inneren Körperteilen von Kindern oder anderen Toten. Ich weiß nicht, ob noch irgendeine andere Droge hineinkommt. Sie sind wie kleine Kügelchen, und ich habe keinen anderen Namen, den ich ihnen geben könnte ...«

Eindrucksvoll ist der im ersten Passus beschriebene Brauch: es ist eine Art satanistischer Hierosgamos-Ritus, bei dem der Priester *seiner Männlichkeit gleichsam göttliche Kraft* zu verleihen sucht. Wäre nämlich nur eine Hostienschändung beabsichtigt, so hätte man die umständliche Vorbereitungsprozedur nicht notwendig. Das übrige fügt sich in den Rahmen des bisher Besprochenen ein.

b) Die Messen des Abbé Guibourg und seiner Genossen

Auf Veranlassung des Polizeikommissars von Paris Nicholas de la Reynie wurde am 8. März 1679 ein Gerichtsausschuß von Ludwig XIV. berufen, der höchst dunkle und eigenartige Vorgänge, in die auch Personen aus der nahen Umgebung des Königs verwickelt waren, untersuchen sollte. Die sogenannte ›Commission de l'Arsenal‹ kam zu ihren Sitzungen, die geheim abgehalten wurden, in einem mit schwarzem Tuch ausgeschlagenen, von Kerzen erleuchteten Raum zusammen, weshalb sie unter dem Namen *›Chambre ardente‹* in die Geschichte einging.[3]
Weil in diesem Fall die historischen Fakten eng mit dem Phänomen verwoben sind, schildern wir sie erst im Verlauf der Interpretation. Deshalb legen wir sogleich eine Reihe von Aktenstücken aus der Tätigkeit der Kommission vor (nur der letzte Text bezieht sich auf eine spätere Zeit):

Archives de la Bastille.

Interrogatoire de Lesage
Du 28 novembre 1679, à Vincennes,
ed. Ravaisson VI, S. 55 ff.

»Il a connu Davot, prêtre, chez la Voisin la première fois...

Madame de Vivien étant chez la Voisin, et ayant demandé qu'il fit passer un billet par lequel elle demandait la mort de son mari et l'amitié d'un certain abbé, Davot promit à la dame qu'en disant la messe il mettrait sous le corporal et sous le calice son billet, lequel néanmoins demeura entre ses mains; il ne l'a pas donné à Davot. La dame donna à Davot un écu d'or ou louis d'or... Davot et la Voisin lui ont dit l'un et l'autre q'il avait dit la messe dans le cabinet de la Voisin, sur le ventre d'une fille ou d'une femme dont il se pourra souvenir dans la suite de temps, et dit aussi Davot qu'il en avait en la compagnie charnelle, et qu'en disant sa messe il avait baisé ses parties honteuses, et qu'il n'était pas le seul qui eût fait de semblables choses, et que Gérard, prêtre de Saint-Sauveur, ami de Davot, et avec lequel il a bu et mangé chez Davot, avait de même dit la messe sur le ventre d'une fille d'un marchand de la rue Saint-Denis, de la paroisse de Saint-

Verhör des Lesage
vom 28. November 1679 in Vincennes.

»Er sei mit dem Priester Davot zum erstenmal bei der Voisin bekannt geworden...

Als Madame de Vivien bei der Voisin gewesen sei und darum gebeten habe, daß er [Lesage] einen Zettel weiterreiche, durch den sie den Tod ihres Ehemannes und die Freundschaft eines gewissen Abbé erbeten habe, habe Davot der Dame versprochen, daß er, wenn er die Messe lese, ihn unter das Corporale und unter den Kelch legen würde, welcher [Zettel] aber dennoch in seinen [Lesages] Händen geblieben sei; er habe ihn nicht Davot gegeben. Die Dame habe Davot einen Goldtaler oder Louisdor gegeben... Davot und die Voisin hätten ihm gesagt, der eine wie die andere, daß er [Davot] die Messe im Kabinett der Voisin gelesen habe, auf dem Bauch eines Mädchens oder einer Frau, an die er sich im Laufe der Zeit habe erinnern können, und Davot habe auch gesagt, daß er dabei Geschlechtsverkehr gehabt habe, und daß er, während er seine Messe gelesen habe, ihre Schamteile geküßt habe, und daß er nicht der einzige gewesen sei, der solche Dinge getan

Sauveur, qu'il avait débauchée, et à laquelle il faisait accroire, en faisant la cérémonie et des conjurations sur son ventre, qu'elle ne deviendrait point grosse; mais la fille, après avoir demeuré quelque temps cachée chez Gérard, dans une soupente, devint grosse, et Gérard en fut en peine, et s'absenta pour cela après avoir demeuré caché quelque temps chez Davot, à Saint-Benoît ...«

(B. A.)[a]

habe, und daß Gérard, Priester von Saint-Sauveur, Freund des Davot, mit dem er [Lesage] bei Davot gegessen und getrunken habe, ebenso die Messe gelesen habe auf dem Bauch einerKaufmannstochter aus der Rue Saint-Denis, aus der Pfarrei Saint-Sauveur, die er verführt habe, und die er glauben gemacht habe, daß sie, wenn er die Zeremonie und die Beschwörungen auf ihrem Bauch mache, nicht schwanger werden würde, aber das Mädchen sei, nachdem sie einige Zeit bei Gérard, auf einem Hängeboden versteckt, gewohnt habe, schwanger geworden, und Gérard sei deswegen in Bedrängnis geraten und habe sich darum aus dem Staube gemacht, nachdem er einige Zeit versteckt, bei Davot in Saint-Benoît gewohnt habe ...«

Interrogatoire de la fille Voisin
Du 28 mars 1680, à Vincennes.
Marie-Marguerite Montvoisin, âgée de vingt-un ans.
Ebd., S. 194.

Verhör der Tochter Voisin
vom 28. März 1680 in Vincennes.
Marie-Marguerite Montvoisin, einundzwanzig Jahre alt.

» – Lesage et sa mère l'envoyèrent un jour, ne saurait dire si ce fut en carême, acheter un pigeon blanc en vie; ce qu'elle fit moyennant une pièce de 15 sols, après quoi, et le leur apporté, ils lui coupèrent la gorge et en recueillirent le sang dans un godet de verre; lequel sang ils gardèrent, et la renvoyèrent hors du cabinet du jardin où cela se faisait, et ne sait point ce qui en fut fait ...

» – Lesage und ihre Mutter hätten sie eines Tages geschickt – sie wisse nicht zu sagen, ob dies in der Fastenzeit gewesen sei – eine lebende weiße Taube zu kaufen, was sie mit einem 15-Sol-Stück getan habe, worauf, nachdem sie ihnen gebracht worden sei, sie ihr den Hals abgeschnitten hätten und das Blut davon in einem Glasgefäß gesammelt hätten, welches Blut sie verwahrt hätten, und sie hätten sie [die Tochter Voisin] aus dem Garten-Kabinett geschickt, wo dies sich zugetragen habe, und sie wisse nicht, was damit gemacht worden sei ...

Elle ne sait point si le sang et le cœur du pigeon furent mêlés avec de l'eau bénite; mais il est vrai qu'il se servait, dans ces cérémonies, d'encens, de sel, de soufre et d'eau bénite qu'il mêlait ensemble; il est vrai aussi qu'une croix, que était chez elle, et dans laquelle il y a de la vraie croix de Jérusalem, servait aux cérémonies qui se faisaient par Lesage et sa mère, et ne sait point si l'on s'en servit cette fois-là; et c'est depuis le retour de Lesage des galères, et cela a été fait pour le mariage de la Desmarets, les affaires de madame Brisard, et pour autres affaires qu'ils avaient encore ...«

(B.A.)

Sie wisse nicht, ob das Blut und das Herz der Taube mit Weihwasser vermischt worden seien; aber es sei wahr, daß er [Lesage] bei diesen Zeremonien Weihrauch, Salz, Schwefel und Weihwasser gebraucht habe, was er miteinander vermischt habe; es sei auch wahr, daß ein Kreuz, das in ihrem [der Mutter] Hause gewesen sei, und in dem etwas vom wahren Kreuz in Jerusalem gewesen sei, zu Zeremonien gedient habe, die von Lesage und ihrer Mutter vollzogen worden seien, und sie wisse nicht, ob man sich dieses Mal seiner bedient habe; und dies sei – es sei seit der Rückkehr des Lesage von den Galeeren gewesen – getan worden für die Heirat der Desmarets, die Affairen der Madame Brisard und für andere Affairen, die sie noch gehabt hätten ...«

Interrogatoire de la Filastre
Du 26 mai 1680, à Vincennes
Ebd., S. 211 ff.

Verhör der Filastre
vom 26. Mai 1680 in Vincennes.

»... – S'il n'est pas vrai qu'étant dans les douleurs de l'enfantement, elle se mit dans un cercle autour duquel étaient des bougies allumées, et elle tenant en main une bougie noire aussi allumée?

»... – Ob es nicht wahr sei, daß sie sich, als sie in den Schmerzen des Gebärens gewesen sei, in einen Kreis gelegt habe, um den herum brennende Kerzen gewesen seien, und in der Hand eine schwarze, auch brennende Kerze gehalten habe?

– Simon la fit asseoir au bord du cercle, lui disant que les esprits étaient au dedans, et qu'une des bougies était pour Lucifer, une autre pour un autre diable, dont elle ne souvient point du nom, et ainsi des autres bougies, et elle ne tenait point en main la bougie de poix noire, quoiqu'elle fût allumée. Simon lui faisait dire entre autres choses que Briziol[b] eût à venir au nom de Picart et de Simon, et la faisait renoncer à chrême, baptême, et à l'Eglise; après quoi disait encore d'autres paroles dont elle ne se souvient pas. Et était la conjuration écrite de la main de Picart ...

– [Die] Simon habe sie am Rand des Kreises sitzen lassen, wobei sie ihr gesagt habe, daß Geister innerhalb [desselben] seien, und eine der Kerzen sei für Luzifer gewesen, eine andere für einen anderen Teufel, an dessen Namen sie sich nicht erinnere, und so auch andere Kerzen, und sie habe keine Kerze aus schwarzem Pech in der Hand gehabt, obwohl eine solche angezündet worden sei. Simon habe sie unter anderen Dingen sagen lassen, daß Briziol[b] zu kommen habe im Namen von Picart und Simon, und sie habe sie widersagen lassen dem Chrisma[c], der Taufe und der Kirche; danach habe sie noch andere Worte gesagt, deren sie sich nicht erinnere. Und die Beschwörung sei von Picarts Hand geschrieben gewesen ...

– Si Simon ne lui fit pas dire aussi quelques autres paroles, et entre autres: au nom du grand Dieu vivant et de la sainte Trinité, par saint Pierre et par saint Paul, et que le diable eût à apparoir?

– Ob Simon sie nicht auch einige andere Worte habe sagen lassen und unter anderm: im Namen des großen lebendigen Gottes und der Heiligen Dreieinigkeit, durch den heiligen Petrus und durch den heiligen Paulus, und daß der Teufel zu erscheinen habe?

– Oui, mais elle ne se souvient pas que ces mots: saint Pierre et saint Paul, fussent écrits dans la conjuration; et il y avait beaucoup d'autres mots plus exécrables, et entre autres des renonciations au Saint-Sacrement, à la messe, à la sainte hostie, à l'eau bénite, à son baptême, lesquelles paroles Simon lui fit apprendre par cœur, et brûla ensuite le papier; et après les lui avoir apprises, Simon les lui fit dire trois mois et demi après ses couches, dans une église où elle la mena, proche le Louvre, du côté de la rivière, et ce pendant neuf jours, la faisant

– Ja, aber sie erinnere sich nur dieser Worte: ‚heiliger Petrus und heiliger Paulus' seien geschrieben gewesen in der Beschwörung; und es habe viele andere abscheulichere Worte gegeben und unter anderm Abschwörungen des heiligen Sakraments, der Messe, der heiligen Hostie, des Weihwassers, ihrer Taufe, welche Worte Simon sie habe auswendig lernen lassen, und sie [die Simon] habe hierauf das Papier verbrannt; und nachdem sie sie [die Worte] ihr beigebracht habe, habe Simon sie diese sagen lassen dreieinhalb Monate nach ihrer Entbindung in

tourner en les disant à l'entour du bénitier, et la faisant entrer et sortir à diverses fois de l'église ...

einer Kirche, in die sie sie mitgenommen habe, in der Nähe des Louvre, auf der Seite des Flusses, und dies während neun Tagen, indem sie [die Simon] sie um das Weihwasserbecken, diese [Worte] sprechend, habe herumgehen lassen und sie verschiedene Male in die Kirche habe eintreten und aus ihr heraustreten lassen.

– S'il n'est pas vrai qu'elle a assisté à quelques messe qui ont été dites la nuit chez maître Jean?

– Ob es nicht wahr sei, daß sie einigen Messen beigewohnt habe, die nachts bei Meister Jean gelesen worden seien?

– Il est vrai que Cotton, prêtre de Saint-Paul et maître des écoliers, vint, il y a environ cinq ou six ans, un jour de jeudi saint, chez maître Jean, qui était alors portier des Quinze-Vingts[d]; el la nuit du jeudi au vendredi saint, à minuit, Cotton, revêtu d'habits sacerdotaux, dit la messe dans une petite chambre au-dessus de la salle où demeure le portier; à la messe étaient présents elle et Lalande, qui répondit à la messe, pendant que Lecourt, qui avait mené Cotton, était en dehors avec maître Jean, lequel avait porté les habits sacerdotaux et les ornements d'autel dans sa chambre pour servir à la messe, à laquel Cotton consacra une hostie, en fit l'élévation et invoqua les trois princes des démons en paroles inintelligibles, et l'invocation, qui consistait en peu de paroles, Cotton l'avait par écrit, sur l'autel qui avait été dressé pour cela, et après l'invocation, il finit en cet endroit la messe, et importa l'hostie consacrée dans un corporalier qu'il avait apporté. Et elle ne lui a jamais demandé depuis ce qu'il avait fait de l'hostie ...

– Es sei wahr, daß Cotton, Priester von Saint-Paul und Schulmeister, vor ungefähr fünf oder sechs Jahren zu Meister Jean, der damals Pförtner von Quinze-Vingts[d] gewesen sei, gekommen sei; und in der Nacht von Gründonnerstag zu Karfreitag habe Cotton, bekleidet mit priesterlichen Gewändern, die Messe gelesen in einem kleinen Zimmer über dem Saal, wo der Pförtner gewohnt habe; bei der Messe seien sie und Lalande anwesend gewesen, der bei der Messe respondiert habe, während Lecourt, der Cotton mitgebracht habe, draußen gewesen sei mit Meister Jean, der die priesterlichen Gewänder und den Altarschmuck in sein Zimmer gebracht habe, damit es zu der Messe diente, bei welcher Cotton eine Hostie konsekriert habe, dazu die Elevation vollzogen habe und die drei Fürsten der Dämonen in unverständlichen Worten angerufen habe, und die Anrufung, die aus wenig Worten bestanden habe, habe Cotton schriftlich gehabt auf dem Altar, der für dieses zugerichtet gewesen sei, und nach der Anrufung habe er an dieser Stelle die Messe beendet und die konsekrierte Hostie in ein Corporale gelegt, das er mitgebracht habe. Und sie habe ihn seitdem niemals gefragt, was er mit der Hostie gemacht habe ...

... Elle a ouï dire que la Dufayet avait fait faire d'étranges choses par Lepreux, et qu'il avait, en disant la messe, consacré des couleuvres pour le secret de l'amour, et que Duplessis était lors présente ...

(B. A.)

... Sie habe sagen hören, daß die Dufayet seltsame Sachen durch Lepreux habe machen lassen, und daß er, während er die Messe gelesen habe, Nattern konsekriert habe als Geheimmittel für die Liebe, und daß Duplessis damals zugegen gewesen sei ...

Déclaration de la fille Voisin
Du 20 août 1680.
Ebd., S. 294 ff.

Erklärung der Tochter Voisin
vom 20. August 1680.

»... Elle a vu dire deux messes par Guibourg,

»... Sie habe zwei Messen lesen sehen durch

dans la chambre où sa mère couchait, il en a dit une chez la Delaporte, où elle Montvoisin survint dans le temps qu'il achevait de la dire; trouva l'autel dressé, croix et cierges allumés. Les trois messes furent dites pour la même affaire, cette dernière entre deux et trois heures après midi, deux mois avant la prise de sa mère. Guibourg a dit des messes sur le ventre, à des dames, chez sa mère. La première venue, à sa connaissance, fut, il y a plus de six ans; – aidait sa mère à préparer les choses nécessaires pour cela, – un matelas sur des siéges, deux tabourets aux deux côtés où étaient les chandeliers avec des cierges, après quoi Guibourg venait de la petite chambre à côté, revêtu de sa chasuble, et après cela la Voisin faisait entrer dans la chambre la femme sur le ventre de laquelle la messe devait être dite, et en faisait sortir elle Montvoisin.

Guibourg in dem Zimmer, wo ihre Mutter geschlafen habe, eine [weitere] davon habe er gelesen bei der Delaporte, wo sie, Montvoisin, dazugekommen sei zum Zeitpunkt, in dem er sie zu lesen aufgehört habe; sie habe den zugerichteten Altar, ein Kreuz und brennende Kerzen vorgefunden. Die drei Messen seien für die gleiche Affaire gelesen worden, diese letzte zwischen zwei und drei Uhr nachmittags, zwei Monate vor der Festnahme ihrer Mutter. Guibourg habe Messen auf dem Bauch von Damen bei ihrer Mutter gelesen. Die erste sei, nach ihrem Wissen, vor mehr als sechs Jahren gewesen; – sie habe ihrer Mutter geholfen, die notwendigen Sachen dafür vorzubereiten, – eine Matratze auf Sitzen, zwei Schemel auf beiden Seiten, wo die Kerzenleuchter gewesen seien, worauf Guibourg aus dem kleinen Zimmer nebenan gekommen sei, bekleidet mit seiner Casel, und danach habe die Voisin die Frau, auf deren Bauch die Messe gelesen werden sollte, in das Zimmer eintreten lassen und sie, Montvoisin, aus ihm hinausgehen lassen.

Lorsqu'elle a été plus avancée en âge, sa mère ne s'est plus défiée d'elle, et a été présente à cette sorte de messes, et a vu que la dame était mise toute nue sur le matelas, ayant la tête pendante, soutenue d'un oreiller sur une chaise renversée, les jambes pendantes, une serviette sur le ventre, et sur la serviette une croix à l'endroit de l'estomac, le calice sur le ventre;

Als sie älter gewesen sei, habe ihre Mutter sich nicht mehr vor ihr vorgesehen, und sie sei bei dieser Art von Messen anwesend gewesen, und sie habe gesehen, daß die Dame ganz nackt auf die Matratze gelegt worden sei, mit hängendem Kopf, der gestützt worden sei durch ein Kopfkissen auf einem umgedrehten Stuhl, die Beine hängend, ein Tuch auf dem Bauch und auf dem Tuch ein Kreuz in Höhe der Brust, den Kelch auf dem Bauch;

Madame de Montespan s'est fait dire une de ces sortes de messes par Guibourg chez la Voisin, il y a environ trois ans, vint sur les dix heures du soir, n'en sortit que sur le minuit.

Madame de Montespan habe sich eine dieser Art von Messen lesen lassen durch Guibourg bei der Voisin, vor ungefähr drei Jahren, sie sei gegen zehn Uhr abends gekommen und erst gegen Mitternacht fortgegangen.

Et la Voisin ayant dit à la dame qu'il fallait qu'elle dit le temps qu'on pourrait dire les autres deux messes qu'il convenait de dire pour faire réussir son affaire, la dame dit qu'elle n'en saurait trouver le temps, et qu'il fallait qu'elle fit sans elle ce qu'il y aurait à faire pour faire réussir l'affaire, ce qu'elle lui promit, et qu'elle ferait dire sur elle les deux messes, à l'intention d'elle madame de Montespan.

Und als die Voisin zu der Dame gesagt habe, daß sie die Zeit dafür sagen müsse, daß man die anderen beiden Messen lesen könne, die, um ihre Affaire glücken zu lassen, ratsam seien, habe die Dame gesagt, daß sie keine Zeit zu finden wisse, und daß sie [die Voisin] das, was zu tun sei, um die Affaire glücken zu lassen, ohne sie tun müsse, was sie [die Voisin] ihr versprochen habe, und, daß sie die beiden Messen auf sich [selbst] lesen lasse, nach der Intention von ihr, der Madame de Montespan.

A quelque temps de là, elle assista à une messe que Guibourg dit de la même manière sur le ventre de sa mère, et à l'élévation dit le nom de Louis de Bourbon et celui de la dame, qui consistait en deux ou trois noms, et ne disait pas celui de Montespan.

La Laporte assista à la première avec elle et sa mère, et répondit à la messe, coucha chez elle et sut bien qui était la dame, quoiqu'elle témoignât ne la connaître.

Laporte a fait pour le même dessein conjuration à l'âme d'un pendu; sa mère lui avait donné les noms par écrit pour la faire, et après l'avoir faite, en vint rendre compte en présence de son père et de ses frères. Le père fit taire Laporte.

Et la deuxième, dite par représentation, Laporte et la Pelletier y assistèrent avec elle.

La troisième fut dite chez la Delaporte, en sa présence, n'arriva qu'après tout achevé; les cierges étaient de cire jaune neuve, graisse de pendu, dans lesquels on mettait un billet, l'invention de Papillon; et aux deux messes, chez elle, Guibourg mettait des poudres sous le calice, disait être pour l'amour, et les rendait après à sa mère.

La Voisin avait d'autres prêtres qui travaillaient pour la même affaire, aussi bien que Guibourg ...« (B. N.)

Interrogatoire de la fille Voisin
Du 9 octobre 1680, à Vincennes.
Ebd., S. 333 f.

»... S'est souvenue que Pelletier a porté deux arrière-faix à Saint-Denis, en deux différentes fois, à Guibourg, prêtre, l'un desquels fut après

Einige Zeit danach habe sie einer Messe beigewohnt, die Guibourg in derselben Weise auf dem Bauch ihrer Mutter gelesen habe, und bei der Elevation habe er den Namen von Louis de Bourbon und den der Dame genannt, der aus zwei oder drei Namen bestanden habe, und er habe nicht den der Montespan genannt.

Die Laporte habe der ersten [Messe] beigewohnt, zusammen mit ihr und ihrer Mutter, und sie [die Laporte] habe bei der Messe respondiert, sie habe bei ihr [ihrer Mutter] geschlafen, und sie habe sehr wohl gewußt, wer die Dame gewesen sei, obwohl sie bezeugt habe, sie nicht zu kennen.

Laporte habe für denselben Zweck eine Beschwörung bei der Seele eines Gehenkten gemacht; ihre Mutter habe ihr, um diese zu machen, die Namen schriftlich gegeben, und nachdem sie sie gemacht habe, sei sie darangegangen, darüber Rechenschaft in Gegenwart ihres Vaters und ihrer Brüder abzulegen. Der Vater habe Laporte zum Schweigen gebracht.

Und der zweiten [Messe], gelesen durch Stellvertretung, hätten Laporte und die Pelletier zusammen mit ihr beigewohnt.

Die dritte [Messe] sei bei der Delaporte gelesen worden, in ihrer [der Delaporte] Gegenwart, sie [die Tochter Voisin] sei erst angekommen, als alles beendet gewesen sei; die Kerzen seien von frischem gelbem Wachs, dem Fett eines Gehenkten, gewesen, in welche man einen Zettel eingelegt habe, die Erfindung von Papillon; und bei diesen Messen bei ihr [der Delaporte] habe Guibourg Pulver unter den Kelch gelegt, er habe gesagt, es sei für die Liebe, und er habe es danach ihrer Mutter übergeben.

Die Voisin habe andere Priester gehabt, die für dieselbe Affaire gearbeitet hätten, ebensogut wie Guibourg.«

Verhör der Tochter Voisin
vom 9. Oktober 1680 in Vincennes.

»... Sie hat sich daran erinnert, daß [die] Pelletier zwei Nachgeburten nach Saint-Denis, zu zwei verschiedenen Malen, zu dem Priester

cela distillé par Pelletier et l'autre par Dumesnil. Il est vrai aussi qu'une sage-femme qui demeurait au coin de la rue des Deux-Portes, distilla aussi les entrailles d'un enfant dont la mère y avait accouché, menée par Voisin, sa mère, pour la faire avorter. Avant la distillation, les entrailles de l'enfant et l'arrière-faix de la mère avaient été portés à Saint-Denis, à Guibourg, par sa mère, la sage-femme et la mère de l'enfant, sur le ventre de laquelle sa mère, à son retour, lui dit que Guibourg avait dit la messe, et que la femme était alors encore tout en sang ...

Guibourg gebracht hat, die eine von ihnen sei danach von Pelletier und die andere von Dumesnil destilliert worden. Es sei auch wahr, daß eine Hebamme, die an der Ecke der Rue des Deux-Portes gewohnt habe, auch die Eingeweide eines Kindes destilliert habe, das die Mutter dort geboren habe, die durch Voisin, ihre Mutter, hingebracht worden sei, um bei ihr eine Frühgeburt herbeizuführen. Vor der Destillation seien die Eingeweide des Kindes und die Nachgeburt der Mutter nach Saint-Denis zu Guibourg gebracht worden durch ihre Mutter, die Hebamme und die Mutter des Kindes, auf deren Bauch, wie ihre Mutter nach ihrer Rückkehr gesagt habe, Guibourg die Messe gelesen habe, und die Frau sei zu dieser Zeit noch ganz blutig gewesen ...

Guibourg a baptisé quelque enfant chez sa mère, de fille que la Lepère fit avorter. A vu faire consumer trois ou quatre enfants dans le four; présenté à la messe de madame de Montespan, par l'ordre de sa mère, un enfant paraissant né avant terme, le mit dans un bassin, Guibourg l'égorgea, versa dans le calice, et consacra le sang avec hostie, acheva sa messe, puis fut prendre les entrailles de l'enfant, la mère Voisin porta le lendemain chez Dumesnil, pour distiller, le sang et l'hostie dans une fiole de verre que madame de Montespan emporta. Le corps de l'enfant fut consumé dans le four par mère Voisin ...

Guibourg habe bei ihrer Mutter ein Kind getauft, von einem Mädchen, bei der die Lepère eine Frühgeburt herbeigeführt habe. Sie habe gesehen, wie man drei oder vier Kinder im Ofen habe verbrennen lassen; ein anscheinend vor der Zeit geborenes Kind, das für die Messe der Madame de Montespan auf Anordnung ihrer Mutter überreicht worden sei, habe Guibourg in ein Becken gelegt, ihm die Kehle durchgeschnitten, das Blut zusammen mit der Hostie in den Kelch gefüllt und konsekriert, seine Messe beendet, dann die Eingeweide des Kindes entnommen, die Mutter Voisin habe das am folgenden Tag zur Dumesnil gebracht, um es zu destillieren, das Blut und die Hostie in einer Glas-Phiole habe Madame de Montespan fortgetragen. Der Körper des Kindes sei durch die Mutter Voisin im Ofen verbrannt worden ...

... Croit que la Dumesnil avait porté l'enfant de la messe de madame de Montespan.

... Sie glaubt, daß die Dumesnil das Kind für die Messe der Madame de Montespan gebracht habe.

Lors de la consécration, Guibourg dit les noms du Roi et ceux de madame de Montespan.«

(B. N.)

Bei der Konsekration habe Guibourg die Namen des Königs und die der Madame de Montespan genannt.«

Extrait de l'interrogatoire de l'Abbé Guibourg
Du 10 octobre 1680, à Vincennes.
Ebd., S. 335 f.

Auszug aus dem Verhör des Abbé Guibourg
vom 10. Oktober 1680 in Vincennes.

»Leroy, gouverneur des pages de la petite écurie lui parla le premier de travailler pour Madame de (Montespan) et lui promi 50 pistoles et un bénéfice de 2,000 livres. La première messe qu'il

»Leroy, Vorsteher der Pagen des kleinen Marstalls, habe als erster mit ihm darüber gesprochen, für Madame de (Montespan) zu arbeiten, und er habe ihm 50 Pistolen und eine Pfründe

dit à cette intention fut au Ménil, proche Montlhéry, sur le ventre d'une femme qui y était venue avec une autre grande création, à la consécration il récita la conjuration:

(B. C. L.)

von 2000 Livre versprochen. Die erste Messe, die er in dieser Intention gelesen habe, sei in Ménil gewesen, in der Nähe von Montlhéry, auf dem Bauch einer Frau, die dorthin gekommen sei mit einer anderen großen Person; zur Konsekration habe er folgende Beschwörung rezitiert:

›Astaroth, Asmodée, princes de l'amitié, je vous conjure d'accepter le sacrifice que je vous présente de cet enfant pour les choses que je vous demande, qui sont l'amitié du Roi, de Mgr. le Dauphin me soit continuée et être honorée des princes et princesses de la cour, que rien ne me soit dénié de tout ce que je demanderai au Roi, tant pour mes parents que serviteurs.‹

(B. N.)

›Astaroth, Asmodi, Fürsten der Freundschaft, ich beschwöre euch, das Opfer anzunehmen, das ich euch darbringe mit diesem Kinde für die Dinge, die ich von euch erbitte, nämlich daß die Freundschaft des Königs und des Monseigneur le Dauphin für mich fortdauere und daß ich von den Prinzen und Prinzessinnen des Hofes hochgeachtet werde, daß mir nichts verweigert werde von all dem, um was ich den König bitten werde, ebenso für meine Eltern wie Bedienten.‹

Et nomma les noms du Roi et ceux de madame de Montespan, qui étaient dans la conjuration.

Und er habe die Namen des Königs und die der Madame de Montespan genannt, die in der Beschwörung [enthalten] gewesen seien.

Il avait acheté un écu l'enfant qui fut sacrifié à cette messe qui lui fut présenté par une grande fille et ayant tiré du sang de l'enfant qu'il piqua à la gorge avec un canif, il en versa dans le calice après quoi l'enfant fut retiré et emporté dans un autre lieu, dont ensuite on lui rapporta le cœur et les entrailles pour en faire une deuxième, et qui devaient servir, à ce que lui dirent Leroy et le gentilhomme, pour faire des poudres pour le (Roi) et pour madame de (Montespan); la dame pour qui il dit la messe eut toujours des coiffes baissées qui lui couvraient le visage et la moitié du sein. Il dit la deuxième messe dans une masure sur les remparts de Saint-Denis, sur la même femme, avec les mêmes cérémonies, et la Pelletier s'y trouva. Dit la troisième à Paris chez la Voisin sur la même femme, il peut y avoir de cela huit ou neuf ans, et depuis a dit treize à quatorze ans. Déclare encore qu'il y a cinq ans qu'il a dit une pareille messe chez la Voisin sur la même personne, qu'on lui a toujours dit être (Madame de Montespan), aux mêmes intentions, et la Laporte était présente; et après que tout fut fini voulant reprendre son manteau sur une chaise il trouva sur cette chaise un écrit qui devait être la copie d'un pacte, attendu qu'il n'était qu'en papier, au lieu que les pactes doivent être écrits sur du parchemin vierge, où il lut ces termes: (B. C. L.)

Er habe um einen Taler das Kind gekauft, das bei dieser Messe geopfert worden sei, welches ihm angeboten worden sei durch ein großes Mädchen, und nachdem er das Blut des Kindes, in dessen Kehle er mit einem Federmesser gestochen habe, herausgezogen habe, habe er davon in den Kelch gegossen, wonach das Kind weggenommen und an einen anderen Ort gebracht worden sei, wonach man ihm das Herz und die Eingeweide zurückgebracht habe, um damit eine zweite [Messe] zu machen, und die dazu dienen sollten – nach dem, was ihm Leroy und der Edelmann gesagt hätten –, um Puder für den (König) und für Madame de (Montespan) zu machen; die Dame, für die er die Messe gelesen habe, habe immer herunterhängende Haare gehabt, die ihr das Gesicht und die Hälfte der Brust bedeckt hätten. Er habe die zweite Messe in einer Ruine auf den Wällen von Saint-Denis, auf der gleichen Frau, mit denselben Zeremonien gelesen, und die Pelletier habe sich dazu eingefunden. Er habe die dritte [Messe] in Paris bei der Voisin auf derselben Frau gelesen, es könne acht oder neun Jahre hersein, und inzwischen hat er gesagt, dreizehn oder vierzehn Jahre. Erklärt noch, daß er vor fünf Jahren eine solche Messe bei der Voisin auf der gleichen Person gelesen habe, von der man ihm immer gesagt habe, es sei

(Madame de Montespan), mit denselben Intentionen, und die Laporte sei zugegen gewesen; und daß, als er, nachdem alles beendet gewesen sei, seinen Mantel von einem Stuhl habe wieder nehmen wollen, er auf diesem Stuhl ein Schriftstück gefunden habe, das die Kopie eines Paktes habe sein müssen, weil es nur aus Papier gewesen sei, wo doch die Pakte auf Jungfern-Pergament geschrieben sein müßten, auf welchem [Schriftstück] er diese Worte gelesen habe:

›Je . . . fille de . . . je demande l'amitié du Roi et celle de Mgr. le Dauphin, et qu'elle me soit continuée, que la Reine soit stérile, que le Roi quitte son lit et sa table pour moi, que j'obtienne de lui tout ce que je lui demanderai pour moi et mes parents, que mes serviteurs et domestiques lui soient agréables, chérie et respectée des grands seigneurs, que je puisse être appelée aux conseils du Roi, et savoir ce qui s'y passe, et que cette amitié redoublant plus que par le passé, le Roi quitte et ne regarde la Vallière, et que la Reine étant répudiée, je puisse épouser le Roi.‹ . . .

(B. N.)

›Ich . . . Tochter des . . . ich erbitte die Freundschaft des Königs und die des Monseigneur le Dauphin, und daß sie für mich fortdauern möge, daß die Königin unfruchtbar sei, daß der König ihr Bett und ihren Tisch verlasse um meinetwillen, daß ich von ihm all das erlange, um was ich ihn für mich und meine Eltern bitten werde, daß meine Bedienten und mein Gesinde ihm angenehm seien, [daß ich] geliebt und geachtet [werde] von den großen Herren, daß ich gerufen zu werden vermöchte zu den Ratsversammlungen des Königs und das zu erfahren vermöchte, was sich dort ereignet, und daß, indem diese Freundschaft stärker zunimmt als in der Vergangenheit, der König die Vallière verlasse und nicht [mehr] beachte, und daß, indem die Königin verstoßen wird, ich den König heiraten könnte.‹ . . .

Et comme il en était là de sa lecture ce papier lui fut arraché des mains, il a toujours laissé l'hostie et le sang consacré des enfants dans des vases qu'on lui donnait, l'hostie étant coupée en petits morceaux.

Und als er da bei seiner Lektüre gewesen sei, sei dieses Papier ihm aus den Händen gerissen worden, er habe immer die Hostie und das konsekrierte Blut der Kinder in den Gefäßen, die man ihm gegeben habe, gelassen, wobei die Hostie in kleine Teile zerschnitten gewesen sei.

Il a fait chez la Voisin, revêtu d'aube, d'étole et de manipule, une conjuration en présence de la Des Œillets qui prétendait faire un charme pour le (Roi) et qui était accompagnée d'un homme qui lui donna la conjuration, et comme il était nécessaire d'avoir du sperme des deux sexes, Des Œilletts ayant ses mois n'en put donner mais versa dans le calice de ses menstrues et l'homme qui l'accompagnait, ayant passé dans la ruelle du lit avec lui Guibourg, versa de son sperme dans le calice. Sur le tout, la Des Œillets et l'homme mirent chacun d'une poudre de sang

Er habe bei der Voisin, bekleidet mit der Albe, der Stola und dem Manipel, eine Beschwörung in Gegenwart der Des Œillets gemacht, die verlangt habe, einen Zauber für den (König) zu machen, und die begleitet gewesen sei von einem Mann, der ihm die Beschwörung gegeben habe, und da es notwendig gewesen sei, Sperma von den beiden Geschlechtern zu haben, habe die Des Œillets, die ihre Tage gehabt habe und nicht davon habe geben können, aber etwas von ihrem Menstrualblut in den Kelch geschüttet, und der Mann, der sie begleitet habe, habe

de chauve-souris et de la farine pour donner un corps plus ferme à toute la composition et après qu'il eut récité la conjuration il tira le tout du calice qui fut mis dans un petit vaisseau que la Des Œillets ou l'homme emporta.«

(B. C. L.)

nachdem Guibourg mit ihm in den Alkoven hinübergegangen sei, von seinem Sperma in den Kelch geschüttet. Zu all dem hätten die Des Œillets und der Mann jeder Pulver vom Blut der Fledermaus und Mehl getan, um der ganzen Mischung eine festere Gestalt zu geben, und nachdem er die Beschwörung rezitiert habe, habe er das Ganze dem Kelch entnommen, das in ein kleines Gefäß getan worden sei, das die Des Œillets oder der Mann fortgetragen habe.«

Projet d'un Rapport de M. de la Reynie au Roi

(novembre 1680)
Ebd., S. 371 f.

»... La fille de la Voisin, de nouveau interrogée sur la messe qu'elle avait dit que madame de Montespan s'était encore fait dire par le même Guibourg, chez sa mère, depuis trois ou quatre ans seulement, elle en a déclaré toutes les circonstances:

Que c'était elle qui avait présenté l'enfant à Guibourg, que la Delaporte y était présente, et qu'après l'oblation et le sang mis dans le calice, Guibourg avait passé dans une autre chambre, avait ouvert la poitrine, en avait arraché le cœur et les entrailles.

Guibourg, ayant dénié d'avoir ouvert le corps de l'enfant, est convenu de lui avoir arraché le cœur et les entrailles, et d'avoir coupé, ouvert le cœur de l'enfant après la messe, pour en tirer le sang caillé qui était dans le cœur, et pour le mettre dans un vase préparé pour cet effet, et avec lequel fut aussi mis des particules de l'hostie consacrée, et ce qui était dans le calice, qui fut emporté par la dame sur le ventre de laquelle il avait dit la messe, qu'il a cru être madame de Montespan, ainsi que la Voisin lui a dit ...«

(B. N.)

Entwurf eines Berichtes von M. de la Reynie an den König
(November 1680)

»... Die Tochter der Voisin, von neuem über die Messe verhört, von der sie gesagt habe, daß Madame de Montespan sie sich noch habe lesen lassen durch denselben Guibourg bei ihrer Mutter, nach wenigstens drei oder vier Jahren, hat alle Umstände derselben angegeben:

Daß sie [selbst] es gewesen sei, die Guibourg das Kind überreicht habe, daß die Delaporte dabei zugegen gewesen sei, und daß nach der Opferung und nachdem das Blut in den Kelch getan worden sei, Guibourg in ein anderes Zimmer hinübergegangen sei, die Brust [des Kindes] geöffnet habe und aus ihr das Herz und die Eingeweide herausgerissen habe.

Guibourg, der abgeleugnet hatte, den Körper des Kindes geöffnet zu haben, hat zugegeben, ihm das Herz und die Eingeweide herausgerissen zu haben und das Herz des Kindes nach der Messe aufgeschnitten [und] geöffnet zu haben, um aus ihm das geronnene Blut herauszuziehen, das in dem Herzen gewesen sei, um es in ein für diesen Zweck vorbereitetes Gefäß zu tun, und mit diesem [Blut] seien auch Teilchen der konsekrierten Hostie hineingetan worden und das, was im Kelch gewesen sei, der fortgebracht worden sei durch die Dame, auf deren Bauch er die Messe gelesen habe, die, wie er geglaubt habe, Madame de Montespan gewesen sei, so wie die Voisin ihm gesagt habe ...«

Mémoire Autographe de M. D'Argenson (1695)
Ebd., VII, S. 172 f.

Eigenhändige Denkschrift des M. D'Argenson (1695)

»Marianne Charmillon, âgée de 22 ans, fille de Charmillon, praticien[e] à Paris, et de M. Quenneville, à présent pénitente volontaire à Sainte-Pélagie, a dit en présence de la supérieure et d'un commissaire au Châtelet, qu'elle a été séduite et corrompue par J. B. Sebault, sous-diacre du diocèse de Bourges, qui demeurait en pension chez son père, et dont elle a eu deux enfants qui vivent encore; qu'il y a deux ans que le même Sebault lui proposa de faire pacte avec le diable, et la mena pour cela dans le caveau d'une maison située aux environs de Paris, où se devaient faire l'invocation, l'apparition et la conclusion; qu'elle a été six differentes fois dans ce même caveau, et que l'on y disait la messe entre minuit et une heure; que la première fois une fille mendiante, âgée de 13 ans, y ayant été conduite, elle morrut de peur, et fut enterrée avec ses habits tant par le nommé Guignard, curé de Notre-Dame de Bourges, et par un autre particulier; que Guignard y disait la messe en habits sacerdotaux; qu'il l'a célébrée une fois sur le corps de la repetante, nue, sans chemise, et que le sous-diacre Sebault, qui était nu aussi bien qu'elle, répondait la messe: ›Quotiescumque altare osculandum erat, Guignard osculabatur Charmillion corpus, hostiamque consecrabat super pudenda, quibus hostiae portiunculam inserebat; missâ tandem peractâ, subdiaconus Sebault illam inibat, et interea Guignard et socius inibant quoque mulierem nomine Lefebvre. Missâ peractâ, Sebault, manibus in calice mersis, pudenda sua et muliebria lavabat.‹ Guignard, cet autre particulier et la Lefebvre faisaient la même chose. Ensuite de quoi Guignard mettait le reste du calice dans une petite fiole qu'il emportait avec soin . . .«

(B. N.)

»Marianne Charmillon, 22 Jahre alt, Tochter des Charmillon, Praktikus[e] in Paris, und der Madame Quenneville, gegenwärtig freiwillige Büßerin in Sainte-Pélagie, hat in Gegenwart der Oberin und eines Kommissars im Châtelet ausgesagt, daß sie verführt und verdorben worden sei durch J. B. Sebault, Subdiakon der Diözese Bourges, der in Pension bei ihrem Vater gewohnt habe, und von dem sie zwei Kinder gehabt habe, die noch lebten; es sei vor zwei Jahren gewesen, daß derselbe Sebault ihr vorgeschlagen habe, einen Pakt mit dem Teufel zu machen, und er habe sie dazu in einen Keller eines Hauses, das in der Umgegend von Paris gelegen habe, mitgenommen, wo die Anrufung, die Erscheinung und der Abschluß hätten stattfinden sollen; daß sie sechs verschiedene Male in diesem gleichen Keller gewesen sei, und daß man dort die Messe zwischen Mitternacht und ein Uhr gelesen habe; daß, als beim ersten Mal ein Bettlermädchen, 13 Jahre alt, dorthin gebracht worden sei, dieses vor Angst gestorben sei und mit ihren Kleidern begraben worden sei sowohl durch den genannten Guignard, Pfarrer von Notre-Dame in Bourges, wie durch einen anderen, einen Privatmann; daß Guignard dort die Messe in priesterlichen Gewändern gelesen habe; daß er sie einmal auf dem Körper der Reumütigen zelebriert habe, [die] nackt, ohne Hemd [gewesen sei], und daß der Subdiakon Sebault, der ebenso nackt gewesen sei wie sie, bei der Messe respondiert habe: ›Sooft der Altar zu küssen war, küßte Guignard den Körper der Charmillon, und er konsekrierte die Hostie über ihren Schamteilen, in die er ein Teilchen der Hostie einführte; nachdem dann die Messe vollendet war, begattete sie der Subdiakon Sebault, und indessen begatteten auch Guignard und sein Genosse eine Frau mit Namen Lefebvre. Nach Vollendung der Messe wusch Sebault, die Hände in den Kelch getaucht, seine Schamteile und die weiblichen.‹ Guignard, dieser andere Privatmann und die Lefebvre hätten dasselbe gemacht. Hierauf habe Guignard den Rest des Kelches in eine kleine Phiole getan, die er mit Sorgfalt weggetragen habe.«

[a] B.A. = Bibl. de l'Arsenal; B.N. = Bibl. Nationale; B.C.L. = Bibl. du Corps législativ.

[b] Gottheit der Traumdeutung und Wahrsagerei.

[c] Firmung.

[d] Hospital in Paris.

[e] Gehilfe eines Advokaten.

Die düsteren Vorgänge, von denen diese Prozeßakten berichten, stehen in einem eindrucksvollen Kontrast zu der hellen Pracht des französischen Hofes, dessen Mittelpunkt der ›Roi Soleil – Sonnenkönig‹ war. Diesen Namen, der zum Symbol einer ganzen Epoche geworden ist, hatte Ludwig XIV. erhalten, nachdem er im Jahre 1653 im ›Ballet Royal de la Nuit‹ die Rolle der Sonne dargestellt hatte.[4] Das Libretto des Balletts hatte dem König folgende Worte in den Mund gelegt:

»Je suis la source des clartés,
Et les astres les plus vantés,
Dont le cercle m'environne,
Ne sont brillants et respectés
Que par l'éclat que je leur donne.«[5]

»Ich bin die Quelle der Lichter,
Und die gerühmtesten Sterne,
Deren Kreis mich umgibt,
Sind nur leuchtend und geachtet
Durch den Glanz, den ich ihnen gebe.«[5]

In profaner Form entfaltet sich hier *die christliche Sonnensymbolik*, für die Christus, der sich selbst als das ›Licht der Welt‹ bezeichnet hat (Joh. VIII, 12), ›sol verus – die wahre Sonne‹ und ›fons luminis – die Quelle des Lichtes‹ ist.[6] Der König wird zu einem verweltlichten Abbild Christi, und sein Hofstaat entspricht dem himmlischen Hofstaat. Die Tatsachen, die den Gegenstand dieses Kapitels bilden, bewahrheiten das Sprichwort, nach dem dort, wo viel Licht ist, auch viel Schatten ist. Der Satanskult und die schwarze Magie, die in der unmittelbaren Umgebung des Königs anzutreffen sind, verhalten sich *kompensatorisch zu dem durch Ludwig XIV. verkörperten Prinzip.*
Im damaligen Paris war es – vor allem in den höheren Kreisen – allgemein üblich, Nebenbuhler, hinderliche Gatten, Verwandte, deren Besitz man durch Erbschaft an sich bringen wollte und so weiter durch Gifte sowie mit Hilfe schwarzer Künste zu beseitigen. Auch die Schwarze Messe wurde in den Dienst der Magie gestellt: sie sollte dazu dienen, im Wege stehenden Menschen den Tod zu bringen und die Gunst von ersehnten Personen herbeizuzwingen. Wir stoßen hier also auf zwei neue Tatsachen in der Geschichte des Satanskultes: soziologisch ist von Interesse, daß sich *das Schwergewicht* auf die Angehörigen *der Aristokratie* verschiebt, die sich der Schwarzen Messe in ihrem Kampf um soziales und erotisches Prestige bedienen, sodann werden die satanistischen Riten *eindeutig zweckgebunden.* Es sei noch betont, daß die von der ›Chambre ardente‹ behandelten Affairen nur einen – allerdings den wichtigsten – Ausschnitt aus den satanistischen Praktiken dieser Zeit bilden.
Der Übersicht halber gliedern wir den Kommentar nach den einzelnen Aktenstücken.
Verhör des Lesage vom 28. November 1679. Die Voisin (Tafel 25. Ursprünglicher Name: Cathérine Deshayes, verehelichte Montvoisin) war eine der berühmtesten ›Zauberinnen‹ von Paris. In ihr Häuschen in der Rue La Villeneuve-sur-Gravois kam alle Welt, um sich wahrsagen und handlesen zu lassen, um sich Gifte zu holen oder um Abtreibungen vornehmen zu lassen. Außerdem hatte sie einige Priester zur Zelebration der Schwarzen Messe an der Hand, so den hier auftretenden Davot. Der verhörte Lesage, ein Wollhändler, war ihr tätigster

Gehilfe. Er war 1668 zur Galeere verurteilt, fünf Jahre später aber durch den Einfluß der Voisin freigelassen worden. – Auch in dieser Epoche des Satanskultes ist der Glaube an die Wirksamkeit der kirchlichen Riten, insbesondere der Konsekration, unerschüttert, ebenso die Überzeugung, daß der in schwerer Sünde lebende oder abgefallene Priester seine priesterliche Gewalt behält. Was hat es nun damit auf sich, daß man *den nackten Körper einer Frau als Altar* benutzt?

Der Altar hat seiner Herkunft wie seiner Symbolik nach eine vorwiegend *weibliche Bedeutung*. Ursprünglich ist er nichts anderes als der dem Bereich des Matriarchalen angehörende Herd.[7] Es besteht folgende Symbolgleichung: die Frau als Gefäß der Wandlung und Hervorbringung (Uterus im weiten Sinne) – der Herd als Ort der Wandlung und Bereitung von Nahrungsmitteln – der Altar als Stätte der Konsekration und Zubereitung des ›himmlischen Brotes‹. In der christlichen Auffassung tritt der weibliche Aspekt des Altares in verschiedener Weise hervor. So gilt der Altar[8] als Abbild des Abendmahlstisches und als Bild des Kreuzes Christi. Sowohl der nahrungstragende Tisch wie das Kreuz (siehe oben Seite 88) aber haben mütterlichen Charakter. Und noch mehr: »Die tiefste symbolische Bedeutung des Altares liegt in seiner Salbung. Sie ist ausgesprochen im Psalm 44, der ... diese heilige Handlung [bei der Altarweihe] begleitet. Dieser Psalm ist ein königliches Hochzeitslied und besingt die Vermählung des Königs mit seiner Braut, Christi mit der Kirche. Der Altar ist das geheiligte Brautgemach, von Gott durch diese heilige Salbung eigens bereitet. Auf ihm vollzieht sich bei jedem heiligen Opfer die geheimnisvolle Vermählung Christi mit seiner Kirche.«[9] Damit verbindet sich im Altar das Motiv des Weiblichen mit dem der *›coniunctio* – Vereinigung‹. Wenn also bei der Schwarzen Messe der Körper einer Frau als Altar dient, so ist dies *eine instinktive und ganz konkrete Verwirklichung solcher Symbolik*, und das gleiche gilt in Hinsicht auf die sexuellen Riten, die in Verbindung damit durchgeführt werden. Der Drang, die magische Wirksamkeit der Schwarzen Messe möglichst zu erhöhen, führt zu einem unbewußten Rückgriff auf einen uralten Bedeutungsaspekt des Altares und zu einer ihm entsprechenden, bewußt antikirchlichen Praxis. Es ist keinesfalls ausreichend, eine nur sexuelle Erklärung zu geben, denn die Teilnehmer der satanistischen Ritualhandlungen hätten bestimmt nicht derartige Umstände nötig gehabt, um in den Genuß sexueller Erlebnisse zu kommen.

Verhör der Tochter Voisin vom 28. März 1680. Die Taube war im Altertum der Ischtar–Aphrodite–Venus heilig, weshalb sie von alters her beim Liebeszauber Verwendung fand.[10] Über die Blutmagie siehe später.

Verhör der Filastre vom 26. Mai 1680. Françoise Filastre war eine Patin der Voisin und nach dieser die angesehenste Schwarzmagierin in Paris. Die Simon und die Dufayet gehörten zum Kreise der Voisin und der Filastre. Der Bericht über die Schwarzen Messen zeigt, daß es den Priestern nur darum ging, durch die Konsekration *Mana* zu gewinnen, um sich seiner bei den magischen Handlungen zu bedienen. (Die – kirchlich gesehen ungültige – Konsekration von Nattern, von der auch gesprochen wird, steht im Zusammenhang mit der Schlangensymbolik). *Von Christus wird gewissermaßen ›abstrahiert‹*, so daß die gegenwärtig werdende übermenschliche Kraft unmittelbar satanistisch verwendet werden kann. Deshalb ist es

25 La Voisin und Szenen aus einem zeitgenöss. Theaterstück. Stich, 17. Jahrh.

26 Madame de Montespan (de Rochechouart), 17. Jahrh.

27 Henry de Walvost, Schwarze Messe des Abbé Guibourg. Stich, 1903

28 Joris Karl Huysmans. Fotografie von Nadar, 1904 (?)

29 Henry Chaprout, Schwarze Messe des Kanonikus Docre. Stich, 1924

30 Félicien Rops (1833–1898), Ithyphallischer Kruzifixus

Піите отъ нея вси

Чудо в Кане Галилейской или откуда пошла самогонка

(Евангелие от Иоанна. Гл. II, стихи 1—10).

Во дни оны, отложив попечение житейское,
Пошел Иисус на свадьбу в Кану Галилейскую (Иоан II, 1).
Иде же, в место веселия,
У всех было огорчение велие.
Поелику у гостей — выпить была охота велика,
Вино же они сожрали все до последнего глотка!
И рече господь: Слушайте люди,
Какие же вы, однако, ротозеи!
Ну, и народ, доложу я вам, в этой сторонке!
Ни кто не имеет понятия о самогонке!
Вина нет? Да это еще пол-беды,
Давайте скорей сюда бочку воды.
Я даю вам честное слово,
В одну минуту вино будет готово.
Тащите ко мне порожнюю посуду,
Сейчас сотворю я великое чудо.
Сие бо есть не обман и не сказка-
У меня как раз с собою закваска.

И возопили к нему: услыши нас, господи и скажи,
Какой самый лучший рецепт ханжи.
И излил господь закваску в окоренок — по милости своей велицей
И стал разводить, ее доливая водицей
„Се сотвори начаток знамением Иисус... — и яви свою славу" (И. II, 2)
И напоил ханжой всю ораву.
„И уверовали в него ученики его" (И. II 2), яко
Сотвори господь, без обмана,
Ибо „как стелька" в тот день все были пьяны
И сам „архитриклин"*) яко же вкуси
Вина, бывшего от воды" (И. II, 9),
Стал к стене и не двигался „ни туды ни сюды".
И рече архитриклин: благословен господь от Сиона,
Давай нам рецепт самогона!

*) Распорядитель.

31 Die Hochzeit von Kana in antireligiöser Darstellung. Seite aus dem ›Besboschnik‹

32 Szene aus einer Weihnachtsfeier der ›Gottlosen‹, Rußland

möglich, die Elevation mit der Dämonen-Anrufung zu verkoppeln. Was den zuerst beschriebenen Ritus angeht, so steht dieser mit dem Glauben in Beziehung, daß der Vorgang *der Geburt* eine Frau in besonderer Weise *mit göttlichen und dämonischen Gewalten in Verbindung* bringe, was durch eine Fülle von entsprechenden Vorstellungen und Bräuchen bei allen Völkern[11] zum Ausdruck kommt (siehe etwa die rituelle Unreinheit der Frau nach der Geburt). Die Filastre ist in ihrem Zustand also speziell zur Dämonenbeschwörung disponiert. Der Kreis, in den sie sich setzen muß, gehört in eine alte Überlieferung:

Magischer Kreis zur Dämonenbeschwörung

Derartige Kreise sind *negative Ganzheitsymbole*, sie haben eine Mandala-Struktur[12] und sollen die dunklen Kräfte konzentrieren. Das Kind der Filastre wurde gleich nach der Geburt getötet und dem Satan geopfert. – In dem Text findet sich auch eine satanistische Form des sogenannten ›Toties-quoties-Ablasses‹ (den man gewinnt, sooft man aufs neue die Kirche betritt und die vorgeschriebenen Gebete verrichtet).

Erklärung der Tochter Voisin vom 20. August 1680. Die Marquise Françoise Athénais de Montespan (Tafel 26) wurde als Tochter des Herzogs de Rochechouart im Jahre 1641 geboren. Sie heiratete einen Edelmann aus ihrer Heimat und wurde dann Hofdame der Königin. Geblendet von der Pracht des Hofes und fasziniert von Ludwig XIV., suchte sie bald dessen damalige Maitresse Louise de Lavallière auszustechen. Um Hilfe für dieses Ziel zu erlangen, trat sie im Jahre 1667 in Verbindung mit der Voisin. Im folgenden Jahre erfüllte sich ihr Wunsch: sie wurde die offizielle Geliebte des Königs und gebar ihm in der Folge sieben Kinder, die alle vom Parlamentsgericht anerkannt werden mußten. Von den Zeitgenossen wird Madame de Montespan als außerordentlich schön sowie als maßlos ehrgeizig und stolz geschildert. Die Beziehung zu der Voisin blieb aufrechterhalten: jedesmal, wenn sie befürchten mußte, daß der König ihr seine Liebe und Huld entziehen würde, nahm sie die Dienste der Zauberin in Anspruch. Die Voisin vermittelte Madame de Montespan den damals siebzigjährigen Abbé Guibourg zum Abhalten der Schwarzen Messen für ihre Zwecke. Guibourg, der in den Beschreibungen als schielend und mit einem roten, gedunsenen Gesicht erscheint, war Sakristan von Saint-Marcel in Saint-Denis. Die ersten drei Schwarzen Messen, von denen die Tochter der Voisin spricht, sind im Jahre 1673 abgehalten worden. Ludwig XIV. wurde in dieser Zeit von starken Schwindelanfällen heimgesucht, vielleicht eine Wirkung der Liebespulver, die Madame de Montespan von der Voisin bekommen und seinen Speisen zugesetzt hatte. Die nächsten Messen (es wurden immer drei als notwendig angesehen), von denen die Rede ist, haben 1677 oder Anfang 1678 stattgefunden, die dritte Folge ist in das Jahr 1678 oder 1679 zu datieren. Nachdem es früher schon – aus verschiedenen Gründen – zu Krisen in der Beziehung des Königs zu Madame de Montespan gekommen war, trat zur letztgenannten Zeit etwas ein, das die Marquise in vollkommene Panik versetzte: Ludwig XIV. verliebte sich in Marie-Angélique de Fontanges und war entschlossen, sie zu ihrer Nachfolgerin zu machen. – Daß Madame de Montespan selbst als Altar für die Messen, die Guibourg für sie liest, dient (Tafel 27), mußte in den Augen der Beteiligten eine wesentliche Steigerung der magischen Wirksamkeit herbeiführen.

Verhör der Tochter Voisin vom 9. Oktober 1680. Erst allmählich kommt das ganze Ausmaß der Wahrheit ans Licht: für die Herstellung von Zaubermitteln und für die Schwarzen Messen ist eine größere Zahl von *Kindern* auf schreckliche Art *getötet* worden. Es ist nicht möglich, Zahlenangaben zu machen. Wenn etwa die Voisin einmal, als sie betrunken war, sagte, daß sie mehr als zweitausendfünfhundert Kinder abgetrieben und verbrannt habe[13], so ist das sicherlich außerordentlich übertrieben. Wie viele Kinder nach der Geburt umgebracht worden sind, kann überhaupt nicht gesagt werden. Wir wissen nur Einzelheiten, so die Tatsache, daß Guibourg auch seine eigenen Kinder, die er von seiner Maitresse Chanfrain hatte, getötet hat. Als die Tochter der Voisin ein Kind erwartete, floh sie in die Provinz und kam erst zurück, als sie das Neugeborene sicher untergebracht wußte. – Die Blutriten haben ihre Grundlagen in dem Blutglauben und Blutaberglauben der Menschheit[14].

Von jeher galt *das Blut als Sitz der Seele.* Wilhelm Wundt sagt dazu: »Daß sich gerade diese Vorstellung mit unwiderstehlicher Gewalt aufdrängt, ist leicht begreiflich, da ... der im Kampfe Verwundete mit dem Blut, das seiner Wunde entströmt, zugleich sein Leben verliert. So spiegelt sich denn auch diese Anschauung in der mannigfachsten Weise in den Sitten und Bräuchen der Vergangenheit der heutigen Kulturvölker wie in dem Leben zahlreicher Naturvölker. Die innerhalb einer primitiven Kultur weit verbreitete Sitte, vom Blut des erschlagenen Feindes oder auch vom Blut des Opfertieres zu trinken, bietet die unmittelbarste Beziehung zu jener Seelenvorstellung. Denn mit seinem Blute meint man die Stärke und Tapferkeit der Erschlagenen sich anzueignen; und beim Blute des Opfertieres kommt dazu noch die Vorstellung von einer der menschlichen überlegenen seelischen Macht des Tieres.«[15] Der Blutglaube hat vielfältige Ausgestaltungen erfahren: sie reichen von grob-konkretistischen Vorstellungen bis zu subtilen Anschauungen, die sich zum Beispiel in der Philosophie der hellenistischen Zeit und bei den alexandrinischen Theologen finden. Sowohl im Alten wie im Neuen Testament kommt dem Blut eine zentrale Stellung zu. So heißt es Lev. XVII, 11: »Denn die Seele des Fleisches ist im Blute, und ich habe es euch für den Altar gegeben, daß man euch damit Sühne erwirke; denn das Blut ist es, das durch die [in ihm wohnende] Seele Sühne erwirkt.«[16] Das Blut ist auch das Symbol des Bundes, den Jahwe mit seinem Volk schließt. In den Riten verschiedener hellenistischer Mysteriengemeinschaften spielte das Blut als erlösende Substanz eine Rolle. Aus der alttestamentlichen und aus der hellenistischen Tradition heraus bildete sich die neutestamentliche Vorstellung von *der Erlösungskraft des Blutes Christi*, die im Mysterium der Messe zum Ausdruck kommt und die im Laufe der Zeit zur Entwicklung einer besonderen Blutmystik (siehe oben Seite 97) führte. Abbé Guibourg und seine Genossen *regredieren auf die kannibalistisch-primitive Stufe* des Blutglaubens. – Was die Verwendung der *Eingeweide* angeht, so besteht eine alte symbolische Beziehung zwischen diesen und der Unterwelt (in Babylon, wo die Eingeweideschau üblich war, sprach man vom ›êkal tirâni – Palast der Eingeweide‹ und meinte damit etwas Unterweltliches[17]), in der christlichen Auffassung also der *Hölle*. Durch die Destillation der Eingeweide sucht man satanischen ›Geist‹ einzufangen, um ihn magisch wirksam werden zu lassen.

Auszug aus dem Verhör des Abbé Guibourg vom 10. Oktober 1680. Das meiste ist nach dem Gesagten verständlich. – Die Des Œillets war eine Kammerzofe der Madame de Montespan. Wir begegnen hier der alten Deutung des Vaginalsekretes als Sperma. Sperma und Menstrualblut, das als Ersatz für das weibliche ›Sperma‹ genommen wird, werden – der Überlieferung gemäß – als manahaltig betrachtet. Die Fledermaus ist im Volksglauben ein typisches Teufelstier. Die Des Œillets scheint nach dem Bericht – so Ravaisson[18] – auch für Ludwig XIV. oder für Karl II. von England (der sie begleitende Mann war ein Engländer) gearbeitet zu haben. Vielleicht aber ist das ›pour‹ auch nur im Sinne der Anwendung des Stoffes bei Ludwig XIV. nach der Intention von Madame de Montespan aufzufassen.

Entwurf eines Berichtes von M. de la Reynie an den König (November 1680). Die Untersuchungen wurden von dem Polizeipräsidenten mit äußerster Genauigkeit, großem Scharfsinn und ohne Ansehen der Person durchgeführt. Die Schilderungen der Schwarzen Messe sind darum unbedingt *glaubwürdig*.

Alles half nichts: der König verließ Madame de Montespan und erhob Marie-Angélique de Fontanges zu seiner neuen Favoritin. Nunmehr faßte die Verlassene den Entschluß, mit Hilfe der Voisin den König und ihre Nebenbuhlerin umzubringen. Dem König sollte eine Bittschrift, die ein tödliches Pulver enthielt, überreicht werden, Mademoiselle de Fontanges sollte dagegen mit langsam wirkenden Mitteln vergiftet werden, um den Eindruck zu erwecken, sie sieche aus Kummer über den Tod Ludwigs XIV. dahin. Die Einhändigung der Bittschrift mißglückte, und kurz vor dem zweiten Versuch gab die Voisin, die Angst bekommen hatte, den Brief ihrer Tochter zum Verbrennen. Der Plan wurde einige Tage später entdeckt, worauf die Verhaftung der Voisin und der Mitwisser erfolgte. Die Voisin starb im gleichen Jahre auf dem Scheiterhaufen, Abbé Guibourg sechs Jahre später als Gefangener in der Zitadelle von Besançon.

Als Ludwig XIV. davon Kenntnis erhalten hatte, daß Madame de Montespan und Personen des Hofes unmittelbar in die Sache verwickelt waren, hatte er im August 1680 die ›Commission de l'Arsenal‹ aufheben lassen, so daß La Reynie von da an seine Untersuchungen allein weitergeführt hatte. Später (1709) ließ der König den größten Teil der Prozeßakten verbrennen, von denen jedoch ausreichende Abschriften und eine Anzahl von wichtigen Originalstücken erhalten blieben.

Um einen Skandal zu vermeiden, begnügte sich der König auch damit, Madame de Montespan eine andere Wohnung im Schloß anzuweisen und sie hinfort mit Mißachtung zu behandeln. 1681 starb Mademoiselle de Fontanges im Alter von zweiundzwanzig Jahren an einer Lungenentzündung auf tuberkulöser Basis. Sie starb im Glauben, vergiftet worden zu sein.

Madame de Montespan zog sich im Jahre 1691 in ein von ihr gegründetes Kloster zurück, um ihre Schuld zu sühnen (auch von einem Besuch bei Louise de Lavallière, ihrer einstigen Rivalin, die sich ebenfalls in ein Kloster begeben hatte, wird berichtet). Ihre Verfassung in dieser Zeit schildert die folgende Stelle aus einem Bericht von Saint-Simon:

»Allmählich kam sie so weit, fast alles, was sie besaß, den Armen zu schenken. Sie arbeitete mehrere Stunden des Tages an groben, niedrigen Gegenständen, Hemden und ähnlichen nützlichen Dingen und ließ auch ihre Umgebung daran arbeiten. Ihre Tafel, deren Freuden sie einst fast im Übermaß gehuldigt, wurde so kärglich wie möglich, sie dehnte ihre Fasten immer länger aus, mitten in der Unterhaltung, vom kleinsten, unschuldigsten Spiel konnte sie aufstehen, um ihre Andacht zu halten, zu jeder Tagesstunde alles verlassen, um in ihrem Zimmer zu beten. Ihre Kasteiungen setzte sie niemals aus, ihre Hemden und ihre Betttücher waren von ungebleichter Leinwand der derbsten, gröbsten Sorte, doch unter anderer Wäsche verborgen. Sie trug beständig Armspangen, Gürtel und Strumpfbänder mit eisernen Zacken versehen, die sie oft verwundeten, und selbst ihre einstmals so gefürchtete Zunge hatte ebenfalls ihre Buße zu tragen. Bei alledem war sie derart von Todesfurcht gequält, daß sie mehrere Frauen in ihrem Dienste hielt, die kein anderes Amt hatten, als nachts bei ihr zu wachen. Sie schlief mit weit zurückgeschlagenen Vorhängen, das Zimmer von vielen brennenden Kerzen erhellt, umgeben von ihren Wächterinnen, die sie bei jedem Erwachen lustig plaudernd und schmausend sehen wollte, um gegen deren Einschlummern sicher zu sein.«[19]

Erst unmittelbar vor ihrem Tode fand sie Ruhe. Sie starb am 27. Mai 1707.

Im ›Chambre ardente‹-Prozeß hatte es im ganzen dreihundertneunzehn Verhaftungen und einhundertvier Verurteilungen gegeben. Sechsunddreißig Todesurteile

waren gefällt worden, vierunddreißig Personen hatte man verbannt, vier auf die Galeere geschickt, dreißig Angeklagte freigesprochen.
Eigenhändige Denkschrift des M. D'Argenson (1695). Das Aktenstück zeigt, daß auch in späterer Zeit während der Epoche Ludwigs XIV. Schwarze Messen gefeiert wurden. Der lateinische Passus nach Art einer Rubrik fällt auf.

Der letzte, der in Frankreich wegen Zauberei auf dem Scheiterhaufen endete (1745), war der Priester Louis Debarez, der Schwarze Messen abgehalten hatte, um verborgene Schätze zu finden.[20]

4. Die Poetisierung des Satanskultes im neunzehnten Jahrhundert

Die Privatisierung des Satanskultes zur Zeit Ludwigs XIV. hat die Voraussetzung dafür geschaffen, daß er auf seiner nächsten Entwicklungsstufe, im neunzehnten Jahrhundert, poetisch individualisiert zu werden vermag. Unter dieser ›Poetisierung‹ verstehen wir nicht den Umstand, daß der Satanskult beziehungsweise Elemente desselben zum Gegenstand poetischer Darstellung werden (wie es – um Beispiele aus verschiedenen Zeiten zu nennen – bei Tasso, de Sade, Joyce oder Genet der Fall ist), sondern die dichterische Formulierung von Gebeten an den Satan oder von Blasphemien, das heißt also *die poetische ›Erhöhung‹ von verbalen Bestandteilen des Satanskultes.*

Die Poetisierung des Satanskultes, die wir anhand von drei Texten demonstrieren, muß *auf dem Hintergrund der romantischen Literatur* gesehen werden, in der der Teufel zu einer zentralen Figur wurde. Über die damit gegebenen Zusammenhänge, auf die hier nicht eingegangen werden kann, unterrichtet ausführlich das Werk von Mario Praz ›La carne, la morte e il diavolo nella letteratura romantica‹[1], das unter dem Titel ›Liebe, Tod und Teufel. Die schwarze Romantik‹[2] in deutscher Sprache erschienen ist.

a) Die Satanslitanei von Baudelaire

Im Jahre 1846 schloß sich in Paris eine Gruppe von jungen Leuten zusammen, die sich im Zeichen der Revolte gegen die sozialen und religiös-geistigen Normen ihrer Zeit jeden Sonntag zum Satanskult versammelte.[3] Charles Baudelaire stand diesem Kreis nahe, und in dessen Atmosphäre sind seine in die ›Fleurs du Mal‹ aufgenommenen ›Litanies de Satan‹ entstanden:

Charles Baudelaire, Les Litanies de Satan.
Aus: Les Fleurs du Mal, Paris 1857,
ed. Adam, S. 146 ff.

»O toi, le plus savant et le plus beau des Anges, Dieu trahi par le sort et privé de louanges,	»O du, weisester und schönster der Engel, Gott, verraten vom Schicksal und beraubt der Lobpreisungen,
O Satan, prends pitié de ma longue misère!	O Satan, erbarme dich meines langen Elendes!
O Prince de l'éxil, à qui l'on a fait tort, Et qui, vaincu, toujours te redresses plus fort,	O Fürst des Exils, dem man Unrecht zugefügt hat, Und der du, besiegt, dich immer wieder stärker aufrichtest,
O Satan, prends pitié de ma longue misère!	O Satan, erbarme dich meines langen Elendes!

Toi qui sais tout, grand roi des choses souterraines,
Guérisseur familier des angoisses humaines,

O Satan, prends pitié de ma longue misère!

Toi qui, même aux lépreux, aux parias maudits,
Enseignes par l'amour le goût du Paradis,

O Satan, prends pitié de ma longue misère!

O toi qui de la Mort, ta vieille et forte amante,
Engendras l'Espérance, – une folle charmante!

O Satan, prends pitié de ma longue misère!

Toi qui fais au proscrit ce regard calme et haut
Qui damne tout un peuple autour d'un échafaud.

O Satan, prends pitié de ma longue misère!

Toi qui sais en quels coins des terres envieuses
Le Dieu jaloux cacha les pierres précieuses,

O Satan, prends pitié de ma longue misère!

Toi dont l'œil clair connaît les profonds arsenaux
Où dort enseveli le peuple des métaux,

O Satan, prends pitié de ma longue misère!

Toi dont la large main cache les précipices
Au somnambule errant au bord des édifices,

O Satan, prends pitié de ma longue misère!

Toi qui, magiquement, assouplis les vieux os
De l'ivrogne attardé foulé par les chevaux,

O Satan, prends pitié de ma longue misère!

Toi qui, pour consoler l'homme frêle qui souffre,

Du, der du alles weißt, großer König der unterirdischen Dinge,
Vertrauter Heiler der menschlichen Ängste,

O Satan, erbarme dich meines langen Elendes!

Du, der du selbst den Aussätzigen, den verfluchten Parias
Durch die Liebe den Geschmack des Paradieses lehrst,

O Satan, erbarme dich meines langen Elendes!

O du, der du mit dem Tod, deiner alten und starken Geliebten,
Die Hoffnung zeugst – eine reizende, närrische!

O Satan, erbarme dich meines langen Elendes!

Du, der du dem Geächteten jenen ruhigen und stolzen Blick gibst,
Der eine ganze Volksmenge rund um ein Schafott verdammt,

O Satan, erbarme dich meines langen Elendes!

Du, der du weißt, in welchen Winkeln der mißgünstigen Länder
Der eifersüchtige Gott die Edelsteine versteckte,

O Satan, erbarme dich meines langen Elendes!

Du, dessen klares Auge die tiefen Arsenale kennt,
Wo das Volk der Metalle begraben schläft,

O Satan, erbarme dich meines langen Elendes!

Du, dessen breite Hand die Abgründe deckt
Dem Nachtwandler, der am Rande der Gebäude umherirrt,

O Satan, erbarme dich meines langen Elendes!

Du, der du auf magische Weise geschmeidig machst die alten Knochen
Des zurückgebliebenen, von den Pferden niedergetretenen Säufers,

O Satan, erbarme dich meines langen Elendes!

Du, der du, um den schwachen Menschen, der leidet, zu trösten,

Nous appris à mêler le salpêtre et le soufre,

O Satan, prends pitié de ma longue misère!

Toi qui poses ta marque, ô complice subtil,
Sur le front du Crésus impitoyable et vil,

O Satan, prends pitié de ma longue misère!

Toi qui mets dans les yeux et dans le cœur des filles
Le culte de la plaie et l'amour des guenilles,

O Satan, prends pitié de ma longue misère!

Bâton des exilés, lampe des inventeurs,
Confesseur des pendus et des conspirateurs,

O Satan, prends pitié de ma longue misère!

Père adoptif de ceux qu'en sa noire colère
Du paradis terrestre a chassés Dieu le Père,

O Satan, prends pitié de ma longue misère!

Prière

Gloire et louange à toi, Satan, dans les hauteurs
Du Ciel, où tu régnas, et dans les profondeurs
De l'Enfer, où, vaincu, tu rêves en silence!
Fais que mon âme un jour, sous l'Arbre de Science,
Près de toi se repose, à l'heure où sur ton front
Comme un Temple nouveau ses rameaux s'épandront!«

Uns den Salpeter und den Schwefel zu mischen lehrtest,

O Satan, erbarme dich meines langen Elendes!

Du, der du dein Zeichen setzt, o listiger Komplice,
Auf die unbarmherzige und niederträchtige Stirn des Krösus,

O Satan, erbarme dich meines langen Elendes!

Du, der du legst in die Augen und in das Herz der Dirnen
Den Kult der Wunde und die Liebe zu den Lumpen,

O Satan, erbarme dich meines langen Elendes!

Stab der Verbannten, Leuchte der Erfinder,
Beichtvater der Gehenkten und der Verschworenen,

O Satan, erbarme dich meines langen Elendes!

Pflegevater derer, die in seinem düsteren Zorn
Gott der Vater aus dem irdischen Paradies gejagt hat,

O Satan, erbarme dich meines langen Elendes!

Gebet

Ehre und Lobpreis sei dir, Satan in den Höhen
Des Himmels, wo du geherrscht hast, und in den Tiefen
Der Hölle, wo, besiegt, du im Schweigen träumst!
Laß meine Seele eines Tages unter dem Baum der Erkenntnis
Bei dir sich ausruhen, zur Zeit, wenn über deiner Stirn
Seine Zweige wie ein neuer Tempel sich ausbreiten werden!«

Für Baudelaire ist das in Satan personifizierte Böse *eine Realität.* So schreibt er einmal: »De tout temps, j'ai été obsédé par l'impossibilité de me rendre compte de certaines actions ou pensées secondaires de l'homme sans l'hypothèse de l'intervention d'une force méchante extérieure à lui – Zu jeder Zeit war ich gequält von der Unmöglichkeit, mir Rechenschaft zu geben über gewisse Handlungen oder Begleitgedanken des Menschen ohne die Annahme der Intervention einer bösen Kraft außerhalb von ihm.«[4] Der Dichter ist aufs tiefste *durch den christlichen Dualismus* bestimmt. So heißt es an einer anderen Stelle: »Il y a dans tout homme à toute heure deux postulations simultanées, l'un vers Dieu, l'autre vers Satan. L'invocation à Dieu ou spiritualité est un désir de monter en grade; celle de Satan ou animalité est une joie de descendre. – Es gibt in jedem Menschen zu jeder Stunde zwei gleichzeitige Forderungen, die eine zu Gott hin, die andere zu Satan hin. Die Anrufung Gottes oder die Geistigkeit ist eine Sehnsucht des Emporsteigens; die des Satans oder die Sinnlichkeit ist eine Lust des Hinabsteigens.«[5] Jean-Paul Sartre spricht in seinem Baudelaire-Essay[6] von jener ›choix originel – Urwahl‹, in der sich der Dichter zur Einsamkeit und zum Anderssein entschieden hat. Vermöge der damit errungenen Freiheit wählt er die ›animalité – Sinnlichkeit‹, das ›descendre – Hinabsteigen‹ und identifiziert sich mit dem Bösen. In dieser Identifikation aber wird, so sagt Sartre, das Gute gerade anerkannt: das Böse huldigt ja – soll es nicht aufhören, es selbst zu sein – durch seine Existenz dem, gegen das es gerichtet ist, und die Revolte ist die negative Verherrlichung der Ordnung. Es ist darum nur eine begrenzte Einsamkeit, in die sich Baudelaire begibt, sie ist ›comme l'image affaibli – wie das abgeschwächte Bild‹[7] der großen Einsamkeit des wahrhaft freien Menschen. Mit anderen Worten: Baudelaire ist wie alle Satanisten der christlichen Tradition zuinnerst verbunden. Er hat jedoch den Zwiespalt bis zu einem äußersten Punkt vorangetrieben, indem er sich einer der beiden von ihm anerkannten ›postulations – Forderungen‹ begingungslos verschrieben und das damit verbundene Schicksal auf sich genommen hat. Sartre bezeichnet dieses Schicksal als ›l'insatisfaction radicale du Dieu déchu – die radikale Unbefriedigtheit des gefallenen Gottes‹[8]. Das bedeutet: in Baudelaires Brust tobt sich etwas von der immensen Spannung aus, von der die dualistisch-christliche Kultur gezeichnet ist, und aus dieser Spannung erwächst seine Dichtung. Hier liegt der wesentliche Unterschied zum Satanismus der älteren Prägung, der ›naiv‹ genannt werden könnte, da er fast ausschließlich auf einem emotionalen, die wirkliche Tragweite der Zuwendung zum Satan nicht überblickenden Verhalten beruht. Der sich genauestens beobachtende und alle seine Regungen registrierende Baudelaire aber verfolgt die Konsequenzen seiner Entscheidung überwach, er ist *vielleicht die erste voll bewußte Persönlichkeit in der Geschichte des Satanskultes.*

Die ›Litanies de Satan‹ haben die liturgische Form einer Psalmodie mit einer nach jedem Doppelvers wiederkehrenden Antiphon. Den Abschluß bildet eine Doxologie, deren Anfang dem ›Gloria in exelsis Deo‹ entspricht, und die in einer Bitte ausklingt. Für Baudelaire steht Satan moralisch über Gott, weil er, obwohl verraten und zu Unrecht gestürzt, seine Würde und seinen Stolz nicht verloren hat. Im Gegensatz zum Lärm des Hexensabbats ist hier die satanische Sphäre durch ›silence – Schweigen‹ charakterisiert. Der Satan erscheint als König der Unterwelt, als ein christlicher ›Ζεὺς καταχθόνιος – unterirdischer Zeus‹. Sein Reich birgt die magischen Geheimnisse, denen sich das christliche Bewußtsein entfremdet hat. Er ist der Tröster und Helfer all derer, die von der christlichen Gesellschaft unterdrückt und ausgestoßen werden, jener Parias, denen sich Baudelaire zugehörig fühlt. *Ein sozialrevolutionärer Zug* ist dabei deutlich. Mit Recht weist Adam[9]

darauf hin, daß die Stelle von der Mischung des Salpeters und des Schwefels zweifellos einen Hinweis auf die französische Februarrevolution von 1848 und die ihr folgende Zeit enthält, denn mit Hilfe des Schießpulvers war es den Armen möglich, sich gegen die Reichen zu erheben. Das Symbol für die letzteren ist Krösus (in der Handschrift stand ursprünglich ›banquier‹). Da sich Gott mit den Reichen, Gerechten, Nüchternen und Reinen verbündet hat, finden die ›Mühseligen und Beladenen‹, die Armen, Verbrecher, Säufer und Dirnen, nur bei dem Herrn der Tiefe ›Erquickung‹. Und da sich Gott auf die Seite der Ratio gestellt hat, ist Satan zum Quell aller irrationalen, erdhaften Kräfte geworden.
Die ›Litanies de Satan‹ sind keineswegs aggressiv-blasphemisch. In den Versen lebt eine eigentümliche Traurigkeit. Es ist die Traurigkeit eines Wissenden, der sich darüber klar ist, daß *die Ganzheit*, um derentwillen er die Höhe verschmäht und das Elend der Tiefe gewählt hat, *für ihn unerreichbar* bleiben wird. Nur das endzeitlich gemeinte ›à l'heure – zur Stunde‹ deutet auf eine Hoffnung, die nicht mehr ›närrisch‹ ist. In den Schlußversen klingt die Idee der ›ἀποκατάστασις ἁπάντων – Wiederherstellung aller (auch des Teufels)‹ an, die seit Origenes die christlichen Denker bewegt hat.

b) Satanistische Hymnen von G. Leopardi und G. Carducci

1. *Giacomo Leopardi*[10], der 1837 neununddreißigjährig in Neapel starb, verfaßte wenige Jahre vor seinem Tode eine satanistische Hymne, die unvollendet blieb und erst im Jahre 1898 zur Veröffentlichung gelangte:

Giacomo Leopardi, Ad Arimane.
Entstanden wahrscheinl. 1833. Opere I, S. 434 f.

»Re delle cose, autor del mondo, arcana Malvagità, sommo potere e somma Intelligenza, eterno Dator de' mali e reggitor del moto,	»König der Dinge, Urheber der Welt, geheime Ruchlosigkeit, höchste Macht und höchste Intelligenz, ewiger Spender des Bösen und Lenker der Bewegung,
io non so se questo ti faccia felice, ma mira e godi ec. contemplando eternam.« ec.	ich weiß nicht, ob dies dich glücklich macht, aber schaue und genieße etc. betrachtend auf ewig etc.
produzione e distruzione ec. per uccider partorisce ec. sistema del mondo, tutto patimen. Natura è come un bambino che disfa subito il fatto. Vecchiezza. Noia o passioni piene di dolore e disperazioni: amore.	Hervorbringung und Vernichtung etc. Um zu töten, gebiert es etc. System der Welt, alles Leiden. Natur ist wie ein Kind, das sofort das Geschaffene zerstört. Alter. Langeweile oder Leidenschaften voller Schmerzen und Verzweiflungen: Liebe.
I selvaggi e le tribù primitive, sotto diverse forme, non riconoscono che te. Ma i popoli ci-	Die Wilden und die primitiven Stämme erkennen, unter verschiedenen Formen, niemanden

vili ec. te con diversi nomi il volgo appella Fato, natura e Dio. Ma tu sei Arimane, tu quello che ec.

an als dich. Aber die zivilisierten Völker etc. Mit verschiedenen Namen nennt dich das Volk Schicksal, Natur und Gott. Aber du bist Ahriman, du der, welcher etc.

E il mondo civile t'invoca.

Und die zivilisierte Welt ruft dich an.

Taccio le tempeste, le pesti ec. tuoi doni, che altro non sai donare. Tu dai gli ardori e i ghiacci.

Ich verschweige die Stürme, die Seuchen etc., deine Geschenke, da du anderes nicht zu schenken weißt. Du gibst die Glut und das Eis.

E il mondo delira cercando nuovi ordini e leggi e spera perfezione. Ma l'opra tua rimane immutabile, perchè p. natura dell'uomo sempre regneranno l'ardimento e l'inganno, e la sincerità e la modestia resteranno indietro, e la fortuna sarà nemica al valore, e il merito non sarà buono a farsi largo, e il giusto e il debole sarà oppresso ec. ec.

Und die Welt rast auf der Suche nach neuen Ordnungen und Gesetzen und erhofft Vollkommenheit. Aber dein Werk bleibt unveränderlich, weil durch die Natur des Menschen immer Dreistigkeit und Betrug herrschen werden, und die Aufrichtigkeit und die Bescheidenheit werden zurückbleiben, und das Glück wird Feind der Tüchtigkeit sein, und dem Verdienst wird es nicht gelingen, sich Platz zu schaffen, und der Gerechte und der Schwache werden unterdrückt sein etc. etc.

Vivi, Arimane, e trionfi, e sempre trionferai.

Lebe, Ahriman, und triumphiere, und du wirst immer triumphieren.

Invidia dagli antichi attribuita agli dèi verso gli uomini.

Neid, von den Alten den Göttern gegen die Menschen zugeschrieben.

Animali destinati in cibo. Serpente Boa. Nume pietoso ec.

Tiere, bestimmt zur Nahrung. Schlage Boa. Barmherzige Gottheit etc.

Perchè, dio del male, hai tu posto nella vita qualche apparenza di piacere? l'amore? . . . per travagliarci col desiderio, col confronto degli altri, e del tempo nostro passato ec.?

Warum, Gott des Bösen, hast du in das Leben einigen Schein des Genusses gesetzt? Die Liebe? . . . Um uns mit Verlangen zu quälen, durch den Vergleich mit anderen und unserer vergangenen Zeit etc.?

Io non so se tu ami le lodi o le bestemmie ec. Tua lode sarà il pianto, testimonio del nostro patire. Pianto da me per certo Tu non avrai: ben mille volte dal mio labbro il tuo nome maledetto sarà ec.

Ich weiß nicht, ob du das Lob oder die Lästerungen liebst etc. Dein Lob wird das Weinen sein, Zeuge unseres Leidens. Von mir wirst du bestimmt kein Weinen erhalten: wohl tausendmal wird dein Name von meinen Lippen verflucht sein etc.

Mai io non mi rassegnerò ec.

Aber ich werde nicht resignieren etc.

Se mai grazia fu chiesta ad Arimane ec. concedimi ch'io non passi il 7º lustro. Io sono stato, vivendo, il tuo maggior predicatore ec. l'apostolo della tua religione. Ricompensami. Non ti chiedo nessuno di quelli che il mondo chiama

Wenn je eine Gunst von Ahriman erbeten wurde etc., gewähre mir, daß ich nicht das 7. Jahrfünft überschreite. Ich bin, während ich lebte, dein größter Prediger gewesen etc., der Apostel deiner Religion. Belohne mich. Nichts von dem

beni: ti chiedo quello che è creduto il massimo de' mali, la morte. (non ti chiedo ricchezze ec. non amore, sola causa degna di vivere ec.). Non posso, non posso più della vita.«

erbitte ich von dir, was die Welt Güter nennt: ich erbitte von dir das, was man für das größte der Übel hält, den Tod. (Ich bitte dich nicht um Reichtümer etc., nicht um Liebe, das einzige, was das Leben lebenswert macht etc.). Ich kann nicht, ich kann nicht mehr leben.«

* Abk. von ›eternamente‹.

Wenn auch Leopardis Hymne ›Ad Arimane‹ nicht zur Verwendung in einer rituellen Handlung bestimmt war und höchst individuell gefärbt ist, so lebt sie doch auch aus dem Geist des Kultischen, weshalb sie der Tradition des Satanskultes zugerechnet werden muß. Der Text gehört in die Gattung der literarischen Hymnenpoesie, die sich in allen priesterlichen Ritualreligionen – schon in Babylonien, Assyrien und Ägypten – aus der Kultdichtung im engen Sinne entwickelte[11]. In dieser Poesie steht immer das persönliche Erleben im Vordergrund, das sich oft bis zum mystischen Ergriffensein steigert. So ist es auch hier: Leopardis Hymne ist ein Zeugnis *satanistischer Kultmystik*. In ihr erreicht der Satanskult seine sublimste und zugleich extremste Gestalt.

Leopardi benennt den Satan mit der parsischen Form des avestischen Namens ›Angra-mainyu‹. Vielleicht geschieht dies, um den Nachdruck auf die prinzipielle Natur des Bösen zu legen, die in der iranischen Konzeption besonders deutlich hervortritt.

Es hieße, dem Phänomen nicht gerecht werden, wollte man in der Hymne von Leopardi nur den Niederschlag neurotischer Verzweiflung erblicken, das heißt würde man sie lediglich psychologisch auffassen. Der Text bringt vielmehr *einen radikalen metaphysischen Pessimismus* zum Ausdruck: das Böse erscheint als Urgrund der Welt schlechthin. Der Gebrauch der Begriffe ›Schicksal‹, ›Natur‹ und ›Gott‹ dient nur zur beschönigenden Maskierung der Tatsache, daß alles Seiende ein Spielball der Willkür des bösen Urhebers und ›Königs der Dinge‹ ist. Die menschliche Bosheit ist das Medium des göttlichen Willens zum Bösen, der sich ihrer bedient, um die Ordnungen und Gesetze, die gegen die Willkür errichtet werden, wieder aufzulösen. Selbst die Liebe vermag sich gegenüber dem Prinzip des Bösen nicht zu behaupten. Jede Fluchtmöglichkeit ist verbaut. Der Satz von dem Kind, das das Geschaffene sofort wieder zerstört, ist die negative Version eines Heraklit-Fragmentes: »Die Lebenszeit ist ein Knabe, der spielt, hin und her die Brettsteine setzt: Knabenregiment!«[12] Aber auch von dem verschlingenden Großen Weiblichen trägt der Ahriman der Hymne wesentliche Züge.

Leopardi versucht *den christlichen Dualismus dadurch zu überwinden*, daß er *an die Stelle des ›Summum Bonum‹*, des ›Höchsten Guten‹ *ein ›Summum Malum‹*, ein ›Höchstes Böses‹ setzt. Damit verwandelt sich die satanistische Polemik in jenen reinen, abgründigen Pessimismus. Daß sich die im letzten Absatz ausgesprochene Bitte des Dichters um den frühen Tod, wenn auch einige Jahre später, erfüllt hat, bezeugt, wie tief Leopardi, dessen Gesundheit schon früh erschüttert war, von dem gezeichnet war, was in der Hymne ausgesprochen wird.

2. Von ganz anderem Geist erfüllt ist die Hymne ›A Satana‹ des für seine Dichtungen mit dem Nobelpreis ausgezeichneten *Giosuè Carducci* (1835–1907)[13]. Carducci spielte in der italienischen Freimaurerei eine wesentliche Rolle, und der folgende Text fand als freimaurerisches Festlied Verwendung:

Giosuè Carducci, A Satana.

›Il popolo, Bologna, 8. Dez. 1869. Opere II, S. 377 ff. (überarbeitete Fassung ebd. XXX, S. 334 ff.).

»A te, de l'essere
Principio immenso,
Materia e spirito,
Ragione e senso;

Mentre ne' calici
Il vin scintilla
Sí come l'anima
Ne la pupilla;

Mentre sorridono
La terra e il sole
E si ricambiano
D'amor parole,

E corre un fremito
D'imene arcano
Da'monti e palpita
Fecondo il piano;

A te disfrenasi
Il verso ardito,
Te invoco, o Satana,
Re del convito.

Via l'aspersorio,
Prete, e il tuo metro[a]!
No, prete, Satana
Non torna in dietro!

Vedi: la ruggine
Rode a Michele
Il brando mistico,
Ed il fedele

Spennato arcangelo
Cade nel vano.
Ghiacciato è il fulmine
A Geova in mano.

»Zu dir, des Seins
Unermeßlicher Anfang,
Materie und Geist,
Vernunft und Sinn;

Während im Kelch
Der Wein funkelt
So wie die Seele
In der Pupille;

Während lächeln
Die Erde und die Sonne
Und austauschen
Worte der Liebe,

Und ein Schauer läuft
des geheimnisvollen Hymen
Von den Bergen und pocht
Fruchtbar die Ebene;

Zu dir entlädt sich
Der kühne Vers,
Dich rufe ich an, o Satan,
König des Mahles.

Fort den Weihwedel,
Priester, und dein Metrum[a]!
Nein, Priester, Satan
Weicht nicht zurück.

Siehe: der Rost
Frißt an Michaels
Mystischem Schwert,
Und der treue

Gerupfte Erzengel
Fällt ins Leere.
Gefroren ist der Blitz
Jehova in der Hand.

Meteore pallide,
Pianeti spenti,
Piovono gli angeli
Da i firmamenti.

Blasse Meteore,
Erloschene Planeten,
Es regnen die Engel
Von den Firmamenten.

Ne la materia
Che mai non dorme,
Re de i fenomeni,
Re de le forme,

In der Materie,
Die nie schläft,
Als König der Erscheinungen,
Als König der Formen

Sol vive Satana.
Ei tien l'impero
Nel lampo tremulo
D'un occhio nero,

Allein lebt Satan.
Er hält die Herrschaft
Im zitternden Blitz
Eines schwarzen Auges,

O ver che languido
Sfugga e resista,
Od acre ed umido
Pròvochi, insista.

Ob es matt
Flieht und widersteht
Oder scharf und feucht
Herausfordert, er ist darin.

Brilla de' grappoli
Nel lieto sangue,
Per cui la rapida
Gioia non langue,

Er glänzt in der Trauben
Fröhlichem Blut,
Weshalb die schnelle
Freude nicht ermattet,

Che la fuggevole
Vita ristora,
Che il dolor proroga,
Che amor ne incora.

Die das flüchtige
Leben stärkt,
Die den Schmerz aufschiebt,
Die uns zur Liebe ermuntert.

Tu spiri, o Satana,
Nel verso mio,
Se dal sen rompemi
Sfidando il dio[b]

Du wehst, o Satan,
In meinem Vers,
Wenn er mir aus der Brust bricht
Herausfordernd den gott[b]

De' rei pontefici
De' re cruenti;
E come fulmine
Scuoti le menti.

Der schuldigen Päpste,
Der blutigen Könige;
Und wie der Blitz
Rüttelst du auf die Geister.

A te, Agramainio,
Adone, Astarte,
E marmi vissero
E tele e carte,

Für dich, Angra-mainyu,
Adonis, Astarte,
Lebten Marmorbildwerke,
Gemälde und Schriften,

Quando le ioniche
Aure serene
Beò la Venere
Anadiomene.

Als die ionischen
Heiteren Lüfte
Venus beglückte,
Anadyomene.

A te del Libano
Fremean le piante,
De l'alma Cipride
Risorto amante:

Für dich des Libanon
Wälder bebten,
Der hehren Kypris
Auferstandener Geliebter:

A te ferveano
Le danze e i cori,
A te i virginei
Candidi amori,

Für dich glühten
Die Tänze und die Chöre,
Für die die jungfräulichen
Reinen Lieben,

Tra le odorifere
Palme d'Idume,
Dove biancheggiano
Le ciprie spume.

Zwischen den duftenden
Palmen Idumenäas,
Wo weiß schimmert
Der zyprische Schaum.

Che val se barbaro
Il nazareno
Furor de l'agapi
Dal rito osceno

Was nützt es, wenn die barbarische
Nazarenische
Raserei der Agapen
Vom obszönen Ritus aus

Con sacra fiaccola
I templi t'arse
E i segni argolici
A terra sparse?

Mit heiliger Fackel
Dir die Tempel anzündete
Und die argolischen Zeichen
Auf dem Boden zertreute?

Te accolse profugo
Tra gli dèi lari
La plebe memore
Ne i casolari.

Dich Flüchtling nahm auf
Zwischen den Laren-Göttern
Das Volk, eingedenk,
In den Hütten.

Quindi un femineo
Sen palpitante
Empiendo, fervido
Nume ed amante,

Von dort aus eine weibliche
Pochende Brust
Füllend, glühende
Gottheit und Geliebter,

La strega pallida
D'eterna cura
Volgi a soccorrere
L'egra natura.

Die Hexe, bleich
Von ewiger Sorge,
Wendest du zu helfen
Der kranken Natur.

Tu a l'occhio immobile
De l'alchimista,
Tu de l'indocile
Mago a la vista,

Du dem unbeweglichen Auge
Des Alchemisten,
Du des unbändigen
Magiers Sehen,

Del chiostro torpido
Oltre i cancelli,
Riveli i fulgidi
Cieli novelli.

Hinter des trüben Klosters
Gittern,
Offenbarst du die glänzenden
Neuen Himmel.

A la Tebaide
Te ne le cose
Fuggendo, il monaco
Triste s'ascose.

O dal tuo tramite
Alma divisa,
Benigno è Satana;
Ecco Eloisa.

In van ti maceri
Ne l'aspro sacco:
Il verso ei mormora
Di Maro[c] e Flacco[d]

Tra la davidica
Nenia ed il pianto;
E, forme delfiche,
A te da canto,

Rosee ne l'orrida
Compagnia nera.
Mena Licoride[e],
Mena Glicera[f].

Ma d'altre imagini
D'età piú bella
Talor si popola
L'insonne cella.

Ei, da le pagine
Di Livio, ardenti
Tribuni, consoli,
Turbe frementi

Sveglia; e fantastico
D'italo orgoglio
Te spinge, o monaco[g],
Su 'l Campidoglio.

E voi, che il rabido
Rogo non strusse,
Voci fatadiche,
Wiclef ed Husse,

A l'aura il vigile
Grido mandate:
S'innova il secolo,
Piena è l'etate.

In der Thebais
Vor dir, dem in den Dingen,
Fliehend, der Mönch,
Der traurige, sich versteckte.

O von deinem [Lebens]gang
Getrennte Seele,
Gütig ist Satan;
Hier ist Heloise.

Vergeblich kasteist du dich
Im rauhen Sack:
Er murmelt den Vers
Von Maro[c] und Flaccus[d]

Zwischen die davidische
Nänie und das Weinen;
Und delphische Formen
Dir an die Seite,

Rosige in der schrecklichen
Schwarzen Gesellschaft,
Führt Lycoris[e],
Führt Glicera[f].

Aber von anderen Bildern
Der schöneren Zeit
Bevölkert sich manchmal
Die schlaflose Zelle.

Aus den Seiten
des Livius feurige
Tribune, Konsuln,
Bebende Massen

Weckt er; und dich Phantasierenden
Von italischem Stolz
Drängt er, o Mönch[g],
Auf das Kapitol.

Und euch, die der wütende
Scheiterhaufen nicht vernichtete,
Prophetische Stimmen,
Wiclif und Hus,

Der Luft den wachen
Schrei überliefert ihr:
Es erneuert sich das Jahrhundert,
Voll ist die Zeit.

E già già tremano
Mitre e corone:
Dal chiostro brontola
La ribellione,

E pugna e prèdica
Sotto la stola
Di fra' Girolamo
Savonarola.

Gittò la tonaca
Martin Lutero:
Gitta i tuoi vincoli,
Uman pensiero,

E splendi e folgora
Di fiamme cinto;
Materia, inalzati;
Satana ha vinto.

Un bello e orribile
Mostro si sferra,
Corre gli oceani
Corre la terra:

Corusco e fumido
Come i vulcani,
I monti supera,
Divora i piani;

Sorvola i baratri;
Poi si nasconde
Per antri incogniti,
Per vie profonde;

Ed esce; e indomito
Di lido in lido
Come di turbine
Manda il suo grido,

Come di turbine
L'alito spande:
Ei passa, o popoli,
Satana il grande.

Passa benefico
Di loco in loco
Su l'infrenabile
Carro del foco.

Und schon, schon zittern
Mitren und Kronen:
Vom Kloster brummt
Die Rebellion,

Und kämpft und predigt
Unter der Stola
Von Bruder Girolamo
Savonarola.

Es warf fort die Kutte
Martin Luther:
Wirf fort deine Fesseln,
Menschlicher Gedanke,

Und glänze und blitze
Von Flammen umgürtet;
Materie, erhebe dich;
Satan hat gesiegt.

Ein schönes und schreckliches
Monstrum wirft die Ketten ab,
Läuft über die Ozeane,
Läuft über die Erde:

Glühend und rauchend
Wie die Vulkane
Überwindet es die Berge,
Verschlingt es die Täler;

Überfliegt es die Abgründe;
Dann verbirgt es sich
In unbekannten Höhlen,
In tiefen Wegen;

Und kommt heraus; und ungezähmt
Von Strand zu Strand
Wie ein Wirbelwind
Stößt es seinen Schrei aus,

Wie ein Wirbelwind
Verbreitet es den Atem:
Er geht vorüber, o Völker,
Satan der Große.

Er fährt wohltätig
Von Ort zu Ort
Auf dem ungezügelten
Feuerwagen.

Salute, o Satana, O ribellione, O forza vindice De la ragione!	Sei gegrüßt, o Satan, O Rebellion, O rächende Macht Der Vernunft!
Sacri a te salgano Gl'incensi e i voti! Hai vinto il Geova De i sacerdoti.«	Heilig sollen zu dir emporsteigen Der Weihrauch und die Gelübde! Du hast besiegt den Jehova Der Priester.«

[a] Gemeint sind die eintönigen Gebete (gegen Satan).
[b] Ausdrücklich kleingeschrieben (im Gegensatz zu ›Satana‹).
[c] Vergil.
[d] Horaz.
[e] Geliebte des Cornelius Gallus, die diesen verließ (siehe Vergils 10. Ekloge).
[f] Von Horaz besungene Frau.
[g] Arnold von Brescia (hingerichtet 1155).

Carduccis Hymne ist von sieghaftem Optimismus erfüllt. Diese Haltung wird in erheblichem Maße von dem *Fortschrittsglauben*, der im Zeitalter der Aufklärung begründet wurde und im neunzehnten Jahrhundert zu besonderer Blüte gelangte, gespeist. Satan wird zum Symbol der ›forza vindice de la ragione – rächenden Macht der Vernunft‹. Damit wird eine gerade für Italien akute Problematik getroffen, und es ist in diesem Zusammenhang auch wesentlich, daß die Hymne wenige Jahre nach dem Erscheinen des sogenannten ›Syllabus‹ Pius' IX., der jede Art von Liberalismus strikt verurteilte, veröffentlicht wurde. Aber das ist nicht alles, denn Satan ist nicht nur ›ragione – Vernunft‹, sondern auch ›senso – Sinn, Gefühl‹, und entsprechend sind die Verse getragen *von dionysischem Pathos.* Schließlich – auch darin wird eine Dominante des neunzehnten Jahrhunderts sichtbar – verkörperte Satan *die Macht der ›materia‹*, die Carducci jedoch immer in Beziehung setzt zum ›spirito – Geist‹. Strophe um Strophe eröffnen sich immer neue Perspektiven; die Hymne umgreift die ganze vorchristliche und christliche Geschichte und spürt überall den Geist Satans ›des Großen‹ auf. Entscheidend ist nun, daß sich nach Carduccis Verkündigung jetzt, in dieser Epoche, alle messianischen Hoffnungen, die an Satan geknüpft sind, erfüllen: ›Piena è l'etate – voll ist die Zeit.‹ Der Satz erinnert an den Ausspruch Jesu im Tempel: »Heute ist dieses Wort ... in Erfüllung gegangen« (Luk. IV, 21). Carducci begrüßt Satan als den endlich erscheinenden Messias. Seine Hymne ist ein Jubellied auf die Epiphanie des Siegers über Gott, den Inbegriff der Knechtschaft und der Unvernunft.

Carducci spürt in der Gestalt des Satans jene Züge auf, die in der Antike unlösbar zum Bilde des Göttlichen gehörten und im Christentum diabolisiert wurden. Er führt also den Satan auf *seine vor-diabolische Substanz* zurück. Mit dieser verschmolzen werden etliche Charakteristika, die in der christlichen Tradition *der Heilige Geist* besitzt (siehe etwa das Bild vom ›turbine – Sturmwind‹). Das hat eine Art Rollentausch zur Folge: der Satan wird zum ›Summum Bonum – Höchsten

Guten‹, während der im klerikalen Sinne verstandene Gott des Guten entkleidet und zum Bösen wird. Die überraschend neue Perspektive, die sich daraus ergibt, erzeugt das Epiphanie-Erlebnis. Carducci *überspringt die eigentliche dualistische Problematik.* Sein Optimismus und seine messianische Verkündigung werden dadurch ermöglicht, daß er jenen Abgrund unberücksichtigt läßt, dem ein Leopardi zum Opfer fiel.

c) Die Messe des Kanonikus Docre in J. K. Huysmans' ›Là-Bas‹

Joris Karl Huysmans (1848–1907. Tafel 28)[14] wandte sich um das Jahr 1885 vom literarischen Naturalismus ab und begann sich intensiv mit Okkultismus und Magie zu beschäftigen, die damals in Mode gekommen waren. In seiner Wohnung veranstaltete er spiritistische Sitzungen, und bald interessierte er sich auch für den Satanismus. Auf der Suche nach Material für seinen Roman ›Là-Bas‹ traf er im Jahre 1889 mit einer Dame zusammen, die ihm Berichte über jenen Priester verschaffte, der das Vorbild für den Kanonikus Docre abgegeben hat. Huysmans trat sodann mit dem in Lyon wohnenden exkommunizierten Abbé Boullan in Verbindung. Dieser glaubte, der Nachfolger des im Jahre 1875 in Lyon verstorbenen Mystikers und Propheten Eugène Vintras, in dessen Gegenwart sich nach den Erzählungen okkultistischer Kreise zahlreiche parapsychologische Phänomene ereignet hatten, zu sein. Boullan (der als der ›Doktor Johannes‹ in ›Là-Bas‹ erscheint) stand im Kampfe mit Stanislas de Guaita, dem Führer der rosenkreuzerischen Okkultisten. Er gab Huysmans, mit dem er in eine ausführliche Korrespondenz trat, die gewünschten Auskünfte. So hieß es in einem seiner Briefe:

»Im Schoße des Klerus ist der Satanismus überhaupt größer, als Sie überhaupt ahnen können. Ich werde Ihnen die Möglichkeit geben, sich davon zu überzeugen. Denn ich betone, daß der heutige Satanismus gelehrter und kultivierter ist als im Mittelalter; er wird in Rom sowie in Frankreich, besonders in Paris, Lyon und Châlons, und in Belgien, in Brügge, ausgeübt.«[15]

Huysmans stellte sich auf die Seite von Boullan in dem – ebenfalls durch parapsychologische Phänomene gekennzeichneten – Kampf gegen die Rosenkreuzer. So nahm er in Lyon an den Riten des Abbé teil, die als ›Ruhmesopfer des Melchisedek‹ bezeichnet wurden. Hier eine Schilderung von Jean Bricaud:

»Auf einen Altar, der aus einem Tisch und einem hölzernen Tabernakel in Gestalt eines Häuschens bestand, das von einem Kreuz überragt war mit der Figur des Tetragramms darin, hatte Boullan den silbernen Kelch, die ungesäuerten Brote und den Wein bringen lassen. Dann zog er seine priesterlichen Gewänder an: ein langes, rotes Gewand, das in der Taille von einer weiß-roten Gürtelschnur zusammengezogen wurde, und einen Mantel, der an der Brust in Form eines umgekehrten Kreuzes ausgeschnitten war; dann hatte er die Seherin, Mme Thibault, eingeschläfert. Mme Laure, von der ich diese Einzelheiten erfuhr, saß neben dem Altar, bereit, ihrerseits in den somnambulen Schlaf versenkt zu werden, sofern es nötig sein sollte, während Huysmans vor dem Altar saß. Dann hatte Boullan barhäuptig und barfuß die Opfergebete gelesen. Im Augenblick der Konsekration hatte er die linke Hand auf den Kopf Huysmans' gelegt; dann, während er seine andere Hand, in der er seine Hostie hielt, gen Himmel streckte, hatte er die Großen Erzengel, die Schwertkämpfer und Unbesiegbaren angefleht, die bösen Geister in Fesseln zu schlagen und die Zauberer niederzuschmettern. ›Schmettert de Guaita nieder! Schmettert de Guaita nieder!‹ rief Boullan. Dann hatte er die Hand Huysmans' auf den Altar gelegt und dreimal das Verwünschungsgebet gesprochen, das die gottlosen Altäre umstoßen und die Satansdiener treffen sollte. Dann hatte das Opfer sein Ende genommen, nachdem das ungesäuerte Brot und der Wein dem Verhexten gereicht worden war.«[16]

Huysmans wohnte aber auch unzweifelhaft mindestens einmal einer der eigentlichen Schwarzen Messen bei, die regelmäßig in der Nähe seiner Wohnung (Rue de Sèvres) abgehalten wurden[17]. Ergänzende Einzelheiten für seine Schilderung der Schwarzen Messe in ›Là-Bas‹ entnahm er Dokumenten aus den Vintras-Archiven und den Prozeßakten der besessenen Seherin Cantianille.

Huysmans war *vom Satanismus tiefgreifend fasziniert.* Nur so ist auch die poetische Formulierung der Gebete beziehungsweise Blasphemien verständlich, die er dem Kanonikus Docre in den Mund legt. Diese Texte bilden die Substanz seiner Darstellung der Schwarzen Messe.

›Là-Bas‹ erschien zu Beginn des Jahres 1891 – als Vorabdruck – im ›Echo de Paris‹. Zwei Jahre später starb Abbé Boullan. Sein unerwarteter Tod wurde auf einen Bildzauber von Guaita zurückgeführt. Huysmans gelangte in den Besitz von Hostien, die Boullan bei seinem Kultus gebraucht hatte. Manche davon hatten geronnenes Blut an sich, andere trugen – neben dem Kreuz – kabbalistische Zeichen:

Von Vintras konsekrierte Hostie, von Abbé Boullan gebraucht

Huysmans nahm Madame Thibault, die von Vintras zur Priesterin der ›Kirche des Elias-Karmel‹ geweiht worden war und als Prophetin und Heilige galt, zu sich. Da er sich nach dem Tode von Boullan nun selbst den Angriffen von Guaita ausgesetzt fühlte, ließ er täglich von Madame Thibault Abwehr-Riten vollziehen. Schließlich starb Guaita (auch sein Tod wurde magisch erklärt), und Huysmans konnte wieder ruhig leben. In dieser Zeit begann er sich mit außerordentlicher Intensität dem katholischen Glauben zuzuwenden. Er erlebte eine Bekehrung, und der 1895 publizierte Roman ›En route‹ wurde zum Dokument seiner endgültigen Rückkehr zur Kirche.

Nun die Schilderung der Schwarzen Messe aus ›Là-Bas‹:

Joris Karl Huysmans, Là-Bas, Erstauflage Paris 1891. Aus Kap. XIX.
23. Aufl. Paris, 1904, S. 368 ff. – Übers. Pfannkuche, S. 333 ff.

»Ils étaient dans une chapelle, au plafond bas, traversé par des poutres peinturlurées au goudron, aux fenêtres cachées sous de grands rideaux, aux murs lézardés et déteints. Durtal recula, dès les premiers pas. Des bouches de calorifère soufflaient des trombes; une abominable odeur d'humidité, de moisi, de poêle neuf, exaspérée par une senteur irritée d'alcalis, de résines et d'herbes brûlées, lui pressurait la gorge, lui serrait les tempes.

Il s'avançait à tâtons, sondait cette chapelle qu'éclairaient à peine, dans leurs suspensions de bronze doré et de verre rose, des veilleuses de sanctuaire ... Durtal remarqua que, parmi ces assistants, il y avait très peu d'hommes et beaucoup de femmes ...

Un enfant de chœur, vêtu de rouge, s'avança vers le fond de la chapelle et alluma une rangée de cierges. Alors l'autel apparut, un autel d'église ordinaire, surmonté d'un tabernacle audessus duquel se dressait un Christ dérisoire, infâme. On lui avait relevé la tête, allongé le col et des plis peints aux joues muaient sa face douloureuse en une gueule tordue par un rire ignoble. Il était nu, et à la place du linge qui ceignait ses flancs, l'immondice en émoi de l'homme surgissait d'un paquet de crin. Devant le tabernacle, un calice couvert du pale était posé; l'enfant de chœur lissait avec ses mains la nappe de l'autel, ginginait des hanches, se haussait su un pied, comme pour s'envoler, jouait les chérubins, sous

»Sie waren in einer Kapelle mit niedriger, von geteerten Balken durchquerter Decke, mit Fenstern, die unter großen Vorhängen versteckt waren, mit rissigen, entfärbten Wänden. Durtal wich nach den ersten Schritten zurück. Aus Öffnungen von Heizkörpern bliesen Wasserwirbel; ein scheußlicher Geruch von Feuchtigkeit, Schimmel, neuen Öfen, verschärft durch ein unruhiges Gedüfte von Aschensalz, Harz und verbrannten Kräutern schnürte ihm die Kehle zu, umklammerte ihm die Schläfen.

Taumelnd ging er weiter und durchforschte diese Kapelle, welche die Nachtlampen eines Heiligtums in ihren Hängeleuchtern aus vergoldeter Bronze und rosigem Glas notdürftig erleuchteten ... Durtal ... bemerkte, daß unter den Anwesenden sehr wenig Männer und viele Frauen waren ...

Ein Chorknabe, rot gekleidet, schritt zum Hintergrund der Kapelle und zündete eine Reihe Wachskerzen an. Da trat der Altar hervor, ein gewöhnlicher Kirchenaltar, überragt von einem Tabernakel, über welchem sich wiederum eine schändliche Spottgeburt von Christus aufreckte. Man hatte ihm das Haupt aufgerichtet und den Hals langgezogen; Falten, die man auf die Wangen gemalt, wandelten sein schmerzensreiches Antlitz in eine Fratze, die ein unedles Lachen verzerrte. Er war nackt, und an der Stelle, wo sonst das Leinentuch seine Hüften umgürtete, schoß aus einem Büschel von Haaren der menschliche Schmutzteil in Erregung auf. Vor dem Tabernakel war aufgestellt ein Kelch mit Deckel;

prétexte d'atteindre les cierges noirs dont l'odeur de bitume et de poix s'ajoutait maintenant aux pestilences étouffées de cette pièce ...

der Chorknabe glättete mit den Händen die Altardecke, wiegte sich in den Hüften, erhob sich auf einem Fuße, wie um aufzufliegen, spielte Cherubim unter dem Vorwande, nach den schwarzen Kerzen zu langen, deren harziger Pestgeruch sich jetzt der erstickten Pestilenz dieses Raumes noch verband ...

Puis, un autre enfant de chœur encore plus hideux s'exhiba. Efflanqué, creusé par les toux, réparé par des carmins et des blancs gras, il boitillait, en chantonnant. Il s'approcha de trépieds qui flanquaient l'autel, remua les braises accouvies dans les cendres et il y jeta des morceaux de résine et des feuilles ...

Alsdann stellte ein anderer Chorknabe sich aus, noch grauenhafter als der erste. Ausgemergelt, ausgehöhlt durch Husten, aufgefrischt durch aufgeschminktes Karmin und Weiß, humpelte er summend heran. Er trat zu Dreifüßen, die dem Altar zu Seiten standen, stocherte in der Glut, die in Asche versank, und warf Harzstücke und Blätter hinein ...

– Nous sommes donc dans une vrai chapelle? demanda-t-il [Durtal].

›Wir sind also in einer wirklichen Kapelle?‹ sagte er [Durtal].

– Oui, cette maison, cette église, ce jardin que nous avons traversé, ce sont les restes d'un ancien couvent d'Ursulines, maintenant détruit...

›Ja, dieses Haus, diese Kirche, dieser Garten, alles was wir durchquert: es sind die Reste eines ehemaligen, heute zerstörten Ursulinenklosters ...‹

... – Mais qu'est-ce qu'ils brûlent pour ça pue comme cela?

... ›Aber was verbrennen sie denn, daß es derartig stinkt?‹

– De la rue, des feuilles de jusquiame et de datura, des solanées sèches et de la myrrhe; ce sont des parfums agréables à Satan, notre maître! ...

›Raute, Blätter von Bilsenkraut und Stechapfel, trockne Solandren und Myrrhe; das sind Gerüche, angenehm dem Satanas, unserem Herrn!‹ ...

Précédé des deux enfants de chœur, coiffé d'un bonnet écarlate sur lequel se dressaient deux cornes de bison en étoffe rouge, le chanoine entra.

Geleitet von zwei Chorknaben, das Haupt bedeckt mit einer Scharlachmütze, auf der zwei Bisonshörner aufragten, trat der Abbé ein.

Durtal l'examina, tandis qu'il marchait à l'autel. Il était grand mais mal bâti, tout en buste; le front dénudé se prolongeait sans courbe en un nez droit; les lèvres, les joues étaient hérissées de ces poils durs et drus qu'ont les anciens prêtres qui se sont longtemps rasés; les traits étaient sinueux et gros, les yeux en pépins de pommes, petits, noirs, serrés près du nez, phosphoraient. Somme toute, sa physiognomie était mauvaise et remuée, mais énergique ...

Durtal musterte ihn, wie er zum Altar schritt. Er war groß, aber von unschönem Bau, mit lastendem Oberkörper; die nackte Stirn setzte sich ohne Biegung in einer geraden Nase fort; Lippen und Wangen starrten von jenem harten, dichten Haargestrüpp, wie es ehemalige Priester haben, die lange Zeit hindurch rasiert gegangen sind; die Züge waren plump und verkrümmt, die Augen – wie Apfelkerne, klein, schwarz, eng an die Nase gedrängt – phosphoreszierten. Alles in allem war seine Physiognomie übel und durchwühlt, aber energisch ...

Il s'inclina solennellement devant l'autel, monta les gradins, et commença sa messe.

Er verneigte sich feierlich vor dem Altar, stieg die Stufen hinan und begann mit der Messe.

Durtal vit alors qu'il était, sous les habits du sacrifice, nu. Ses chairs, refoulées par des jarretières attachées haut, apparaissaient au-dessus de ses bas noirs. Sa chasuble avait la forme ordinaire des chasubles, mais elle était du rouge sombre du sang sec et, au milieu, dans un triangle autour duquel fusait une végétation de colchiques, de sabines, de pommes-vinettes et d'euphorbes, un bouc noir, debout, présentait les cornes.

Da sah Durtal, daß er nackt war unter den Meßgewändern. Sein Fleisch, abgeschnürt durch hochsitzende Strumpfbänder, kam über seinen schwarzen Strümpfen zum Vorschein. Das Meßgewand war von der gewohnten Form, aber es war vom dunklen Rot trockenen Blutes, und in der Mitte zeigte in einem Dreieck, um das eine Vegetation von Zeitlosen, von Weinäpfeln und Euphorben aufwucherte, ein schwarzer Bock aufrecht seine Hörner.

Docre faisait les génuflexions, les inclinations médiocres ou profondes, spécifiées par le rituel; les enfants de chœur, à genoux, débitaient les répons latins, d'une voix cristalline qui chantait sur les fins de mots.

Docre machte die Kniebeugen, die mittleren oder tiefen Verneigungen, wie sie das Ritual im einzelnen vorschreibt; die Chorknaben gaben kniend die lateinischen Antwortgesänge aus – mit einer kristallenen Stimme, die auf den Wortenden singend verweilte.

– Ah çà, mais c'est une simple messe basse, dit Durtal à Mme Chantelouve.

›Ach ja, aber das ist doch eine einfache stille Messe‹, sagte Durtal zu Frau Chantelouve.

Elle fit signe que non. En effet, à ce moment, les enfants de chœur passèrent derrière l'autel, rapportèrent, l'un, des réchauds de cuivre, l'autre, des encensoirs qu'ils distribuèrent aux assistants. Toutes les femmes s'enveloppèrent de fumée; quelques-unes se jetèrent la tête sur les réchauds, humèrent l'odeur à plein nez, puis, défaillantes, se dégrafèrent, en poussant des soupirs rauques.

Sie machte ein verneinendes Zeichen. In der Tat glitten nun die Chorknaben hinter den Altar: der eine brachte kupferne Kohlenpfannen, der andere Räucherbecken zurück, und sie verteilten dies alles unter die Anwesenden. Alle Frauen hüllten sich in Rauch; einige warfen sich mit dem Kopf auf die Kohlenbecken, sogen mit vollen Zügen den Duft ein und nestelten sich dann in einem Schwächeanfall bloß, unter heiserem Stöhnen.

Alors le sacrifice s'interrompit. Le prêtre descendit à reculons les marches, s'agenouilla sur la dernière et, d'une voix trépidante et aiguë, il cria:

Darauf wurde der Dienst unterbrochen. Der Priester stieg, rückwärts schreitend, die Stufen herab, kniete nieder auf der letzten und schrie mit schwankender und scharfer Stimme:

– ›Maître des Esclandres, Dispensateur des bienfaits du crime, Intendant des somptueux péchés et des grands vices, Satan, c'est toi que nous adorons, Dieu logique, Dieu juste!

›Meister aller Tumulte, der du austeilst die Wohltaten des Verbrechens, Verwalter der üppigen Sünden und der großen Laster, Satan, dich beten wir an, du logischer Gott, gerechter Gott du!

Légat suradmirable des fausses transes, tu accueilles la mendicité de nos larmes; tu sauves l'honneur des familles par l'avortement des ventres fécondés dans des oublis de bonnes crises; tu insinues la hâte des fausses-couches aux mères et ton obstétrique épargne les angoisses de la maturité, la douleur des chutes, aux enfants qui meurent avant de naître!

Ungemein bewunderungswürdiger Legat der falschen Ängste, du nimmst auf die Bettelei unserer Tränen; du rettest die Ehre von Familien durch Abtreibung in Bäuchen, die im Vergessen schöner Erschütterungen fruchtbar werden; du gibst den Müttern die Hast der Frühgeburten ein, und deine Geburtshilfe erspart den Kindern, die vor der Geburt sterben, die Ängste des Reifens, den Schmerz der Abstürze!

Soutien du Pauvre exaspéré, Cordial des vaincus, c'est toi qui les doues de l'hypocrisie, de l'ingratitude, de l'orgueil, afin qu'ils se puissent défendre contre les attaques des enfants de Dieu, des Riches!

Stütze des[a] Armen in Erbitterung, Herzensfreund der Besiegten, du bist es, der sie mit Heuchelei begabt, mit Undankbarkeit und Hochmut, auf daß sie sich verteidigen können gegen die Angriffe der Gotteskinder, der Reichen!

Suverain des mépris, Comptable des humiliations, Tenancier des vieilles haines, toi seul fertilises le cerveau de l'homme que l'injustice écrase; tu lui souffles les idées des vengeances préparées, des méfaits sûrs; tu l'incites aux meurtres, tu lui donnes l'exubérante joie des représailles acquises, la bonne ivresse des supplices accomplis, des pleurs, dont il est cause!

Alleinherrscher der Verachtung, Buchhalter der Demütigungen, Zinsherr der alten Haßgefühle, du allein machst fruchtbar das Hirn des Menschen, das die Ungerechtigkeit zermalmt; du hauchst ihm ein die Ideen der vorbedachten Racheakte, der unfehlbaren Missetaten; du stachelst es auf zum Mord, du schenkst ihm die überquellende Freude an den Gegenmaßregeln, über die es verfügt, an der guten Trunkenheit der vollstreckten Strafen, der Tränen, die es verursacht hat!

Espoir des virilités, Angoisse des matrices vides, Satan, tu ne demandes point les inutiles épreuves des reins chastes, tu ne vantes pas la démence des carêmes et des siestes; toi seul reçois les suppliques charnelles et les apostilles auprès des familles pauvres et cupides. Tu détermines la mère à vendre sa fille, à céder son fils, tu aides aux amours stériles et réprouvées, Tuteur des stridentes Névroses, Tour de Plomb des Hystéries, Vase ensanglanté des Viols!

Hoffnung der Manneskräfte, Angst der gähnenden Gebärmutter, Satan[a], du verlangst nicht die nutzlosen Prüfungen der keuschen Lenden, du rühmst nicht den Wahnwitz der Fasten und der Ruhetage; du allein nimmst auf das Flehen des Fleisches und seine kleinen Wünsche im Bereiche der armen Familien mit all ihrer Begierde. Du bestimmst die Mutter, daß sie ihre Tochter verkaufe, ihren Sohn abtrete, du stehst bei den unfruchtbaren, verworfenen Liebesbünden, Schutzherr der zerrenden Nervenleiden, bleierner Turm der Hysterien, blutiges Gefäß der Notzucht!

Maître, tes fidèles servants, à genoux, t'implorent. Ils te supplient de leur assurer l'allégresse de ces délectables forfaits que la justice ignore; ils te supplient d'aider aux maléfices dont les traces inconnues déroutent la raison de l'homme; ils te supplient de les exaucer, alors qu'ils souhaitent la torture de tous ceux qui les aiment et qui les servent; ils te demandent enfin, gloire, richesse, puissance, à toi, le Roi des déshérités, le Fils que chassa l'inexorable Père!‹

Meister, deine getreuen Diener flehen auf ihren Knien dich an. Betteln zu dir, daß du die Heiterkeit jener ergötzlichen Frevel ihnen schenkest, von denen die Justiz nichts weiß; bitten dich, bei den Missetaten zu helfen, deren unbekannte Spuren die menschliche Vernunft aus ihrer Bahn werfen; flehen dich an, daß du sie erhörest, wenn sie wünschen die Folterung all derer, die sie lieben und die ihnen dienen; sie erbitten endlich von dir für dich, König der Enterbten, für dich, Sohn, den der unerbittliche Vater verjagte, Ruhm, Reichtum und Macht!‹

Puis, Docre se releva et, debout, d'une voix claire, haineuse, les bras étendus, vociféra:

Alsdann reckte Docre sich auf und lärmte aufrecht mit klarer haßvoller Stimme und ausgebreiteten Armen:

– ›Et toi, toi, qu'en ma qualité de prêtre, je force, que tu le veuilles ou non, à descendre dans cette hostie, à t'incarner dans ce pain, Jé-

›Und du, du, den in meiner priesterlichen Eigenschaft ich zwinge, magst du wollen oder nicht, herabzusteigen in diese Hostie, Fleisch zu

sus, Artisan de supercheries, Larron d'hommages, Voleur d'affection, écoute! Depuis le jour où tu sortis des entrailles ambassadrices d'une Vierge, tu as failli à tes engagements, menti à tes promesses; des siècles ont sangloté, en t'attendant, Dieu fuyard, Dieu muet! Tu devais rédimer les hommes et tu n'as rien racheté; tu devais apparaître dans ta gloire et tu t'endors! Va, mens, dis au misérable qui t'appelle: 'Espère, patiente, souffre, l'hôpital des âmes te recevra, les anges t'assisteront, le Ciel s'ouvre.' – Imposteur! tu sais bien que les anges dégoûtés de ton inertie s'éloignent! – Tu devais être le Truchement de nos plaintes, le Chambellan de nos pleurs, tu devais les introduire près du Père et tu ne l'as point fait, parce que sans doute cette intercession dérangeait ton sommeil d'Eternité béate et repue!

werden in diesem Brote, Jesus, kunstreicher Webemeister des Betrugs, Räuber von Huldigungen, Dieb der Neigung, höre du! Seit dem Tage, an dem du entstiegest den Eingeweiden der Jungfrau: einer Gesandtschaft, hast du den Verpflichtungen, die du auf dich nahmst, dich entzogen, hast du deine Verheißungen Lügen gestraft; Jahrhunderte harrten dein in schluchzender Erwartung, du flüchtiger Gott, stummer Gott du! Du solltest die Menschen erlösen und hast nichts gut gemacht; du solltest erscheinen in deiner Glorie – und bist entschlummert! Geh, lüge weiter, sage dem Unglückseligen, der nach dir schreit: 'Hoffe, gedulde dich, leide, das Hospital der Seelen wird dich aufnehmen, die Engel werden dir beistehen, der Himmel öffnet sich.' – Betrüger! Du weißt wohl, daß die Engel, angewidert von deiner Trägheit, dir entweichen! – Du solltest sein der Dolmetsch unserer Klagen, der Kammerherr unserer Tränen. Du solltest sie bringen vor den Vater, und du hast es nicht getan: denn ohne Frage war dieses Einschreiten deinem Schlummer eine Störung in seiner selig-satten Ewigkeit!

Tu as oublié cette Pauvreté que tu prêchais, Vassal énamouré des Banques! Tu as vu sous le pressoir de l'agio broyer les faibles, tu as entendu les râles des tin des perclus par les famines, des femmes éventrées pour un peu de pain et tu as fait répondre par la Chancellerie de tes Simoniaques, par tes représentants de commerce, par tes Papes, des excuses dilatoires, des promesses évasives, Basochien de sacristie, Dieu d'affaires!

Du hast vergessen jener Armut, die du predigtest, du in Liebe der Banken Vasall! Du hast gesehen, wie man unter der Presse des Agio die Schwachen zermalmte, hast gehört das Röcheln der Verschüchterten, die Hungersnot lähmte, der Frauen, denen der Bauch aufgähnte um ein wenig Brot – und hast, durch die Kanzlei deiner Simonisten, durch deine Handelsvertreter, deine Päpste, als Antwort gesandt hinzögernde Entschuldigungen, ausweichende Verheißungen, du Säckelmeister der Sakristei, du Gott der Geschäfte!

Monstre, dont l'inconcevable férocité engendra la vie et l'infligea à des innocents que tu oses condamner, au nom d'on ne sait quel péché originel, que tu oses punir, en vertu d'on ne sait quelles clauses, nous voudrions pourtant bien te faire avouer enfin tes impudents mensonges, tes inexpiables crimes! Nous voudrions taper sur tes clous, appuyer sur tes épines, ramener le sang douloureux au bord de tes plaies sèches!

Ungeheuer, dessen unfaßbare Roheit das Leben zeugte, um es Unschuldigen anzuhängen, die du zu verdammen wagst im Namen einer geheimnisvollen Erbsünde, die du zu bestrafen wagst" auf Grund unbestimmbarer Klauseln – wir wollen trotz allem endlich dich zum Geständnis deiner unverschämten Lügen bringen, deiner unsühnbaren Verbrechen! Wir möchten dir die Kreuznägel tiefer noch eintreiben, den Dornenkranz heftiger stacheln, den schmerzlichen Blutstrom an die Ufer deiner trockenen Wunden treiben!

Et cela, nous le pouvons et nous allons le faire,

Und dieses: wir können und werden es tun,

en violant la quiétude de ton Corps, Profanateur des amples vices, Abstracteur des puretés stupides, Nazaréen maudit, Roi fainéant, Dieu lâche!‹

–Amen, crièrent les voix cristallines des enfants de chœur.

Durtal écoutait ce torrent de blasphèmes et d'insultes; l'immondice de ce prêtre le stupéfiait; un silence succéda à ces hurlements; la chapelle fumait dans la brume des encensoirs. Les femmes jusqu'alors taciturnes s'agitèrent, alors que, remonté à l'autel, le chanoine se tourna vers elles et les bénit, de la main gauche, d'un grand geste.

Et soudain les enfants de chœur agitèrent des sonnettes.

Cet fut comme un signal; des femmes tombées sur le tapis se roulèrent. L'une sembla mue par un ressort, se jeta sur le ventre et rama l'air avec ses pieds; une autre, subitement atteinte d'un strabisme hideux, gloussa, puis, devenue aphone, resta, la mâchoire ouverte, la langue retroussée, la pointe dans le palais, en haut; une autre, bouffie, livide, les pupilles dilatées, se renversa la tête sur les épaules, puis la redressa d'un jet brusque et, se laboura en râlant la gorge avec ses ongles; une autre encore, étendue sur les reins, défit ses jupes, sortit une panse nue, météorisée, énorme, puis se tordit en d'affreuses grimaces, tira, sans pouvoir la rentrer, une langue blanche déchirée sur les bords, d'une bouche en sang, hersée de dents rouges.

Du coup, Durtal se leva pour mieux voir, et distinctement, il entendit et il aperçut le chanoine Docre.

Il contemplait le Christ qui surmontait le tabernacle, et, les bras écartés, il vomissait d'effrayants outrages, gueulait, à bout de force, des injures de cocher ivre. Un des enfants de chœur s'agenouilla devant lui, en tournant le dos à

werden der Ruhe deines Leibes Gewalt antun, du Entweiher der üppigen Laster, du Nebelbrauer der stumpfsinnigen Reinheit, verfluchter Nazarener, Faulpelz von König, Feigling von Gott!‹

›Amen!‹ riefen die kristallenen Stimmen der Chorknaben.

Durtal hörte dieser Sturzflut von Lästerungen und Beleidigungen zu; die Verschmutztheit dieses Priesters machte ihn starr; ein Schweigen folgte auf das Geheul; die Kapelle qualmte im Nebel der Räucherbecken. Die Frauen, bisher in stummer Ruhe, erregten sich heftig, als der Kanonikus von neuem den Altar erstieg, sich zu ihnen wandte und sie mit einer großen Geste seiner linken Hand segnete.

Und plötzlich schwangen die Chorknaben Glöckchen.

Es war wie ein Signal; Frauen sanken auf den Teppich und wälzten sich. Eine schien unter der Wirkung eines Federwerkes zu schnellen, warf sich auf den Bauch und durchruderte mit den Füßen die Luft; eine andere, plötzlich geschlagen mit gräßlichem Schielen, gluckste, verlor die Stimme und lag da mit klaffendem Kiefer, die Zunge zurückgeschlagen, die Zungenspitze hoch am Gaumen; eine andere, aufgeschwemmt, bleifarben, die Pupillen geweitet, warf das Haupt nieder auf die Schultern, reckte es jähen Wurfes hoch und bearbeitete sich stöhnend die Kehle mit ihren Fingernägeln; und noch eine andere lag auf dem Rücken ausgestreckt, knöpfte sich die Röcke ab und brachte zum Vorschein einen nackten Wanst, verwittert, enorm, wand sich unter scheußlichen Grimassen und bleckte aus einem blutverschwemmten, von roten Zähnen umstachelten Munde eine weiße Zunge, gefetzt an den Rändern – die sie nicht wieder einzuziehen vermochte.

Mit einem Ruck erhob sich Durtal, um besser sehen zu können, und deutlich hörte und sah er den Kanonikus Docre.

Der starrte auf den Christus, der das Tabernakel überragte, und spie mit ausgestreckten Armen fürchterliche Schmähungen hinauf, schnauzte mit aller Kraft Schimpfworte hinaus wie ein besoffener Kutscher. Einer der Chorknaben

l'autel. Un frisson parcourut l'échine du prêtre. D'un ton solennel, mais d'une voix clignotante il dit: ›Hoc est enim corpus meum‹, puis, au lieu de s'agenouiller, après la consécration, devant le précieux Corps, il fit face aus assistants et il apparut, tuméfié, hagard, ruisselant de sueur.

Il titubait entre les deux enfants de chœur qui, relevant la chasuble, montrèrent son ventre nu, le tinrent, tandis que l'hostie, qu'il ramenait devant lui, sautait, atteinte et souillée, sur les marches.

Alors Durtal se sentit frémir, car un vent de folie secoua la salle. L'aura de la grande hystérie suivit le sacrilège et courba les femmes; pendant que les enfants de chœur encensaient la nudité du pontife, des femmes se ruèrent sur le Pain Eucharistique et, à plat ventre, au pied de l'autel, le griffèrent, arrachèrent des parcelles humides, burent et mangèrent cette divine ordure.

Une autre, accroupie sur un crucifix, éclata d'un rire déchirant puis cria: mon prêtre, mon prêtre! une vieille s'arracha les cheveux, bondit, pivota sur elle-même, se ploya, ne tint plus que sur un pied, s'abattit près d'une jeune fille qui, blottie le long d'un mur, craquait dans des convulsions, bavait de l'eau gazeuse, crachait, en pleurant, d'affreux blasphèmes. Et Durtal, épouvanté, vit, dans la fumée, ainsi qu'au travers d'un brouillard, les cornes rouges de Docre qui, maintenant assis, écumait de rage, mâchait des pains azymes, les recrachait, se torchait avec, en distribuait aux femmes; et elles les enfouissaient en bramant, ou se culbutaient, les unes sur les autres, pour les violer.

C'était un cabanon exaspéré d'hospice, une monstrueuse étuve de prostituées et de folles. Alors, tandis que les enfants de chœur s'alliaient aux hommes, que la maîtresse de la maison, montait, retroussée, sur l'autel, empoignait, d'une main, la hampe du Christ et ramenait de l'autre le calice sous ses jambes nues, au fond de la chapelle, dans l'ombre, une enfant, qui

kniete nieder vor ihm, mit dem Rücken zum Altar. Ein Schauder lief dem Priester durchs Rückgrat. Feierlichen Tones, aber mit Schwanken in der Stimme sprach er: ›Hoc est enim corpus meum‹, und dann bot er, statt nach der Konsekration vor dem kostbaren Leib[a] niederzuknien, den Anwesenden die Stirn, in einer geschwollenen, verhetzten, schweißtriefenden Erscheinung.

Er stand schwankend zwischen den beiden Chorknaben, die ihm das Meßgewand hochhoben, seinen nackten Bauch zeigten und faßten, während die Hostie, die er vor sich hertrug, verletzt und beschmutzt auf die Stufen sprang.

Da fühlte Durtal ein Erbeben, denn ein Sturmwind von Wahnwitz durchschüttelte den Saal. Die Aura der großen Hysterie folgte auf die Schändung und beugte die Frauen nieder; während die Chorknaben die Nacktheit des Priesters beräucherten, stürzten sich Frauen auf das eucharistische Brot und erkrallten es, platt auf dem Bauche, am Fuße des Altars, zerrissen es in feuchte Stücke, schlürften und aßen[a] diesen göttlichen Kot.

Eine andere, gegen ein Kruzifix gehockt, brach in ein fetzendes Lachen aus und schrie: ›mein Priester, mein Priester!‹, eine Alte riß sich die Haare aus, schnellte auf, drehte sich um sich selbst, krümmte sich, stand nur noch auf einem Fuße, warf sich nieder vor einem jungen Mädchen, das an die Wand geduckt in Krämpfen knirschte, Wasserblasen geiferte und weinend scheußliche Lästerungen spie. Und Durtal, voller Entsetzen, sah mitten im Rauch wie durch einen Nebel hindurch die roten Hörner des Docre, der, sitzend jetzt, vor Raserei schäumte, ungesäuerte Brote aß und wieder ausspie, sich den Arsch damit wischte, um sie dann unter die Frauen zu verteilen; sie aber wühlten das Erhaschte mit Brunstschreien in sich ein oder stürzten übereinander, um es zu schänden.

Es war eine Irrenzelle voller Erbitterung, eine ungeheuerliche Schwitzstube voll Prostituierter und Wahnsinniger. Während dann die Chorknaben sich mit den Männern verbanden und die Herrin des Hauses hoch geschürzt auf den Altar stieg, um mit einer Hand die Wamme Christi zu umgreifen und mit der anderen den Kelch zwischen die nackten Beine zu halten,

n'avait pas encore bougé, se courba tout à coup en avant et hurla à la mort, comme une chienne!

krümmte sich plötzlich im Hintergrunde der Kapelle im Schatten ein Mädchen vor – es hatte sich bis dahin nicht gemuckt – und heulte tödlich wie ein Hund!

Excédé de dégoût, à moitié asphyxié, Durtal voulut fuir. Il chercha Hyacinthe mais elle n'était plus là. Il finit par l'apercevoir auprès du chanoine; il enjamba des corps enlacés sur les tapis et s'approcha d'elle. Les narines frémissantes, elle humait les exhalaisons des parfums et des couples.

Im Überschwang des Ekels, in halber Gasvergiftung, war Durtal drauf und dran, zu entfliehen. Er suchte Hyacinthe, aber sie war nicht mehr da. Endlich gewahrte er sie bei dem Kanonikus; er schritt über Leiber hinweg, die in den Teppich verkrampft lagen, und trat auf sie zu. Mit bebenden Nüstern sog sie die Dünstungen der Düfte und der Paare ein.

– L'odeur du sabbat! lui dit-elle, à mi-voix, les dents serrées.

›Ruch vom Hexensabbat!‹ sprach sie mit gedämpfter Stimme zu ihm, die Zähne gepreßt.

– Ah çà, venez-vous à la fin?

›Ach sieh, kommen Sie zum Ende?‹

Elle sembla s'éveiller, eut un moment d'hésitation, puis sans rien répondre, elle le suivit.

Sie schien zu erwachen, zauderte einen Augenblick und folgte ihm dann ohne Antwort.

Il joua des coudes, se dégagea des femmes qui maintenant sortaient des dents prêtes à mordre; il poussa Mme Chantelouve vers la porte, franchit la cour, le vestibule, et la loge du concierge étant vide, il tira le cordon et se trouva dans la rue.«

Er spielte mit den Ellbogen, schüttelte die Frauen von sich, die nunmehr bißbereite Zähne bleckten; er stieß Frau Chantelouve zur Tür, ging über den Hof, durch die Vorhalle, und da die Pförtnerloge leer war, zog er am Strang und stand auf der Straße.«

Frau Chantelouve und Durtal gehen in eine nahe gelegene Weinstube. Der Wirt führt sie in ein Zimmer seines Hauses.

»– Je te désire, fit-elle, et elle le prit en traître, l'obligea à la vouloir.

»›Mich verlangt nach dir‹, stieß sie hervor, und sie verriet ihn [an seine eigene Lust][b], zwang ihn, sie zu wollen.

Et elle se déshabilla, jeta par terre sa robe, ses jupes, ouvrit toute grande l'abominable couche, et, relevant sa chemise dans le dos, elle se frotta l'échine sur le grain dur des draps, les yeux pâmés et riant d'aise!

Und[a] sie entkleidete sich, warf ihr Kleid, ihre Röcke zu Boden, deckte die abscheuliche Lagerstatt weit auf, streifte sich das Hemd im Rücken hoch und rieb sich das Rückgrat auf dem harten Gewebe der körnigen Tücher, die Augen gebrochen, lachend im Wohlsein!

Elle le saisit et elle lui révéla des mœurs de captif, des turpitudes dont il ne la soupçonnait même pas; elle les pimenta de furies de goule et, subitement, quand il put s'échapper, il frémit, car il aperçut dans la couche des fragments d'hostie.«

Sie faßte ihn und enthüllte vor ihm Häftlingssitten, Schändlichkeiten, die er bei ihr auch nicht im geringsten geargwöhnt; sie pfefferte sie mit geiler Wut – und plötzlich – als er entschlüpfen konnte – erbebte er: denn er gewahrte auf dem Lager Brocken einer Hostie.«

[a] Korrekturen d. Übersetzung.
[b] Hinzufügung d. Klammer von mir.

Die Messe des Kanonikus Docre (Tafel 29) findet in der Kapelle eines ehemaligen Ursulinenklosters statt, wohl deshalb, weil Niederlassungen dieses Ordens in der Geschichte des Satanskultes (speziell der Besessenheit) eine besondere Bedeutung erlangt haben (siehe oben Seite 106).

In krasser Antithese zu der kirchlichen Darstellung des Gekreuzigten, hat man über dem Altar eine Spottgestalt errichtet. In den Evangelien wird niemals berichtet, daß Jesus gelacht habe, hier ist sein Gesicht durch ein ›rire ignoble – unedles Lachen‹ gekennzeichnet (siehe dazu auch Tafel 38). Während der Christus der kirchlichen Tradition entsexualisiert ist, erscheint er hier *ithyphallisch* (mit erigiertem Glied). Der belgische Graphiker und Maler Félicien Rops (1833–1898), den Mario Praz den – neben Gustave Moreau – ›repräsentativsten Künstler der Dekadenz‹ nennt[18], hat den Gekreuzigten ebenfalls in dieser Weise dargestellt (Tafel 30). In der Antike spielt der Ithyphallus *als Fruchtbarkeits- und Ekstase-Symbol* sowohl im Umkreis des Gottes Pan und seines Vaters beziehungsweise Sohnes Priapos[19] wie in der Welt des Dionysos (siehe Tafel 3), so auch im dionysischen Kultspiel[20], eine wesentliche Rolle. Da der durch die ithyphalliche Symbolik gemeinte Bereich im Christentum weitgehend diabolisiert worden ist, gleitet das Ithyphallische *ins Lüstern-Obszöne* ab. Was es mit dem ithyphallischen Christus auf sich hat, beleuchtet eine Stelle aus einem Essay von Huysmans über das erotische Werk von Rops: »Im Grunde ... ist niemand so obszön wie keusche Menschen. In der Tat weiß jedermann, daß Enthaltsamkeit höchst ausschweifende Gedanken hervorbringt.«[21] Wenn nicht Satan, sondern Christus grob sexuell charakterisiert wird, so liegt nicht nur eine – ins Satanistische verzerrte – Wiedererweckung vorchristlicher Elemente vor, sondern zugleich der Versuch einer *Demaskierung* der – in der Figur Christi zum konzentrierten Ausdruck gelangenden – christlichen Einstellung, das heißt die ›ausschweifenden Gedanken‹ der reinen und keuschen Christen werden im Urbild der Reinheit selbst zur Anschauung gebracht.

Den zentralen Platz in der von Huysmans geschilderten Schwarzen Messe nehmen die beiden poetisch gefaßten Anrufungen an: das Gebet an den Satan und die Schmährede auf Christus. Wenn wir auch keine Literaturgeschichte betreiben, so sei doch auf den Umstand aufmerksam gemacht, daß der aus Flandern stammende Dichter (der seine Vornamen nicht französierte) der französischen Sprache immer wieder, so auch hier, den Rhythmus der germanischen Sprachen zu geben versucht hat[22]. Die Orationen haben die Form von erweiterten Litaneien und bilden eine Entsprechung zur Präfation und teilweise auch zum Kanon der römischen Messe.

Das Gebet an den Satan deckt sich inhaltlich weitgehend mit den ›Litanies de Satan‹ von Baudelaire, nur daß hier eine andere Grundstimmung herrscht und alles viel impulsiver und extremer ausgedrückt ist. Auch bei Huysmans tritt *die sozialkritische Note* hervor: der Satan ist der König der Armen und Schwachen, der zum Verbrechen Getriebenen, der sozial und sittlich Geächteten. Er wird ›Dieu logique, Dieu juste – logischer Gott, gerechter Gott‹ genannt, weil er als Fanal der ethischen und sozialen Gleichheit der Menschen erscheint. Die an den

Gekreuzigten gerichteten *Schmähungen* haben eine gewisse Ähnlichkeit mit jenen Vorwürfen, die der Großinquisitor in Dostojewskis ›Brüdern Karamasow‹ Christus macht: »... sind Dir nur die Zehntausende der Großen und Starken teuer, die übrigen Millionen aber, die, zahllos wie der Sand am Meer, wohl schwach sind ..., sollen die dann nur als Material für die Großen und Starken dienen? ... Und überdies: wie viele von diesen Auserwählten, von den Starken, die Auserwählte hätten werden können, wurden schließlich müde des Wartens auf Dich ...«[23] Wenn der Großinquisitor auch mit den Auserwählten und Starken nicht die materiell und sozial Herrschenden meint, und wenn der Kern seiner Vorwürfe auch nicht – wie in dem vorliegenden Text – die Identifizierung Gottes mit den Reichen ist, sondern die Auferlegung einer unzumutbaren Freiheit, so besteht doch in einem bestimmten Punkt eine Übereinstimmung zwischen dem vom Großinquisitor und dem vom Kanonikus Docre Vorgebrachten: Gott ist *ein Gott der ›Aristokratie‹*, er läßt die Bedürfnisse der breiten Masse unbeachtet und stellt unerfüllbare Forderungen an den normalen Menschen. Die Docre in den Mund gelegten Blasphemien enthalten *eine äußerste Reaktion* auf die kontinuierliche Überforderung durch ein *spirituelles*, für die Menge unerreichbares *Vollkommenheitsideal*, das sich zudem dadurch unglaubwürdig macht, daß es – wie es gerade auch in bezug auf das bürgerliche Christentum des neunzehnten Jahrhunderts gilt – in den Dienst *der Aufrechterhaltung sozialer Schranken* gestellt wird. Der Wunsch, die Nägel und die Dornenkrone noch tiefer einzutreiben, erinnert an die ›Histoire veritable‹ von 1623, ebenso die Schändung der konsekrierten Hostien (siehe oben Seite 95).

Drastisch werden *die hysterischen Anfälle* der Teilnehmerinnen beschrieben. Im neunzehnten Jahrhundert, einer Zeit besonders starker kollektiver Sexualverdrängung, waren derartige Anfälle, die man als ›grande hystérie‹ bezeichnet[24], sehr charakteristisch.

Zur Ergänzung seien noch einige Einzelheiten, die Huysmans aufgrund seiner Beschäftigung mit dem Satanismus in ›Là-Bas‹ mitteilt, wiedergegeben:

»Im Jahre 1855 bestand in Paris eine Vereinigung, die sich zur größeren Hälfte aus Frauen zusammensetzte; diese Frauen kommunizierten mehrere Male am Tage, behielten die himmlischen Spezereien im Munde und spien sie wieder aus, um sie alsdann zu zerreißen oder durch widerliche Berührungen zu besudeln ... Ich bemerke noch, daß im Jahre 1874 ebenfalls Frauen in Paris angestellt wurden, um dieses hassenswerte Gewerbe zu treiben: sie wurden fürs Stück bezahlt, was erklären mag, warum sie sich Tag für Tag in verschiedenen Kirchen an der heiligen Tafel einfanden ... Dies ist eine Revue aus dem Jahre 1843 ›La Voix de la Septaine‹. Sie meldet uns, daß fünfundzwanzig Jahre lang in Agen eine satanistische Vereinigung ununterbrochen Schwarze Messen zelebrierte und dreitausenddreihundertundzwanzig Hostien mordete und besudelte!«[25]

Der im Zeichen des gegen den Positivismus protestierenden Mystizismus und im Milieu der sich mit romantischem Geistesgut vermischenden ›Décadence‹ geübte Satanskult des neunzehnten Jahrhunderts brachte gegenüber früheren Zeiten keine neuen rituellen Praktiken hervor; seine *Originalität* liegt ausschließlich in dem, was wir die *›Poetisierung‹* des satanistischen Kultes nannten.

5. Epigonale Erscheinungen und surrealistische ›Verfremdung‹ des Satanskultes im zwanzigsten Jahrhundert

Brachte schon das neunzehnte Jahrhundert keine neuen rituellen Elemente des Satanskultes hervor, so hat die eigentliche Schwarze Messe des zwanzigsten Jahrhunderts vollends *epigonalen Charakter.* Gleichzeitig aber erschließt man *durch* eine Art *ironisierende Distanz neue Möglichkeiten*, die vor allem durch den Surrealismus beeinflußt werden.

a) Persiflagen auf den christlichen Kult im frühen Bolschewismus als Grenzphänomen

René Fülöp-Miller hat in seinem Werk ›Geist und Gesicht des Bolschewismus‹ gezeigt, daß die Grundlagen des Bolschewismus eng verknüpft sind mit den Erlösungsvorstellungen einer Reihe von russischen *Sekten*, denen der Glaube an eine sich im Diesseits vollziehende Verwirklichung des Reiches Gottes, also an ein irdisches Paradies, das Ideal der Besitzlosigkeit und der Kampf gegen die herrschende Kirche und Gesellschaft gemeinsam waren.[1] Der Autor teilt diese Sekten in zwei Gruppen ein: die rationalistisch-ethisch und die mystisch-orgiastisch ausgerichtete Gruppe. Zu letzterer gehören vor allem die *›Chlysti‹* (›Peitscher‹) und die aus ihnen hervorgegangenen *›Skopzen‹* (›Verschnittenen‹). Die Riten beider Sekten, die bezüglich der Sexualität einen entgegengesetzten Standpunkt einnehmen, sind insofern für uns interessant, als sich bei ihnen ausgesprochene *Grenzphänomene zum Satanskult* finden. Fülöp-Miller beschreibt eine typische Kultfeier der in Mittelrußland, besonders in der Gegend von Moskau, beheimateten Chlysti:

»In einem eigens hierfür gewählten Gebäude, eventuell auch in einer Scheune, wird bei den Zusammenkünften in der Mitte des Versammlungsraumes eine Tonne mit Wasser aufgestellt, die als ein Symbol des Flusses Jordan angesehen wird. Alle Anwesenden, Männer und Frauen, entkleiden sich bis auf die Haut, ergreifen bereit gehaltene grüne Zweige und beginnen nun, zuerst das Wasser in der Tonne, später aber sich selbst gegenseitig zu peitschen, bis sie völlig in Ekstase geraten ... Nachdem sie sich durch die fortgesetzten Flagellationen in eine immer stärkere Erregung versetzt haben, geben sie sich zügellos den wildesten Orgien hin, wobei völlige Promiskuität herrscht, bis auf ein Paar, das zur ›Erzeugung des Gotteskindes‹ ausersehen ist. Diese beiden ... dürfen sich erst umarmen, wenn die allgemeine Ekstase ihren höchsten Punkt erreicht hat. Während der ganzen Dauer der Festlichkeit, in welcher es schließlich zu einer Erscheinung des ›Heiligen Geistes‹ kommen soll, werden bis zur Entzückung sich steigernde Tänze vollführt.«[2]

Rasputin, der orgiastische Feste veranstaltende ›tanzende Staretz‹ ist durch die Chlysti entscheidend beeinflußt worden.[3] Auch für die Skopzen, die das ›Königliche Siegel‹ (Selbstverstümmelung: Kastration bei den Männern, Ablösen der Brüste bei den Frauen. Interpretation von Matth. XIX, 12, Luk. XXXIII, 29 und Apokal. VII, 2 ff.) als heilsnotwendig ansahen, gab es wilde Tänze nach Art der Derwische. Die Parallelen zu Phänomenen, die in unserer Darstellung besprochen worden sind, liegen auf der Hand.

Auch *im frühen Bolschewismus* gab es so etwas wie einen *erotisch-orgiastischen*

Kult: es waren die ›afrikanische Nächte‹ genannten wilden Feiern der atheistischen Jugendvereinigung ›Komsomol‹.[4] Ebenso ging man jedoch daran, *Riten der orthodoxen Kirche zu persiflieren*. Material dazu bringt Fülöp-Miller:

»Man veranstaltete Feste, welche den bisher üblichen kirchlichen Veranstaltungen parallel gingen, versah diese aber gleichsam mit einem ›verkehrten Vorzeichen‹. In dieser Art hielt man in den Städten zu Weihnachten, Ostern oder Pfingsten vor den Kirchen antireligiöse Weihnachts-, Oster- oder Pfingstfeste ab. Bei einem derartigen Anlaß erschien etwa der ›Geistliche‹ in einem Ornat, der eine Karikatur auf das wirkliche Priesterkleid darstellen und darum auf die gottlose Gemeinde belustigend wirken sollte. Man verrichtete ein ›rotes Gebet‹ und hielt eine ›rote Messe‹ ab, welche beide Verhöhnungen der orthodox-kirchlichen Gebräuche bedeuteten. Zum Schluß sang der Chor altbekannte geistliche Gesänge, deren geänderter Text jedoch Christus, die Gottesmutter und die Heiligen in unflätiger Weise verspottete. Bisweilen wurde auch die Melodie selbst durch die unerwartete Einfügung von einigen Takten aus einem Revolutionslied oder gar aus einem obszönen Gassenhauer in den Schmutz gezogen. Als Heiligenbilder verwendete man bei solchen Veranstaltungen entweder Karikaturen der göttlichen Personen oder aber die Portraits kommunistischer Führer. Ähnliche Bilder und bemalte Fahnen wurden auch bei Straßenprozessionen von atheistischen ›Ministranten‹ dem Zuge vorausgetragen, in welchem überdies große Puppen in der Maske Gottvaters, Christi, Buddhas und Allahs mitgeführt wurden. Zum Beschluß einer derartigen ›Spottprozession‹ wurden dann diese Puppen auf ein Kommando des ›Priesters‹ von der Straßenjugend begeifert, verprügelt, zerrissen oder öffentlich verbrannt. Manche dieser Spottprozessionen wurden zu großen Festspielen ausgestaltet, für welche die berühmtesten Dichter, Maler und Regisseure das Szenarium ausgearbeitet hatten. Von solchen Vorführungen sei hier das ›Gottlose Mysterium von der Geburt Komsomols (des Gottlosen)‹ und das satirische Mysterium. ›Die nicht unbefleckte Empfängnis‹ aus der Feder Tretjakoffs angeführt.«[5]

In diesen Zusammenhang gehören auch *die Spott-Ikonen* (Tafel 31). Um deren Bedeutung zu ermessen, muß man die Stellung der Ikonen in der orthodoxen Kirche als Träger göttlicher Kraft, sinnliche Erscheinungsformen des Übersinnlichen und Kultgegenstände[6] berücksichtigen. Die Spott-Ikonen sind oft mit erläuternden Texten versehen:

Die Hochzeit von Kana in antireligiöser Darstellung

Übersetzung des Textes der Seite aus dem ›Besboshnik‹ (Tafel 31).
Fülöp-Miller, Tafel 144.

Das Wunder von Kana in Galilea
oder woher Samogonka[a] kam

(Evangelium des Johannes. Kap. II, Vers 1–10).

»In jenen, irdischer Sorge enthobenen Tagen
Ging Jesus zur Hochzeit nach Kana in Galilea (Joh. II, 1),
Wo anstatt Fröhlichkeit
Bei allen eine große Enttäuschung war.
Nach dem Essen der Gäste – wurde das Trinken ein großer Wunsch,
Den Wein hatte man gesoffen bis zum letzten Schluck!
Und der Herr sprach: Hört, Leute,
Was seid ihr doch alle für Maulaffen!

Und nun, Volk, sage ich euch, in diesem Ländchen
Hat keiner eine Ahnung von Samogonka!
Kein Wein? Das ist doch halb so schlimm,
Gebt schnell ein Faß Wasser her.
Ich gebe euch mein Ehrenwort,
In einer Minute wird der Wein fertig sein.
Schleppt nur leeres Geschirr herbei,
Gleich tue ich ein großes Wunder.
Dies ist kein Betrug und kein Märchen.
Ich habe gerade Sakwaska[b] bei mir.
Und sie schrien ihm zu: erhöre uns, Herr, und sage,
Welches ist das allerbeste Rezept für Chansha[c].
Und der Herr goß Sakwaska in ein Gefäß – in seiner großen Güte
Und machte sich daran, sie unter Hinzugabe von Wasser zu verdünnen.
'Diesen Anfang machte Jesus – und offenbarte seine Herrlichkeit' (Joh. II, 2 [11]),
Und er tränkte mit Chansha die ganze Horde.
'Und es glaubten an ihn seine Jünger' (Joh. II, 2), denn
Der Herr tat es ohne Betrug.
Wie Brandsohlen waren alle an diesem Tage betrunken.
Und selbst der 'Architriklin'[d], als er gekostet hatte
Vom 'Wein, der vorher Wasser war' (Joh. II, 9),
Stellte sich an die Wand und bewegte sich 'nicht hin und nicht her',
Und es sprach der Architriklin: gesegnet sei der Herr von Zion,
Gib uns das Samogonka-Rezept!«

[a] Selbstgebrannter [Schnaps].
[b] Eine Art Sauerteig.
[c] Schnaps.
[d] Anm. im Text: Anordner [= der Speisemeister].

Wesentlich für diese Phänomene im frühen Bolschewismus ist, daß sich die Beteiligten nicht mehr – wie es bisher in der Geschichte des Satanskultes der Fall war, mit ihren antichristlichen Äußerungen schlechthin indentifizieren, sondern einen gewissen, deutlich ironischen Abstand wahren. Das kommt auch darin zum Ausdruck, daß die Spott-Riten oftmals von einer komischen Figur kommentiert werden (Tafel 32). Zu diesem *›Verfremdungseffekt‹* kommt ein – im weiten Sinne verstandener – *surrealistischer Zug*, der auf der Hochzeit von Kana-Ikone besonders hervortritt: paradoxe Elemente werden miteinander kombiniert, um einen übergeordneten Sinngehalt zum Ausdruck zu bringen.
Wie oft zu Recht betont worden ist, wird der Bolschewismus beziehungsweise Kommunismus begründet und getragen *von einer säkularisierten*, in wissenschaftliches Gewand gekleideten *religiösen Überzeugung*.[7] Diese beruht auf der Vorstellung eines irdischen Paradieses, die einerseits – wie Fülöp-Miller deutlich macht – an den Erlösungsglauben russischer Sekten anknüpft, andererseits an die – von Marx bis Lenin genau bekannten und auch zitierten – Utopie-Konzeptionen der abendländischen Geistesgeschichte, insbesondere der von Thomas Morus und Thomas Campanella[8]. Die Paradies-Vorstellung aber entfaltet sich auf der Grundlage des Materialismus, aus dem sich die kommunistische Lehre und Praxis im ganzen ableiteten.

Im Unterschied zur antiken Religion, in der sich das Materielle und das Spirituelle in einem dynamischen Gleichgewicht befanden, ist im Christentum das Prinzip des Geistes einseitig überbetont worden, ebenso das Prinzip des mit dem Geistigen verbundenen Männlich-Patriarchalen. *Der Materialismus,* das heißt die Erhebung der Materie zum obersten Prinzip, muß als *eine Reaktionsbildung* betrachtet werden, und es ist kein Zufall, daß Marx unmittelbar auf Hegel, der den christlichen Standpunkt bis zur Verabsolutierung des Geistes vorgetrieben hat, folgte. ›Materie‹ hängt etymologisch und phänomenologisch zusammen mit ›mater – Mutter‹, der Begriff bringt *einen Aspekt des Großen Weiblichen* zum Ausdruck. Im Materialismus vollzieht sich eine Revolution gegen den patriarchal bestimmten christlichen Spiritualismus (›Materia, inalzati – Materie, erhebe dich‹, heißt es auch bei Carducci). Entsprechendes gilt von der kommunistischen *Paradies-Erwartung:* sie ist die Reaktion auf einen – in der Antike gleichfalls nicht vorhandenen – *einseitigen* spirituellen *Jenseitsglauben.* Das irdische Paradies ist ein Gegenreich zum Reich des göttlichen Vaters und ist die *Domäne eines universalen spendenden Weiblichen.* In seinem Buch ›Psychoanalyse und Soziologie‹ sagt Aurel Kolnai: »Das Proletariat, von der Erde verschlossen, sehnt sich nach der Rückkehr zu ihr als zum Endzweck . . ., träumt. . . von dem Paradies der Erdenmutter. ›Die gütige Mutter Natur hat für alle gedeckt‹ – so W. Weitling. Der anarcho-kommunistische Zustand ist, wie uns bekannt, die Welt der Mutterregression. Lorenz betont, daß die kommunistische Bewegung im Zeichen der mann-männlichen Erotik steht (Proletarier der Welt, vereinigt euch!), das zu erreichende Ideal aber das reine Mutterprinzip ist[9].« Da mit dem positiv-nährenden Charakter des Großen Weiblichen *auch dessen negativ-verschlingende Seite* assimiliert wird, ergibt sich gleichzeitig ein System des kollektivistischen Zwanges mit seiner Bedrohung der Individualität.

Die Persiflagen auf den Kult und die kultischen Bilder des Christentums im frühen Bolschewismus (in späterer Zeit gibt es dieses Phänomen nicht mehr) stehen im Dienst der umrissenen Überzeugungen. Religionsphänomenologisch sind sie sowohl unter dem Gesichtspunkt der Absicht einer Demaskierung christlicher Positionen (siehe oben Seite 149) wie unter dem der antispiritualistischen Polemik zu sehen.

b) Satanistische Phänomene im angelsächsischen Raum, in den romanischen und in den deutschsprachigen Ländern

Wenn *Großbritannien,* ein Land, das in der Geschichte des Hexenwesens eine besonders reiche Tradition aufweist[10], in unserer Darstellung bisher nicht mit Zeugnissen vertreten war, so deshalb, weil es auf dem Gebiete des eigentlichen Satanskultes nicht ›schöpferisch‹ gewesen ist. Im zwanzigsten Jahrhundert wird England, vor allem London, zu einem Zentrum der Schwarzen Messe, wobei alle Phänomene jedoch durchaus epigonalen Charakter haben.

Eine der schillerndsten Gestalten der neueren Magie und Geheimwissenschaft ist der Engländer *Aleister Crowley* (1875–1947)[11], der sich – im Anschluß an die Apokalypse – ›To Mega Therion‹ (›Das große Tier‹) nannte. Crowley ging

aus dem hermetischen Orden der ›Golden Dawn‹ hervor und gründete den ›Ordo Argentinum Astrum‹ sowie die Abtei ›Thelema‹ (in Anlehnung an Rabelais' ›Gargantua‹), die etliche gleichnamige Zweigniederlassungen bekam. Neben seinen zahlreichen Abhandlungen und Dichtungen verfaßte er auch ein gnostisches Meßformular[12]. Das Ritual, das stilistisch stark vom Geschmack des Jugendstils beeinflußt ist, wurde von einigen Gruppen seiner Anhänger (vor allem in Nordamerika) als Schwarze Messe aufgefaßt.
(Bei dieser Gelegenheit möchte ich darauf hinweisen, daß es mir unmöglich ist, die Zusammenhänge zwischen der Praxis des Satanskultes beziehungsweise seiner Grenzerscheinungen und den neuzeitlichen Geheimgesellschaften, so etwa der Freimaurer – besonders in Großbritannien und Italien –, darzulegen. Einmal sind diese Verbindungen derartig komplex, daß sie für den Außenstehenden fast undurchschaubar sind, sodann zeigen Stichproben, daß die Ergebnisse für unsere phänomenologische Betrachtung nichts Neues bieten.)
Zur Charakterisierung *des heutigen Satanskultes* in Großbritannien seien zwei beliebige Pressenotizen zitiert:

»Der ehemalige Detektiv-Superintendant Robert Fabian von Scotland-Yard hat festgestellt, daß an verschiedenen Stellen mitten in London ein regelrechter Teufelskult mit feststehenden Riten betrieben wird, und daß die Zahl seiner Anhänger in Zunahme begriffen ist. Unter Verbrennung von berauschenden Kräutern werden bei Kerzenbeleuchtung ›Schwarze Messen‹ vor einem mit den Zeichen des Tierkreises geschmückten, schwarzverhüllten Altar abgehalten, die oft mit sexuellen Orgien verbunden sind. Die durchaus seriöse Zeitung ›Church Times‹ will sogar wissen, daß sich gelegentlich entlassene Geistliche daran beteiligen und Brot und Wein bei den ›Schwarzen Messen‹ weihen. Unter den Anhängern dieses Kults sollen sich eine Reihe von hochintelligenten Männern und Frauen mit bekannten Namen finden ... Obszöne Zeremonien, Blutopfer von Tieren und rituelle Tänze unter Trommelklängen seien dabei üblich.«[13]

»Teufelsanbeter, die Priestergewänder und Silbergeräte aus Kirchen stehlen, um damit ›Schwarze Messen‹ zu feiern, beschäftigen zur Zeit die britische Polizei. Infolge der ständig wachsenden Anzahl dieser Kirchenraube sah sich die Polizei der nordenglischen Grafschaft Yorkshire veranlaßt, einen Aufruf an Pfarrer und Kirchenfunktionäre zu richten, die Priestergewänder und Silbergeräte und vor allem die Kommunionkelche besonders zu schützen. Mehrere Kirchen in Yorkshire wurden von Teufelsanbetern beraubt. Auf Rat der Polizei werden jetzt viele Kirchen, die gewöhnlich am Tag offen sind, geschlossen, damit sie nicht durch ›Schwarze Messen‹ entweiht werden. Aus der Pfarrkirche von Smeaton, in der Nähe von Pontefract, wurden Priestergewänder, Silbergegenstände und eine Flasche ... Kommunionwein gestohlen. Der Pfarrer Edmund Barret von Smeaton sagte: ›Wir glauben, daß die Diebe ihre Beute für Schwarze Magie verwenden wollen, denn sie stahlen nur gewisse Gegenstände und haben andere, die viel wertvoller sind, zurückgelassen. Ein gewöhnlicher Dieb hätte viel mehr Silber mitgenommen, anstatt meines Priestergewandes und des Kommunionweins.‹«[14]

Als Ergänzung folge noch eine Stelle aus einem Bericht von Harry Price, dem 1948 verstorbenen ständigen Sekretär des ›Council for psychical investigation‹ an der Universität London:

»In allen Zonen Londons gibt es Hunderte von Männern und Frauen, von hoher Kultur und aus distinguierten Familien, die den Satan anbeten und ihm ständig Kult erweisen; die schwarze Magie, Zauberei, Anrufung des Teufels, diese drei Formen ›mittelalterlichen Aberglaubens‹, werden in unseren Tagen in London praktiziert auf einer Stufe und mit einer Freiheit, die im Mittelalter unbekannt gewesen wäre.«[15]

Auch die Zeitschrift ›Life‹ brachte einen längeren, reich bebilderten Bericht über das Hexenwesen und den satanistischen Kult im heutigen Großbritannien.[16] Im Hexenmuseum von Burton-on-the-Water ist ein Altar mit einer Wachspuppe aufgebaut, der Rituale dieser Art illustrieren soll (Tafel 33). Die Darstellungen an der Hinterwand und den Seitenwänden sind Symbole der Vereinigung des Männlichen und des Weiblichen.

Auffällig ist die Tatsache, daß viele Teilnehmer an den satanistischen Riten Angehörige der höheren Gesellschaft und Intellektuelle sind. Der Grund dafür liegt vermutlich in der Tatsache, daß Menschen, die in besonderer Weise von den Quellen ursprünglicher Vitalität abgeschnitten sind, im Satanskult und in den mit ihm verbundenen Orgien *den Zugang zu Erfahrungen elementarer Art* suchen. Auch hier wird wieder der kompensatorische Charakter der Schwarzen Messe sichtbar, denn der apollinisch-spiritualisierte kirchliche Kult und die konventionell-entleerten kultähnlichen Einrichtungen unserer Kultur vermögen dieses Bedürfnis nicht zu befriedigen. Wesentlich ist, daß kollektive Erlebnisse gesucht werden, denn von ihnen erwartet man *die Befreiung* von der Öde und Sterilität *der Vereinzelung.*

Das folgende Beispiel (Tafel 34) stammt aus Australien:

»In Sydney zelebrierte die 37jährige Malerin Rosaleen Norton in ihrer Wohnung Schwarze Messen. Teilnehmer waren Frauen und Männer, die aus ›Liebeskummer‹ unglücklich waren. Nach der Teufelsanbetung kam es zu zügellosen Orgien ... Satan geweiht war der Altar, vor dem die Schwarzen Messen kniend zelebriert wurden. Dabei wanderte ein Totenkopf unter den Teilnehmern von Hand zu Hand. Ein ›Teufelspriester‹ parodierte das Vaterunser und reichte als ›Meßwein‹ schottischen Whisky.«[17]

Daß unglücklich Liebende dazu neigen, mit dem Teufel in Verbindung zu treten, zeigt die alte Tradition des Liebeszaubers innerhalb der schwarzen Magie; hier allerdings sieht es so aus, als ob nur der Liebesverlust kompensiert werden sollte (psychoanalytisch gesehen: die Frustration hat eine Regression zur Folge). Der Totenschädel fungiert als Symbol der Unterwelt als dem Reiche Satans.

Wie aus allen Ländern, so können auch aus *Frankreich* nur einige charakteristische Phänomene des zwanzigsten Jahrhunderts herangezogen werden[18].

Im Dezember 1903 erschien eine Spezialnummer der in Paris herauskommenden Zeitschrift ›L'assiette au beurre‹, die der Schwarzen Messe gewidmet war. Der Text zum Umschlagbild dieser Nummer (Tafel 35) lautet:

»Un lot d'adolescents malsains et équivoques	»Eine Schar von ungesunden und zweideutigen Jünglingen
Attend éperdument le Prince des démons.	Erwartet ergriffen den Fürsten der Dämonen.
Ils disent – ›Viens vers nous, Maître que nous aimons,	Sie sagen: ›Komm zu uns, Meister, den wir lieben,
Nos lèvres te supplient et nos bras te provoquent.‹	Unsere Lippen flehen dich an, und unsere Arme fordern dich heraus.‹
Sur le corps énervé de quelque jeune femme,	Auf dem entnervten Körper irgendeiner jungen Frau,

Anxieuse, elle aussi, de l'infernal amant,	[Die] ängstlich [ist], sie auch, wegen des höllischen Geliebten,
La Messe Noire va dérouler lentement	Beginnt die Schwarze Messe langsam zu entwickeln
Ses stupides répons et ses rites infâmes.	Ihre stumpfsinnigen Responsorien und ihre schändlichen Riten.
Mais l'Archange est sans doute en train de visiter	Aber der Erzengel [= Satan] ist ohne Zweifel dabei, zu besuchen
Bien d'autres fabuleux et tristes imbéciles;	Sehr viele andere seltsame und traurige Dummköpfe;
Il se refuse à fréquenter leur domicile	Er weigert sich, in ihrem Hause zu verkehren,
Et depuis plusieurs soirs les laisse poireauter.«	Und seit etlichen Abenden läßt er sie lauern.«

Die Dekadenz des zeitgenössischen Satanskultes wird hier mit ausgesprochener Ironie behandelt.

Die Satansgestalt über dem Altar für die Schwarze Messe auf dem Umschlagbild des 1929 erschienenen Buches ›Messes Noires‹ von Jehan Sylvius (Tafel 36) entspricht der berühmten Darstellung des gehörnten Teufels von Eliphas Lévi[19]. Der Satan hält einen Arm aufwärts, den anderen abwärts gewendet. Diese Haltung ist im Okkultismus sehr bedeutungsvoll: sie entspricht derjenigen *des Jokers* im Tarockspiel, die wiederum mit der Symbolik *des Aleph*, des ersten Buchstabens im hebräischen Alphabet, in Beziehung gesetzt wird.[20] Durch das gleichzeitige Deuten nach oben und nach unten soll die Entsprechung zwischen dem Oberen und dem Unteren im Kosmos und die Einheit der Welt ausgedrückt werden. Da das Aleph wie der Joker als Symbole Jahwes gelten, wird der diese Position einnehmende Satan damit *zum Prinzip des Zusammenhanges aller Dinge* und zum Ursprung des Universums erklärt, das heißt *an die Stelle Gottes* gesetzt.

Motive des Satanskultes beziehungsweise seiner Grenzphänomene sind in Frankreich immer wieder *im Surrealismus* verwendet worden. Ohne sich mit den Gegenständen zu identifizieren, treiben die Künstler satanistische oder annähernd satanistische ›Spiele‹ auf ihren Bildern. *Max Ernst* läßt auf einer Collage (Tafel 37) unmittelbar vor dem feierlich in die Peterskirche einziehenden Papst eine nackte Frau erscheinen, und im Vordergrund sieht man einen Trinker – eine Symbolik, die nach dem, was in diesem Buch gesagt wurde, ohne Erklärung einsichtig ist. Über *Clovis Trouille*, von dem wir das Bild ›Mon caveau‹ bringen (Tafel 38), sagt Marcel Jean: »Trouille liebt . . . den Aufwand, Schmuck und Prunk katholisch-religiöser Gewänder, er sieht in der Feierlichkeit der ritualen Verkleidung einen doppelsinnigen Zauber, der sich für ihn mit dem profanen Reiz weiblicher Unterwäsche verbindet. Seine Nonnen sind zugleich Peripatetikerinnen und seine Mönche lustige Vögel nach der besten Tradition eines primitiven Antiklerikalismus . . . Die hochgeschnürten frommen Schwestern und Priester, die verführerische Hetären verrückt machen, die herrlichen und rührenden, immer sich darbietenden Frauen haben einen phantastischen, manchmal sogar ergreifenden Charme.«[21] Auch wenn auf dem vorliegenden Bild sado-masochistische Elemente überwiegen, so ist dabei doch überall ein leiser Humor spürbar. Der lachende Christus, die Kombination der Monstranz mit dem Nachttopf, die Vereinigung der makabren Friedhofsatmosphäre mit dem Kult des Sinnlichen, all das sind Variationen satanistischer Themen Die Fotomontagen von *Bernard Roger* (Tafel 39)[22] knüpfen in gewissem Sinne an die Tradition der erotischen Kirchenskulpturen an:

a b c d

Erotische Kirchenskulpturen:

a Ornament aus dem Zimmer des Raffael im Vatikan
b Skulptur am Nordportal der Schottenkirche in Regensburg
c und d Wasserspeier am bischöflichen Palast zu Sens

Während diese Skulpturen – aufgrund der christlichen Abspaltung und Isolierung des Sexuellen – außerordentlich kraß sind, atmen die Fotomontagen von Roger einen weichen, fast meditativen Geist. Die Heilige Jungfrau der Porte du Cloître (an der Nordseite von Notre-Dame) hat sich in ein nacktes Mädchen verwandelt, das (auf der Wiedergabe nicht erkennbar) einen Stern in den Händen hält. Darüber befinden sich Natursymbole: Zweige, Wogen des Meeres und Flammen. In den Bogen sind phallische Steine und Muscheln eingefügt. Das durch leichte Metallkonstruktionen und andere Elemente seltsam veränderte Innere der Kathedrale ist in ein erotisches Traumreich verwandelt. Die Darstellungen, die wir gleichfalls nicht zu deuten brauchen, sind vollkommen unaggressiv, rein ›betrachtend‹.

Nun einige Fakten aus *Italien*:

»Der Kardinal von Mailand schreibt in einem Hirtenbrief: ›Es gibt einzelne und organisierte Gruppen, die sich in den Besitz von konsekrierten Hostien zu setzen versuchen, die sie entweihen und für unaussprechliche Zwecke während ihrer Zusammenkünfte benutzen.‹ In einem anderen Brief schreibt derselbe Kirchenfürst: ›Eine Sekte, die die Rolle Judas', des Verräters, spielt, ist am Werke, und all das ist um so verwerflicher, weil Kinder dabei mißbraucht werden. Man nimmt an, daß die gestohlenen Hostien gebraucht werden, um eine schwarze Messe zu inszenieren.‹«[23]

Im Januar 1963 fand im ›Teatro Laboratorio‹ im römischen Stadtteil Trastevere die Generalprobe des Stückes ›Cristo 63‹ von Carmelo Bene in der Inszenierung des Autors statt.[24] Es handelte sich um eine Persiflage der Passionsgeschichte. Noch vor der Uraufführung erließ die Polizei ein generelles Aufführungsverbot wegen Obszönität und Beleidigung der Staatsreligion. Christus erscheint in dem Stück als betrunkener Hafenarbeiter, Maria Magdalena als Dirne und die Apostel als eine Art Ringverein oder als Clowns. Während der Aktion entblößen sich die Darsteller, und einer verrichtet seine Notdurft. Die Abendmahlsszene (Tafel 40) zeigt ein Gelage mit Spaghetti und Chianti. Daß hier eine Beziehung zum Satanskult vorliegt, ist offenkundig.

Aus dem *iberischen Sprachraum* sollen drei sehr verschiedenartige Beispiele genannt werden.
Zu den surrealistischen Gestaltungen von Motiven des Satanskultes gehört *die Abendmahlsszene aus dem Film ›Viridiana‹ von Luis Buñuel* (Tafel 41)[25]. Eine Gruppe von Bettlern formiert sich zu einer Tafelrunde, die – wie das für einen Augenblick erstarrende Bild zeigt – dem ›Abendmahl‹ von Leonardo da Vinci gleicht. Nachdem ein Hahn dreimal gekräht hat, reißt sich eine Frau die Röcke über den Kopf, um die Szene zu fotografieren »mit dem Apparat«, wie sie sagt, »den ich von meinen Eltern mitbekommen habe«.[26] Während der anschließenden Orgie ertönt das Halleluja aus dem ›Messias‹ von Händel. Das, was hier geschieht, ist keineswegs zu vergleichen mit dem Stück von Carmelo Bene. Ausdrücklich hat Buñuel erklärt, daß ihm bei seinem Film, in dem es von profanen Anspielungen auf die Evangelien geradezu wimmelt, eine blasphemische Absicht ferngelegen habe: »Ganz zufällig haben sich diese pietätlosen Bilder eingestellt. Wenn ich fromme Ideen hätte, würde ich vielleicht auch sie darstellen.«[27] Obwohl ein Teil des Publikums und der Presse (so der ›Osservatore Romano‹) das Filmwerk anders aufgefaßt haben, ist an den Worten seines Schöpfers nicht zu zweifeln. Luis Buñuel, der einmal in einem Interview geäußert hat, seine religiöse Erziehung und der Surrealismus hätten sein Leben entscheidend beeinflußt, wendet sich, ohne thesenhaft zu sein, nur gegen »das Verdorren ursprünglichen Lebens zu kulturellen und ideologischen ›Werten‹«.[28]
Eine extreme Form der Anknüpfung an die Persiflagen auf den christlichen Kult im frühen Bolschewismus bietet ein Bericht aus *Kuba*:

»Eine blasphemische Messe zelebrierten Castros Milizsoldaten in einer kubanischen Kirche, wie aus Kuba ausgewiesene mexikanische Ordensschwestern in ihrer Heimat berichteten. Schauplatz dieser gotteslästerlichen Szene war die Einsamkeitskirche in Camaguey auf Kuba. Castro-Milizen drangen in die Sakristei ein, zogen sich die dort aufbewahrten Meßgewänder an und verwüsteten nach ihrer ›Feier‹ den Hauptaltar. Der Pfarrer konnte lediglich noch das Allerheiligste in Sicherheit bringen, die Vernichtung der Heiligenbilder aber nicht verhindern.«[29]

An den Schlangenkult der Ophiten (siehe oben Seite 36) erinnern *Schlangenriten bei der brasilianischen Macumba* (Tafel 42). Auf dem Foto sieht man, wie Frauen einen magischen Kreis um eine aus ihrem Käfig gekommene Schlange bilden (vergleiche dazu oben Seite 38). Wie auch im Candomblé, dem Xango und anderen

Kulten, die sich in Brasilien finden, vermischen sich in der Macumba rituelle Elemente aus Afrika (die von dort einst mit den Negersklaven kamen) mit Bestandteilen indianischer Mysterien und mit christlichen Zügen.[30] Dabei dringen archaïsch-dionysische Mächte, die in der christlichen Gesellschaft keinen adäquaten Raum erhalten, zu ekstatischer Entladung. Werner Kemper sagt aus eigener Anschauung: »In der unmittelbaren Begegnung mit dieser ganz andersartigen Erlebniswelt, in der sich alle Grenzen aufzulösen scheinen, erfährt der Europäer sehr betroffen, wie relativ seine überkommenen, verabsolutierten Maßstäbe tatsächlich sind. Der Schmelztiegel Brasiliens scheint trächtig zu sein mit einer überwältigenden und verwirrenden Fülle machtvoll bewegter Kräfte.«[31]

Was *Deutschland* betrifft, so sei auf das *›Pandämonium‹* des 1948 in München uraufgeführten *Balletts ›Abraxas‹* (Libretto und Musik: Werner Egk, Choreographie: Marcel Luipart) hingewiesen (Tafel 43)[32]. Wegen dieser Szene wurde das Werk nach der fünften Aufführung aufgrund eines Verbotes des damaligen bayerischen Kultusministers Dr. Hundhammer vom Spielplan der Bayerischen Staatsoper abgesetzt.[33] Die Handlung des Balletts fußt auf Heinrich Heines Tanzpoem ›Der Doktor Faust‹. Das Pandämonium (Drittes Bild) hat folgenden Ablauf:

»Auf der zweiten, der erhöhten Spielfläche, thront Satanas, umgeben von Tiger und Schlange, Bellastriga und dem Kinderteufel Marbuel. Satanas blickt unbeweglich auf den Tanz der Buhlen und Buhlinnen. Diese tragen keine Gesichter, es sind Figuren ohne die Kennzeichnung der Individualität. Der Höllensaal ist ausgestattet, als wäre das fin de siècle dort der tonangebende Stil. Ein Allegro molto wird für den lasziven, zugleich aber auch merkwürdig stumpfen Tanz der Buhlen aufgespielt. Faust und Archisposa empfängt ein brünstiges Presto zu ihrem Liebestaumel. Ineinander verschlungen stürzen sie zu Boden. Die sakrilegische Zeremonie der teuflischen Laster leitet der Pas de quatre von Tiger, Schlange, Bellastriga und Marbuel, dem Kinderteufel, ein (Andante sostenuto). Satanas erhebt sich, auf sein Zeichen wird ihm die widerstrebende Archisposa mit Gewalt dargebracht. Nun vereinigt er sich mit der Erzbuhlin. Tiger, Schlange, Bellastriga, Marbuel und die Buhlschaften huldigen ihrem Herrn und Meister. Faust, von Grauen und Abscheu geschüttelt, entflieht. Bellastriga folgt ihm. Auch Archisposa versucht, Faust zu folgen, sie wird aber von den tanzenden Buhlen und Buhlinnen immer wieder am Entfliehen gehindert und in ihre Kreise zurückgerissen.«[34]

Über die Musik schreibt Heinrich Lindlar: »Egk ... kontrastiert und terrassiert die Spasmen und Orgiasmen der Satelliten des Satanas zu den stoßenden Schlägen der exhibitionistischen Umarmung Faust-Archisposa ... Schwärzeste Schwärze: die Darbringung der Teufelsmesse im irrationalen Stoßwechsel von 7/8 – 3/4 – 2/4. Dreierreihung auch der rhythmisch-metrische Proporz eines dämonisch lautlos werdenden Circulus vitiosus.«[35]
Hier ein Fall von *eigentlichem Satanskult* in Deutschland:

»In einer ernst zu nehmenden großen norddeutschen Wochenschrift berichtet ein Herr von B. über ein ›Abenteuer‹, das er in Frankfurt am Main gehabt hat. Er war im Frankfurter Hauptbahnhof aus dem Zug gestiegen, als man ihm plötzlich einen Handzettel in die Manteltasche geschoben hatte. Darauf war ein schwarzer Totenkopf diagonal von einem roten Kreuz durchstrichen, und es fanden sich darunter die Worte: ›Willst du Bekanntschaft des Herrschers dieser Welt machen? Komme heute abend an diese Stelle. Eine schwarze Limousine wartet auf dich. Die großen Brüder des schwarzen Geistes.‹ Herr von B. ging hin, wurde wirklich von einer Mercedes-Limousine abgeholt und in einen Vorort gefahren. Dort verband man ihm die Augen, führte ihn ein

33 Altar des Tenat-Tempels. Hexenmuseum in Burton-on-the-Water

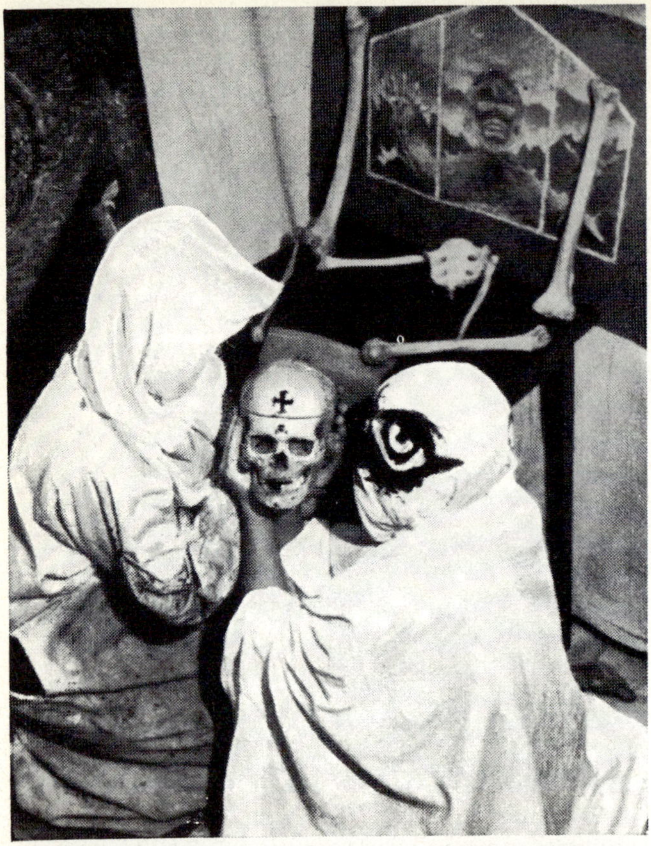

34 Altar für Schwarze Messen und satanistisches Kultbild, Sidney

35 Schwarze Messe. Paris, 1903

36 Altar für die Schwarze Messe. Buchumschlag, Paris, 1929

37 Max Ernst, ›Rom‹. Collage, 1929

38 Clovis Trouille, Mon caveau, um 1930

39 Notre-Dame de Paris en Palais d'amour. Fotomontagen von Bernard Roger, 1959

40 Abendmahlsszene aus: Carmelo Bene, ›Christo 63‹, Rom, 1963

41 Abendmahlsszene aus dem Film ›Viridiana‹, 1961

42 Schlangenritus bei der Macumba, Brasilien

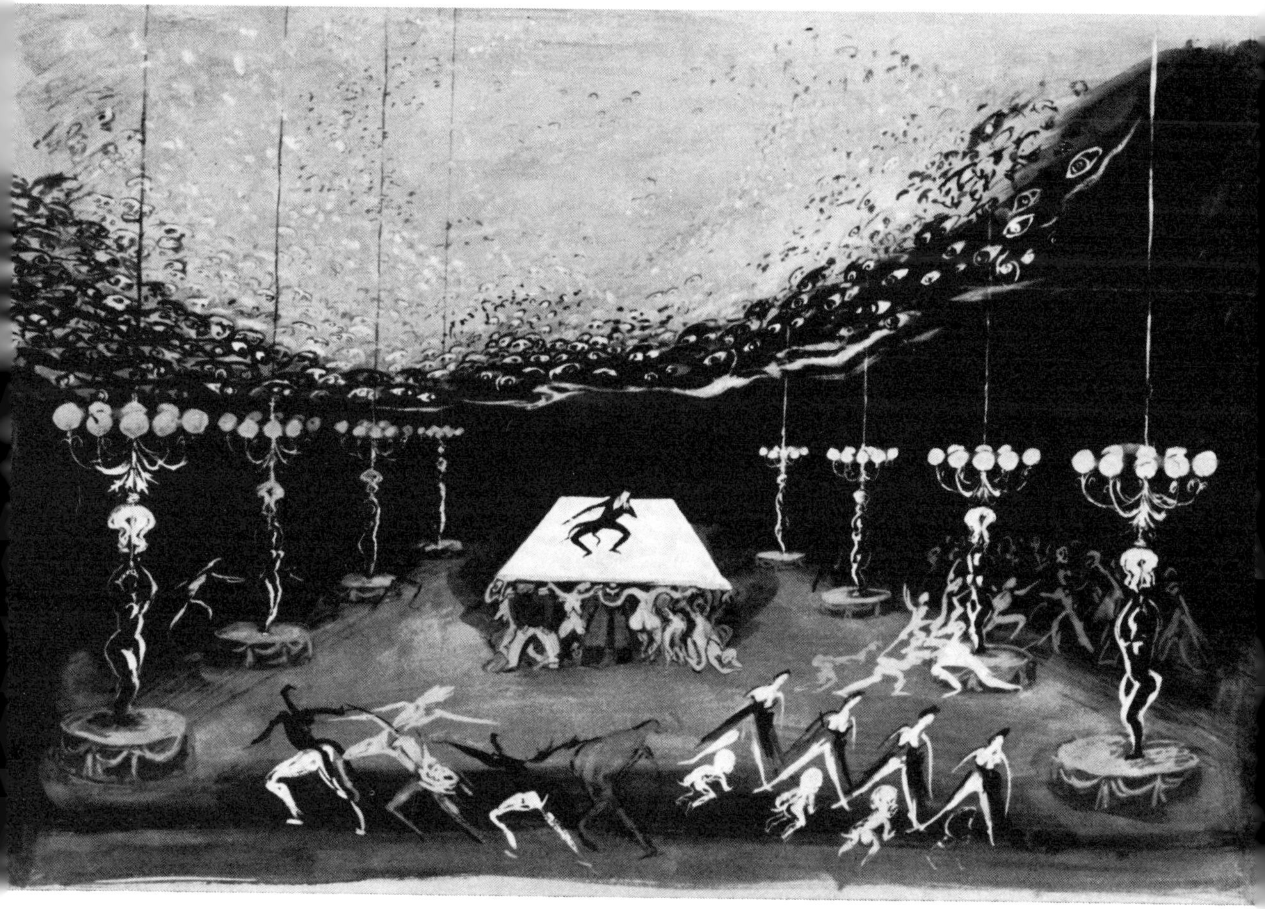

43 Pandämonium. Bühnenbildentwurf für das Ballett ›Abraxas‹, München, 1948

44 Kreuzigung. Materialtheater von Otto Mühl, Wien

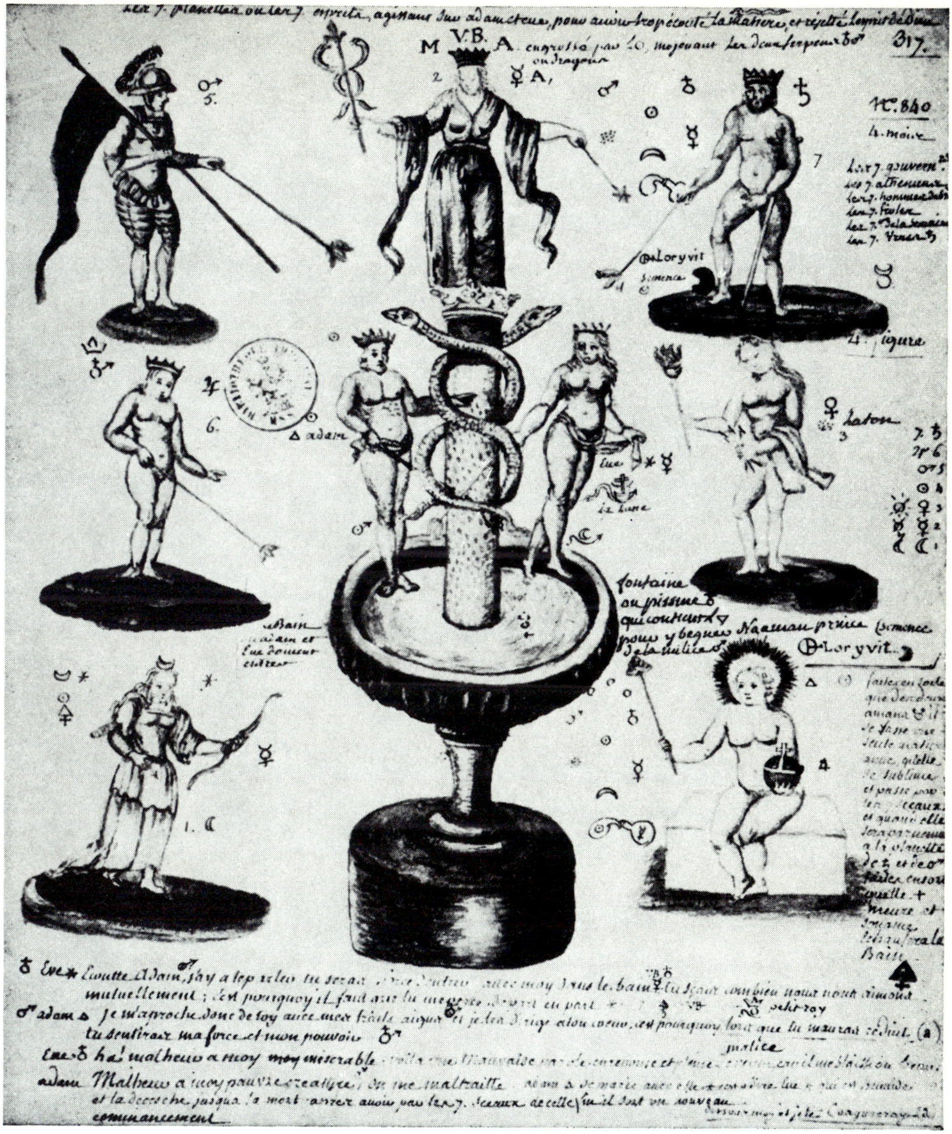

45 Darstellung des alchemischen Wandlungsprozesses. Manuskript, 16. Jahrh.

46 Die erhöhte Schlange. Pesttaler des Hieronymus Magdeburger

47 Die Seele zwischen Himmel und Hölle. Kapitell aus St-Benoît-sur-Loire

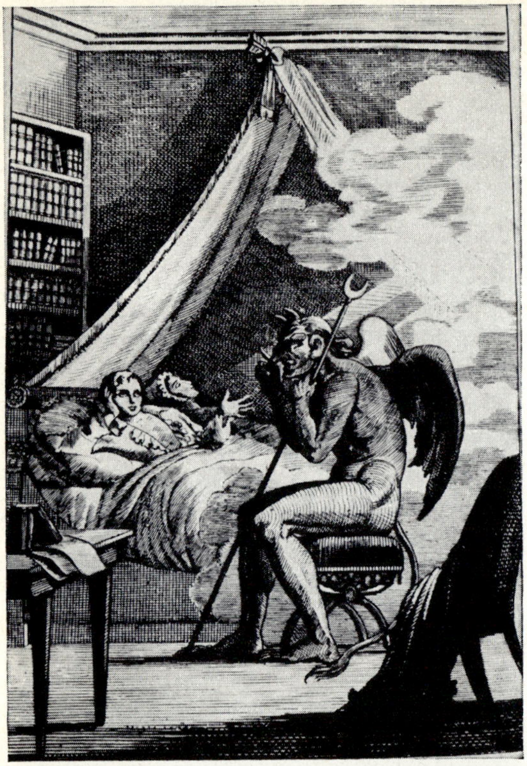

48 Collin de Plancy in Unterhaltung mit dem Teufel. Kupferstich, 1825
Pablo Picasso, Faun, eine Frau enthüllend. Aquatinta, 1936

Stück weit, trat mit ihm in ein Haus, führte ihn Treppen hinunter und nahm ihm dann die Binde wieder ab. Es bot sich ihm folgendes Bild: In einem mit Gobelins und Wandbehängen ausgestatteten Raum, den grünliches Dämmerlicht erfüllte, befanden sich ungefähr fünfzig vermummte Gestalten, die sich wispernd unterhielten. Vorn auf einem Opferaltar standen zwei rotbestrahlte Menschenschädel, Kennzeichen der Macht der Hölle. Dann ertönte ein dumpfer Gong, und herein trat der Sektenpriester. Die Fanatiker fielen vor ihm auf die Knie und erhoben sich erst wieder, als sie von dem Sektenoberhaupt mit Schwefeldampf beräuchert worden waren. Dann mußte der Neuling den ›Immunitätstrank‹ zu sich nehmen, um nicht durch ›Satansbrei‹ vergiftet zu werden. ›Hier nehmen Sie diesen Kelch mit Wein aus dem Fegefeuer‹, sagte der Sektenpriester zu ihm, ›und öffnen Sie mit dieser Klinge Ihre Ader an der Spitze des rechten Daumens. Drei Tropfen Blut in den Wein, und alles ist gut.‹ ›Und alles ist gut‹, murmelte die Menge der Gläubigen, unter denen sich zehn Frauen befanden. Die kultische Veranstaltung erreichte ihren Gipfel, als sich das Sektenoberhaupt unter monotonem Gesang von Lästerliedern der ganzen Gemeinde in Ekstase versetzt hatte: ›Der schwarze Geist wird die Welt vernichten. Der Satansbrei ist in unserer Hand, eine Handvoll wird die ganze Welt vergiften, wir opfern dem Teufel Herz und Glauben.‹ Daraufhin wird alles Weltliche und Geistliche auf dieser Erde verflucht. Und ein tiefer Kniefall vor dem Satan beendet den kultischen Dienst, der im Juni des Jahres 1950 in Frankfurt am Main zelebriert wurde.«[36]

Daß man einen Unbekannten in einen derartigen Kreis einführt, ist höchst ungewöhnlich, muß man doch damit rechnen, erhebliche Schwierigkeiten zu bekommen, wenn die Sache bekannt wird. Alles macht einen sehr theatralischen Eindruck. Der ›Satansbrei‹ wird als Mana-Substanz aufgefaßt, die so übermächtig ist, daß man die Verabreichung eines ›Immunitätstrankes‹ (ein bekanntes Motiv aus der Geschichte der Magie[37]) für notwendig hält. Der Bericht scheint jedoch durch interpretative Zutaten verzerrt zu sein. So ist es wenig wahrscheinlich, daß die ganze Welt, ›alles Weltliche und Geistliche‹, vernichtet werden soll und verflucht wird. Der Satan vertritt ja fast immer ein bestimmtes ›weltliches‹ Prinzip; wenn der Satanismus aber mit einem absoluten Pessimismus zusammenfällt (wie bei Leopardi), so bringt er keine pathetisch-theatralischen Kultformen und auch keine ekstatisch gefärbten Riten hervor.

Schließlich seien noch zwei – einander nahestehende – Phänomene aus *Österreich* einbezogen. Es handelt sich um Vorführungen des ›Materialtheaters‹ oder ›Aktionstheaters‹ der Wiener Avantgardisten Otto Mühl und Hermann Nitsch.
Hier ein von *Otto Mühl* verfaßter Text, der nicht ein literarisches Produkt darstellt, sondern die Beschreibung seiner Aktion ›Kreuzigung‹ (Tafel 44):

I

»ich stelle ein schweres holzkreuz an die wand und fixiere es an ihr. ein männliches modell steigt auf das podest vor dem kreuz, so daß es mit ausgebreiteten armen die querbalken des kreuzes berühren kann. ich binde hände und füße mit stricken ans kreuz.

ich beschütte den körper mit schwarzer, roter, weißer und gelber farbe und farbschlamm.

ich werfe mehl, eidotter, dicken gallertartigen glutolinkleister, kristallzucker und semmelbrösel auf den körper.

ich binde mit in farbe getauchten fetzen den körper fester an die balken. zwischendurch wird er immer wieder mit farbe und lebensmitteln besudelt.

ich werfe zusammengeknäulte schnüre auf das haupt des modells.

ich stopfe schnüre unter die fetzen vor dem bauch, so daß sie wie heraushängende gedärme wirken.

ich patze dickes eitergelb unter die schnüre und fetzen.

ich werfe weiße farbe auf die schnüre und in die ›dornenkrone‹.

ich werfe schwarze pulverfarbe auf den gekreuzigten mit den händen, so daß das opfer hinter einer schwarzen farbwolke verschwindet.

dann schleudere ich grelles rot auf die körperfetzenmasse, ich zerre, schlitze und reiße an den fetzen, verknote und verstricke sie weiter ineinander.

ich nehme ein dickes seil und umschlinge damit spiralartig kreuz und körper. zwischendurch bilde ich mit dem seil dicke knoten, führe es über und unter die fetzen.

zum schluß bewerfe ich das ganze gebilde nochmals mit schwarzer pulverfarbe und erzeuge einen totalen untergang.

II

ein fettes weib erhält von mir die anweisung, sich auf das podest vor dem holzkreuz, das an der wand fixiert ist, zu stellen.

sie bekommt die anweisung, die arme seitlich in die waagerechte zu heben.

ich schnüre sie in dieser stellung mit dünnen schwarzen stricken an die holzbalken.

ich binde ihr einen rindsbeuschel[a] vor den bauch.

ich beschmiere sie am ganzen körper mit zwei kilogramm schweineschmalz.

ich schlage über dem rindsbeuschel ein hühnerei auf.

ich beschütte sie mit saurer milch.

ich übergieße sie mit tomatensauce.

ich bestäube sie mit mehl.

ich tauche stoffetzen in farbschlamm und stopfe sie ihr unter die verschnürung, so daß sie wie gedärme vom körper herabhängen.

ich sprizte den körper mit sodawasser ab.

ich bewerfe ihren körper mit farbstaub.

ich demoliere das kreuz.

ich löse ihre arme aus der verschnürung und reiße den querbalken, der mit klampen[b] befestigt war, herab und binde ihn zwischen die beine, so daß sie wie eine hexe darauf reitet.

ich binde sie mit fetzen, stricken, plastikschläuchen fester ans holz.

ich lege das ganze gebilde auf den Boden.

ich begieße es mit bier, besprühe es mit sodawasser und schlage zwanzig hühnereier darüber.

ich schütte drei kilogramm semmelbrösel, fünf kilogramm schwarzen farbstaub, fünf liter saure milch, papierabfälle, unrat darüber und verpacke alles in einen großen plastiksack.«

[a] Österr. für: Rindsblase.
[b] Seemänn. für: Pflöcke.

Jenseits einer Realisierung analer und anal-sadistischer Triebimpulse und jenseits auch der Abhängigkeit von dem Umstand, daß Otto Mühl im Kriege tief beeindruckt worden war durch die ›grausige Schönheit‹ der mit Blut und Dreck beschmierten, auf dem Boden festgefrorenen und mit Reif überzogenen Leichen seiner Kameraden[38], wird hier eine symbolische Handlung von allgemeinerer Bedeutung vollzogen. Die Substanzen, mit denen die ›gekreuzigten‹ Modelle beworfen werden, sind Symbole der *›prima materia‹*, des mütterlichen Urstoffs der Welt, die in der gnostisch-alchemistischen Tradition eine große Rolle spielen[39] (der Schlamm, die schwarze Farbwolke, die gallertartigen Stoffe und so weiter) und *des Fruchtbarkeits-Aspektes* der ›prima materia‹ (die Lebensmittel, vor allem die Eier). Im ersten Teil wird das zentrale christliche Symbol durch das Beschütten mit dem Urschlamm und durch den Vorgang der Fesselung einem ›totalen Untergang‹ zugeführt; im zweiten Teil verwandelt es sich in die Erscheinung des Bildes einer hexenhaften Urmutter, die schließlich – durch die Verpackung in den Plastiksack – einen embryonalen Status erhält. Die extrem antispiritualistische Tendenz und die Verwandtschaft mit Elementen des Satanskultes ist einsichtig. In einer Besprechung, die die ›Frankfurter Allgemeine Zeitung‹ über die Vorführung solcher Aktionen brachte, heißt es zutreffend: »Fraglos ... gehen sie ... auf ... atavistische und jederzeit aktivierbare Regungen zurück, die in den Kanälen der Menschenseele nisten. Daß sie gerade in dieser Stadt der Wein- und Walzerseligkeit wieder einmal unverhüllt zum Ausdruck gekommen sind, wird nur den oberflächlichen Betrachter erstaunen.«[40]

Hermann Nitsch hat die *Lammkreuzigung und -zerfleischung* in das ›Aktionstheater‹ eingeführt[41]. Dieser ›Urexzess‹ steht auch im Mittelpunkt seines – im Manuskript vorliegenden – Aktionsdramas ›König Ödipus‹ (1964). Nitsch interpretiert sich selbst in dem Manifest ›das lamm‹:

»Von der sinnlich empfundenen realität des blutnassen abgehäuteten kadavers ausgehend, läßt sich zu den anfängen des mythischen assoziieren. Der so ausgelöste assoziationskreis berührt sich sehr direkt mit der bewältigung der ständig zur orgiastik drängenden kollektiven vitalitätsaufwallungen des menschlichen. Mit deren endpunkten, sublimationen und verdrängungen, tritt das lamm meistens im symbolischen zusammenhang auf. Die dionysische aufwallung endet in der zerreißung des gottes dionysos (des ihn symbolisierenden stieres), endet im exzeß. Das negative abbild der dionysischen orgiastik, die passion, endet im masochistischen opferexzeß. Das informel, das konkrete durchbrechen des triebhaften in der kunst, hat unbedingte ähnlichkeit mit dem wesen des dionysischen, denn seine konsequenz ist äußerste erregung bis zum endpunkt des exzessiven. Das O.M. theater, aktionstheater, nützt dieses phänomen aus und erreicht so innerhalb der kunst eine regression, ein hervorbrechen des dionysischen. Die lammzerfleischung ist im O.M. theater durchgeführte symbolhandlung für das urexzeßerlebnis (ekstatischer endpunkt der abreaktionsorgiastik). Die sinnlich reale sadomasochistische situation der zerfleischung ist identisch mit einem extremen triebdurchbruch.«[42]

Ohne irgendeine Vollständigkeit zu beabsichtigen, ging es in diesem Kapitel darum, ein Mosaik von möglichst unterschiedlichen Erscheinungen darzustellen, um zu zeigen, daß der Satanskult und seine Grenzphänomene *auch in unserem Jahrhundert Aktualität* besitzen.

SCHLUSS

Es gibt drei Grundmöglichkeiten, eine Stellung gegenüber der Tradition des Satanskultes zu beziehen. Einmal kann man – und dies geschieht am häufigsten – auf der Grundlage der traditionell-christlichen Position einen strikt ablehnenden und verurteilenden Standpunkt einnehmen. Sodann kann man sich mit dem Phänomen mehr oder weniger identifizieren. Schließlich ist es möglich, sich aufgrund einer Distanz ein Urteil zu bilden, das *sowohl den negativ-destruktiven wie den positiv-schöpferischen Aspekt des Satanskultes berücksichtigt.* Letzteres ist in dieser Darstellung versucht worden, und auch die folgenden, abschließenden Bemerkungen streben eine solche Betrachtungsweise an.

Zunächst ist davon zu sprechen, daß *das Bewußtsein* von der hell-dunklen *Ganzheit* des Göttlichen und des Menschlichen in der christlichen Welt *niemals ganz ver-*

Der ›filius macrocosmi‹ der Alchemisten

loren gegangen ist. Ein breiter, größtenteils jenseits der offiziellen christlichen Lehre fließender Traditionsstrom zeugt dafür. Diese Überlieferung kulminiert *in der Alchemie*, deren Anfänge sich bis in das dritte nachchristliche Jahrhundert zurückverfolgen lassen[1] und die im siebzehnten Jahrhundert noch einmal eine – wenn auch epigonale – Blüte erlebte. Das alchemistische ›Opus‹, das, wie die heutige Tiefenpsychologie gezeigt hat, genaue Entsprechungen zu psychischen Prozessen aufweist, ist getragen von umfassenden Vorstellungen, die immer auf eine *Vereinigung der Gegensätze in einer Ganzheit abzielen.*[2] Eines dieser Ganzheitssymbole ist der dem gnostischen ›Anthropos – Urmenschen‹[3] vergleichbare ›Deus terrestris – irdische Gott‹ oder ›filius macrocosmi – Sohn des Makrokosmos‹[4]. Als ›anima mundi – Weltseele‹ enthält der Urmensch die vier Elemente als Zeichen der Ganzheit in sich, und die ihn bezeichnende Zehnzahl (1 + 2 + 3 + 4) ist ein Symbol der Vollkommenheit. In mannigfaltigen Bildern wird die Gegensatzvereinigung dargestellt. Eines davon (Tafel 45) beschreibt Erich Neumann wie folgt:

Auf dem Bild »wird der aus dem Gefäß aufsteigende Wandlungsprozeß durch den Pfeiler-Baum dargestellt, um den sich die Doppelschlange der Gegensätze windet, die zur Vereinigung gebracht werden sollen. Dieser Baum wird durch eine Merkur-Königin gekrönt, die in der Hand ein Zepter trägt. Dies Zepter ist eine Mischung aus dem von Schlangen umwundenen Hermes-Äskulapstab der Heilung und dem Lilienzepter, das schon in Kreta das Symbol der Göttin und Königin ist. Der Doppelgeschlechtlichkeit des Merkurius entspricht hier die uroborisch mannweibliche Natur des Großen Weiblichen, das in sich die Gestalt der Jungfrau-Göttin (Lilie) mit dem Charakter der zeugerischen Wandlung und Heilung (Hermes-Schlangenstab) vereint.«[5]

Auch *die Rosenkreuzer*[6], deren Name von dem ihres legendären Gründers Christianus Rosenkreutz (er soll 1484 im Alter von einhundertsechs Jahren gestorben sein) hergeleitet wird, waren von der Idee einer allseitigen Vereinigung der Gegensätze bestimmt. Das Symbol dafür ist die Verbindung des Kreuzes mit der Rose, daß heißt der Übernatur mit der Natur (die Bienen bedeuten die Rosenkreuzer).

Es ist hier unmöglich, auch nur den Umriß der durch die Nennung der Alchemisten und Rosenkreuzer markierten Überlieferung anzugeben. Sie erhielt ungezählte Verzweigungen (zu denen unter anderem die verschiedenen Richtungen der Freimaurerei gehören). Auch über die tragenden Geister dieser Tradition wäre zu sprechen, so über Joachim von Fiore, Paracelsus, Jakob Boehme und einige Naturphilosophen der Romantik. Bis in unsere Zeit pflanzt sich das besagte Gedankengut fort, und zu einem erheblichen Teil lebt es – meist mehr oder weniger deformiert – in den Lehren und Riten der Geheimgesellschaften von heute[7]. Immer ist es *die Konzeption einer den christlichen Dualismus überwindenden Ganzheit*, einer Vereinigung des Hellen und des Dunklen, des Himmlischen und des Irdischen, des Geistigen und des Triebhaften, des Männlichen und des Weiblichen und so fort, die wirksam ist. Eindringlich ist die Symbolik auf dem Pesttaler des Hieronymus Magdeburger (Tafel 46): Christus erscheint – in Anschluß an Joh. III, 14 (siehe oben Seite 37) – als heilbringende Schlange am Kreuz, das heißt seine Gestalt schließt auch die Welt des Chthonisch-Unteren mit ein. Da sich die besagte Überlieferung zum offiziellen Christentum in einer antithetischen Situation befindet, überschneidet sie sich zu einem gewissen Teil mit der des Satanskultes beziehungsweise seiner Grenzphänomene. Dies ist vor allem dann der Fall, wenn sie ihrer ursprünglichen Impulse beraubt und epigonenhaft geworden ist.

Das Rosenkreuz

Aber auch *in der christlichen Kirche* selbst bleibt *ein Stück* der hell-dunklen Ganzheit des Göttlichen und Menschlichen *bewahrt*. Abgesehen davon, daß etliche Bibelstellen und viele liturgische Handlungen und Texte nicht vom Dualismus gezeichnet sind[8], gibt es einige interessante kultische Phänomene, die den traditionell-apollinischen Rahmen sprengen. Das wohl bedeutendste Beispiel ist ein Mysterienkult im modernen Hellas:

»Zu den weniger bekannten Eigentümlichkeiten des heutigen Griechenlands gehört der religiöse Kult einer kleinen Gruppe von Gläubigen, die sich innerhalb des orthodoxen Glaubens einer besonderen Verehrung archaisch-dionysischer Art für die Heiligen Konstantin, Helene und Soteris hingeben. Das Außergewöhnliche ihrer orgiastischen Feiern liegt darin, daß die Gläubigen sich an bestimmten Festtagen zur Pyrowasia, zum Feuerschreiten, befähigt fühlen. Ihre Ikonen in den Händen, können sie dann schadlos eine Glut von 200 bis 300 Grad Celsius mit nackten Füßen überschreiten.

Sie nennen sich ›Anastenaria‹, das heißt die Aufseufzenden. Zu ihnen gehören Männer wie Frauen: der Anastenaris und die Anastenarissa oder Anastenara. Anastenaria, nennen sie auch die Feste, die sie an den Namenstagen der Heiligen feiern. Ihr Oberhaupt ist der Archianastenaris. Die Anhänger sind meist einfache Bauern, die weder des Lesens noch des Schreibens kundig sind. Ihre Entdeckung ist erst kürzlich durch den Präsidenten der ›Gesellschaft für psychische Untersuchungen‹ in Athen, Professor Tanagras, erfolgt. Ihm ist es gelungen, Kirche und Staat das Versprechen abzugewinnen, gegen diese Menschen wegen ihrer heidnischen Riten kein Verbot auszusprechen. Nur so war es möglich, das Vertrauen dieser verschlossenen und in sich zurückgezogen lebenden Menschen zu gewinnen und sie auch zur öffentlichen Veranstaltung ihrer sonderbaren Kulthandlungen zu bewegen.

Die geschichtliche Herkunft dieses Kults geht weit in die vorchristlichen Jahrtausende zurück, bis zu den Phrygern, die auch schon ›durchs Feuer gingen‹. Von ihnen hatten die an der Schwarzmeerküste ansässigen Pontier diese Sitte in ihren Dionysoskult übernommen. Diesen griechischen kriegsliebenden Volksstamm hatten dann später die byzantinischen Imperatoren in Nord- und Ostthrakien als Schutz gegen die Bulgaren angesiedelt. Auf einsame Höhen verschlagen, konnten sie ihren Kult dort unbehelligt weiterführen. Dort nahm auch der wilde thrakische Kult in altersgrauer Zeit seinen Ursprung. Nach der Abtretung Nordthrakiens an die Bulgaren im Jahr 1914 ist ein Teil der Thraker und mit ihnen ein Teil der Anastenaria nach Makedonien geflohen und hat sich dort angesiedelt. Bis heute befindet sich eine Gruppe von Anastenaria noch in Bulgarien. Ihre Feste führen sie – wie es schon bei den alten Mysterien Sitte war – geheim und zu nächtlicher Stunde durch. Die Gläubigen wälzen dann mit bloßen Händen die Glut aus dem Kamin auf den Lehmboden und tanzen in ihrem geschlossenen Festraum, den sie Konaki nennen. Diese Kultform stellt einen Synkretismus heidnischer Elemente mit Riten der anerkannten Staatsreligion dar, in der sich ebenfalls bis heute noch heidnische Züge finden.

An den Festtagen findet zuerst ein normaler, orthodoxer Gottesdienst statt, dem eine Wasserweihe und ein Tieropfer folgen, wie wir es von den eleusinischen Mysterien, dem Kabirenkult und der Orphik her kennen. Das Opfertier wurde früher aus der Anastenaria-Kasse gekauft, an die die Gläubigen einen bestimmten Teil ihrer Einkünfte abführen. Wie zu alter Zeit werden noch Opfergruben ausgehoben und die Knochen und Innenteile hineinversenkt. Das Opfertier, ein ungezähmter Stier oder ein Widder, muß eine ungerade Zahl von Jahren alt sein. Der stark bäuerliche Charakter der Handlung drückt sich besonders darin aus, daß mit dem Tieropfer eine Weihung der Felder stattfindet. Mit einem roten, heiligen Tuch, das der Archianastenaris in allen Himmelsrichtungen segnend über die Felder schwenkt, tanzt er so lange, bis das Tier geopfert wird.

Zu allen Kulthandlungen gehören die Prozessionszüge, bei denen die Anastenaria ihre Ikonen mit sich tragen. Diese werden seit achthundert Jahren nach einem Original kopiert, das sich in Konstantinopel befand. Ganz bestimmte, seit Generationen vererbte Ikonen, mit denen schon die Vorfahren über das Feuer geschritten sind, führen den Namen ›tanzende Ikonen‹. Sie sind von einem kunstvollen Silberrahmen umgeben und mit den roten Tüchern geschmückt, die das Jahr über in einem kleinen Schrein unter der Ikonostase verwahrt werden. Schon im Demeterkult begegnen wir dieser ›kiste‹, wo sie als Allerheiligstes den Mutterschoß barg, der die Mysten beim Anblick – wie es hier die roten Tücher tun – in Verzückung versetzte. Am Nachmittag des ersten Tages steigern sich die Anastenaria in eine solche Ekstase, daß es ihnen ein Bedürfnis wird, mit dem läuternden Feuer in Berührung zu kommen. Für den Neueingeweihten kommt dieser Augenblick, wenn ihn ›der Heilige packt‹ oder ›das Bild den reinen Menschen ruft‹, wie sie sagen.

Mitten in der Ekstase kann man sehr verschiedene Laute vernehmen, die teils einem Hundegebell ähneln, teils ein langgezogenes Zischen darstellen. Besonders auffallend sind die impulsiv ausgestoßenen Schreie: Hach, ich, ech, die auf den Namen Iakchos=Bacchos zu deuten scheinen. Wie jetzt die Ikonen wurde früher das Bild dieses Gottes im Prozessionszuge von Athen nach Eleusis getragen.

Nach religionswissenschaftlicher Deutung drückt sich in diesen Kulthandlungen das Motiv der Reinigung durch das Feuer oder Vereinigung des Menschen mit dem Göttlichen aus.

Eine besondere Tugend, die schon die alten Mysten auszeichnete, ist, daß sie schweigen. Was man nicht mit den Augen erspäht, mit seinem Gefühl erfaßt und aus dem Geschehenen und Gehörten kombiniert hat, erfährt man auch nicht aus dem Munde der Anastenaria. So bleiben uns auch hier – wie auch bei den eleusinischen Mysterien – die letzten und tiefsten Geheimnisse verschlossen.«[9]

Weitere Beispiele finden sich etwa im Kult der äthiopischen Kirche, bei dem sich der von Klatschen, Stampfen und Instrumentenspiel begleitete Priestertanz bis heute erhalten hat[10], oder im Gospel-Song bei den Neger-Gottesdiensten in den amerikanischen Südstaaten[11].
Mehr aber hat *die Gesamtkultur* einschließlich der Künste zu allen Epochen Tendenzen entwickelt, die dem christlichen Dualismus entgegenwirkten. Am stärksten war dies in der Renaissance und in der Romantik der Fall. Auch *der Tiefenpsychologie* des ausgehenden neunzehnten und des zwanzigsten Jahrhunderts kommt unter diesem Blickpunkt entscheidende Bedeutung zu. *Freud* hat den ersten großen Einbruch in traditionell-christliche – auf der Grundlage, auf der auch der Satanskult entstanden ist, gebildete – Tabus gewagt, und bei *Jung*, der den Ganzheitsbegriff des ›Selbst‹ in den Mittelpunkt seiner Psychologie stellt, gipfelt alles schließlich in der Frage, wie es möglich sein kann, »den dunklen Gott, der auch Mensch werden will, aufzunehmen und zugleich auszuhalten, ohne zugrunde zu gehen«[12]. Erich Neumann hat in seinem Buch ›Tiefenpsychologie und neue Ethik‹ die Grundzüge einer nicht mehr dualistischen Moral entwickelt. Es heißt bei ihm:

»Während die Endvorstellung der alten Ethik Teilung, Differenzierung und Aufspaltung war, wie es in der mythologischen Projektion des Jüngsten Gerichts als Sonderung der Böcke von den Lämmern, der Guten von den Bösen formuliert wurde, ist das Leitbild der neuen Ethik die Vereinigung der Gegensätze in einer einheitlichen Struktur... Das Ziel ... ist die Herstellung der Ganzheit, der Totalität der Persönlichkeit ... Alle ... Kräftegruppen müssen berücksichtigt werden, da, wie im Kollektivleben der Völker, die Unterdrückung oder Verdrängung zu Gegenreaktionen führt, welche das Leben der Gesamtheit erschüttern und in dauernder Unruhe halten.«[13]

Den Menschen aus der Alternative zwischen den traditionellen divergierenden Prinzipien (Tafel 47) zu befreien, um ihm einen ›Entwurf‹ seiner selbst in einem universalen Horizont zu ermöglichen, ist auch das, worauf *der Existentialismus* zielt. Die umfassendste künstlerische Manifestation einer nicht regressiven Ganzheit findet sich in unserer Zeit bei *Picasso* (Tafel 48. Der Vergleich demonstriert die ›Entdiabolisierung‹ des Heidnischen).

Versuchen wir nunmehr, zu einigen abschließenden Feststellungen zu kommen.
Die Bedeutung des Satanskultes liegt primär nicht darin, daß es auch heute noch Phänomene dieser Art gibt, oder daß etwa der Hexenglaube in unserer Zeit noch

ziemlich verbreitet ist[14], sondern darin, daß in ihm *wie in einem Brennspiegel eine prinzipielle Problematik der christlichen Religion und Kultur in Erscheinung tritt.* An dieser Problematik partizipiert jeder, der zum christlichen Kulturkreis gehört, auch dann, wenn er dem Christentum entfremdet ist oder sich ihm gegenüber ablehnend verhält. Die Wirkungen des fast zweitausendjährigen Spaltungsprozesses reichen ja in seelische Tiefen, die von der Bewußtseinseinstellung weitgehend unabhängig sind.

Es wäre vollkommen falsch, die dualistische Tradition des Christentums einfach als eine Fehlentwicklung aufzufassen, ist sie ja – bei allem Negativen, das sie mit sich gebracht hat – *ein säkularer, historisch wie psychologisch notwendiger Differenzierungsvorgang.* Heute allerdings, wo die Neurotisierung des einzelnen Menschen und – im übertragenen Sinne verstanden – der Gruppen und Völker bedrohliche Ausmaße angenommen hat, stellt sich *die Frage nach einer Synthese*[15] *auf* einer *höheren,* also nicht vor-dualistischen *Ebene mit großer Dringlichkeit.* Es geht darum, jene Projektionen zurückzunehmen, durch die Teile der eigenen Persönlichkeit, andere Individuen oder Gruppen diabolisiert werden. Das aber wird letztlich immer nur dann gelingen, wenn der Dualismus auch dort überwunden wird, wo er begründet wurde: *in der Beziehung zum Göttlichen.*

Auf lange Sicht hinaus wird es nur verhältnismäßig wenigen Menschen möglich sein, diesen Schritt zu vollziehen, der, um wirksam zu sein, weder die Vergangenheit naiv überspringen noch die Zukunft illegal vorwegnehmen darf. Wann einmal im großen – um mit Kleist zu sprechen – *›das letzte Kapitel von der Geschichte‹* beginnt, ist noch nicht abzusehen.

ANMERKUNGEN

EINFÜHRUNG

1 Band X, Rom 1953, Sp. 1953 (Antonio Romeo).

2 Satanistische Phänomene in den Bereichen anderer Religionen sind christlich beeinflußt, wie etwa der Kult der islamischen Teufelsanbeter, der kurdischen Yeziden (siehe dazu: Louis Massignon, Les Yezidis du Mont Sindjar ›adorateurs d'Iblis‹, in: Satan (Etudes Carmélitaines), Paris 1948, S. 175 ff.).

3 Rossell Hope Robbins, The Encyclopedia of Witchcraft and Demonology, London 1960², S. 50.

4 Dieser Terminus hat sich nach Erscheinen des Standardwerkes von Erich Neumann, Die Große Mutter. Der Archetyp des Großen Weiblichen, Zürich 1956, eingebürgert.

5 Siehe: G. van der Leeuw, Phänomenologie der Religion, Tübingen 1956², S. 768 ff.

6 Ebd., S. 768 f.

7 Ebd., S. 787.

8 Dieser Begriff entstammt der Philosophie Edmund Husserls; er wird von der Religionsphänomenologie in einem *weiteren* Sinne zur Anwendung gebracht.

9 Siehe: C. G. Jung, Mysterium Coniunctionis, Zweiter Teil (Psychol. Abhandlungen, Band XI), Zürich 1956, S. 312 ff., und: Erich Neumann, Der schöpferische Mensch, Zürich 1959, S. 59 ff.; G. R. Heyer, Seelenkunde im Umbruch der Zeit, Bern und Stuttgart 1964, passim. Siehe auch: Ernst Anrich, Moderne Physik und Tiefenpsychologie, Stuttgart 1963, passim.

10 A.a.O., S. 16.

11 Siehe: C. G. Jung, Aion (Psychol. Abhandlungen, Band VIII), Zürich 1951, S. 391; ders., Psychologie und Alchemie (Psychol. Abhandlungen, Band V), Zürich 1952², S. 397 f.

12 Auflösung von ~ zu m bzw. n; u = v und vice versa etc.

GRUNDLAGEN

1. Die religions- und kulturgeschichtlichen Voraussetzungen für den Satanskult

1 Siehe dazu: Friedrich Matz, Göttererscheinung und Kultbild im minoischen Kreta. Akademie d. Wiss. u. d. Lit. Mainz, Abh. d. geistes- u. sozialwiss. Klasse, Jahrg. 1958, Nr. 7, S. 412 ff.

2 Die Herkunft der Dionysosreligion nach dem heutigen Stand der Forschung. Arbeitsgemeinschaft f. Forschung d. Landes Nordrhein-Westf., Geisteswiss., Heft 58, Köln und Opladen 1956.

3 Siehe: Karl Kerényi, Die Mythologie der Griechen, Zürich 1951², S. 261; Verf., Die Welt der Ariadne, Programmblätter d. Wuppertaler Bühnen, Spielzeit 1958/59, Ballett 2, S. 16 f.

4 Siehe dazu: Karl Kerényi, Griechische Miniaturen, Zürich 1957, S. 120.

5 Theophania (rowohlts deutsche enzyklopädie, 15), Hamburg 1956, S. 117 (ohne Kursiv wiedergeg.).

6 Siehe dazu: Karl Kerényi, Das Problem des Bösen in der Mythologie, in: Das Böse (Studien aus dem C. G. Jung-Institut Zürich, XIII), Zürich und Stuttgart 1961, S. 23 f.

7 Homerischer Hymnus an Pan. Übers. aus: Homerische Hymnen, hg. v. Anton Weiher (Tusculum-Bücherei), München 1951, S. 119.

8 Rudolf Bultmann, Das Urchristentum (rowohlts deutsche enzyklopädie, 157/158), Hamburg 1962, S. 146. Siehe dazu auch: Eduard Stemplinger, Antiker Volksglaube (Sammlung Völkerglaube), Stuttgart 1948; Georg Luck, Hexen und Zauberei in der römischen Dichtung (Sammlung Lebendige Antike), Zürich 1962.

9 Yasna 45, 2. Übers. aus: Karl F. Geldner, Die Zoroastrische Religion (Das Avestā), Religionsgeschichtliches Lesebuch (Heft 1), Tübingen 1926², S. 2.

10 Bultmann, a.a.O., S. 152 f.

11 In: C. G. Jung, Symbolik des Geistes (Psychol. Abhandlungen, Bd. VI), Zürich 1953², S. 151–319. Dort alle Literaturangaben. Siehe außerdem: Edouard Langton, La Démonologie (Bibl. scientifique), Paris 1951. (Übers. a. d. Engl.)

12 Schärf, a.a.O., S. 317.

13 Siehe: Victor Maag, Der Antichrist als Symbol des Bösen, in: Das Böse, a.a.O., S. 63–89.

14 Siehe dazu: Franz Cumont, Die Mysterien des Mithra, Darmstadt 1963⁴.

15 Siehe: Bultmann, a.a.O., S. 153.

16 Kap. XII. Migne PG VIII, 240 f., Übers. aus: Thomas Michels, Mysterien Christi, Münster i. Westf. 1952, S. 15 ff. Die rhythmische Prosa des Textes wurde von Michels in hymnische Form gebracht. Die Übersetzung ist gewählt worden, weil sie den Geist des Originals besonders gut wiedergibt. Die Vers-Anordnung wird jedoch hier aufgegeben; entsprechend ist die Großschreibung der Zeilen-Anfänge geändert.

17 Migne PG XXXIII, 1068 ff. Übers. nach Philipp Haeuser, in: Bibliothek der Kirchenväter, Kempten und München 1911 ff., Bd. 41, 1922, S. 361 ff. (ohne Auszeichnungen wiedergeg.).

18 Siehe dazu die ausführliche Bibliographie in: Satan (Études Carmélitaines), a.a.O., S. 647 ff.

19 In Joanem XXVII, 10. Migne PL XXXV, 1620.

2. Soziologische Aspekte satanistischer Bewegungen

1 In: Uppsala Universitets Årskrift (Acta Universitatis Upsaliensis), 1951, Nr. 5, Uppsala-Wiesbaden 1951. Siehe bes. S. 308 ff.

2 Siehe dazu: Levis A. Coser, The Function of Social Conflict, Glencoe, Ill. 1956.

3 Eine – sich allerdings nur auf die Inquisitoren – beziehende gruppensoziologische Analyse am Beispiel eines historischen Hexenprozesses liegt vor in: Wanda von Baeyer, Die historischen Hexenprozesse, in: Massenwahn in Geschichte und Gegenwart, hg. v. Wilhelm Bitter, Stuttgart 1965 (in Vorbereitung).

4 (piper paperback), München 1963, S. 488.

3. Die psychopathologischen Züge des Satanskultes

1 Definition von J. L. A. Koch in seinem Werk: Die psychopathischen Minderwertigkeiten, 3 Bände, Ravensburg 1891–1893.

2 Ges. Werke, Bd. XIII, London 1955, S. 315–353.

3 Anm. Freuds: Siehe Th. Reik, Der eigene und der fremde Gott (Imago-Bücher III, 1923) im Kapitel: Gott und Teufel.

4 Freud, a.a.O., S. 331 f.

5 Ebd. S. 333.

6 Siehe dazu: Anna Freud, Das Ich und die Abwehrmechanismen (Kindler Taschenbücher, 2001), München 1964.

7 Formuliert nach: Rudolf Brun, Allgemeine Neurosenlehre, Basel 1954³, S. 239.

ZEUGNISSE FÜR DEN SATANSKULT UND DIE SCHWARZE MESSE

1. Grenzphänomene des Satanskultes in den ersten christlichen Jahrhunderten

1 Die Gnosis (Króners Taschenausgabe, Bd. 32), Stuttgart 1955[4], S. 186.
2 Siehe darüber: Leonhard Fendt, Gnostische Mysterien, München 1922, S. 9.
3 Nähere Angaben bei Fendt, a.a.O., S. 12 ff.
4 Zur psychoanalytischen Deutung des Kitzelreizes siehe u.a.: Georg Groddeck, Das Buch vom Es, Neuaufl. Wiesbaden 1961, S. 202. 257.
5 Zum Begriff ›Mana‹ siehe: van der Leeuw, a.a.O., S. 4 ff. Über Sperma und Mana siehe: Will-Erich Peuckert, Geheimkulte, Heidelberg 1951, S. 396 ff.
6 Siehe: Stemplinger, a.a.O., S. 104.
7 Belege in: Hans Leisegang, Pneuma Hagion (Veröffentl. d. Forschungsinstitutes f. vergl. Rel.geschichte a. d. Univ. Leipzig, Nr. 4), Leipzig 1922, S. 71 f.
8 Ders., Die Gnosis, a.a.O., S. 195.
9 Siehe dazu die einschlägigen Stellen in den Dogmengeschichten (Loofs, Harnack, Seeberg etc.). In diesen Zusammenhang gehören die Logos-Epiklesen mancher alter Liturgien.
10 Siehe darüber: Hans Lietzmann, Messe und Herrenmahl (Arbeiten z. Kirchengesch., 8), Bonn 1926.
11 Siehe darüber: Thomas Ohm, Die Gebetsgebärden der Völker und das Christentum, Leiden 1948, S. 438 ff.
12 Zur Interpretation siehe: Fendt, a.a.O., S. 20 ff. Fendts Auffassung ist insofern einseitig, als die Einsetzungsworte eigentlich in den Zusammenhang der Eucharistia gehören (siehe dazu: Lietzmann, a.a.O., passim).
13 Fendt, a.a.O., S. 20.
14 Siehe dazu: Heinrich Ploss und Max Bartels, Das Weib in der Natur- und Völkerkunde, 1. Bd., Leipzig 1913[10], S. 519 ff.; Julius Evola, Metaphysik des Sexus, Stuttgart 1962, S. 246 ff.; Stemplinger, a.a.O., S. 105.
15 Zitiert bei Ploss-Bartels, a.a.O., S. 521.
16 Neumann, Die Große Mutter, a.a.O., S. 149.
17 Siehe dazu: ebd., S. 149 ff.
18 Siehe dazu: Leisegang, Die Gnosis, a.a.O., S. 111 ff.
19 Der Name leitet sich ab von griech. ›περάω‹ = ›überschreiten‹. Gemeint ist das Überschreiten der Vergänglichkeit.
20 Aus der umfangreichen Literatur zur Schlangensymbolik sei genannt: Jacob Maehly, Die Schlange im Mythus und Cultus der classischen Völker, Leipzig 1867; Erich Küster, Die Schlange in der griechischen Kunst und Religion (Religionsgesch. Versuche u. Vorarb. XIII, 2), Gießen 1913; Albrecht Dieterich, Abraxas, in: Festschrift für H. Usener, Leipzig 1891; Hans Leisegang, Das Mysterium der Schlange, in: Eranos-Jahrbuch VII (1939), Zürich 1940; Artikel ›Schlange‹ im Handwörterbuch des deutschen Aberglaubens, Bd. VII, Berlin und Leipzig 1935, Sp. 1114 ff.; C. G. Jung, Symbole der Wandlung, Zürich 1952, passim (siehe Register).
21 Siehe dazu: Erich Neumann, Ursprungsgeschichte des Bewußtseins, Zürich 1949, S. 53 ff.
22 Eusebius Caes., Praep. Evang. I, 10. Migne PG XXI, 89 f. Übers. nach: Dorothea Forstner, Die Welt der Symbole, Innsbruck-Wien-München 1961, S. 422 f.
23 Das Mysterium der Schlange, in: a.a.O., S. 150–250.
24 Parallelen in: P. Derchain und A. Delatte, Cinq Cents intailles magiques gréco-égyptiennes, principalement du Cabinet des Médailles de la Bibliothèque Nationale de Paris, Paris 1963.

25 Hippolyt. Elench. V. Übers. aus: Leisegang, Die Gnosis, a.a.O., S. 145.

26 Siehe den Text in: ebd., S. 147ff.

27 Siehe dazu: Franz Diekamp, Katholische Dogmatik, Bd. 3, Münster i. Westf. 1942, S. 130 f.

28 Fendt, a.a.O., S. 24.

29 PG CXXII, 817–876.

30 Siehe dazu die Zusammenfassung der Forschungsergebnisse bei: Carl Andresen, Die Kritik der Alten Kirche am Tanz der Spätantike, in: Der Tanz in der modernen Gesellschaft, hg. Friedrich Heyer, Hamburg 1958, S. 139 ff. Dort auch zahlreiche Quellen-Angaben zum Phänomen.

31 Migne PG LVIII, 491. Übers. aus: Bibliothek der Kirchenväter, a.a.O., Bd. 26, S. 72.

32 Ausführliches darüber in: Verf., Psyche und Mysterium (Studien aus dem C.G. Jung-Institut Zürich, V), Zürich 1954, S. 57ff. 152 ff.

2. Die Blütezeit des Satanskultes im Mittelalter

1 Siehe dazu: E. Louis Backmann, Religious Dances in the Christian Church and in Popular Medicine, London 1952, S. 170 ff.; Curt Sachs, Eine Weltgeschichte des Tanzes, Berlin 1933, S. 170 ff.

2 Siehe: Backmann, a.a.O., S. 172 ff.

3 Schon im Jahre 879 wurde der Tempel des Swantewit auf Arkona in eine Kapelle d. hl. Veit umgewandelt, in die dann Tanzkranke zur Heilung gebracht wurden. Siehe: Max von Boehn, Der Tanz (7. Jahresreihe d. Volksverb. d. Bücherfreunde, Bd. 2), Berlin 1925, S. 65.

4 Siehe: Giraldus Cambrensis, Itinerarium Cambriae I, 2. Text vorgelegt in: Sachs, a.a.O., S. 171.

5 Ges. Werke, Musarionausgabe, Bd. III, München 1920, S. 25.

6 Siehe dazu: Du Cange, Glossarium mediae et infimae Latinitatis, nova editio, Bd. IV, Paris 1938, S. 481 ff. (Art. ›Kalendae‹). Siehe auch: ebd., Bd. 2, Paris 1938, S. 277f. (Art. ›Cervula‹). Eine Interpretation in: Paul Radin - Karl Kerényi - C. G. Jung, Der göttliche Schelm, Zürich 1954, S. 187ff.

7 Die Wahl eines Kinderbischofs hat sich an manchen Orten bis heute erhalten, so z.B. im Kloster Montserrat.

8 Siehe: Backmann, a.a.O., S. 193 (Bildunterschrift).

9 Siehe dazu: Du Cange, a.a.O., Bd.VI, Paris 1938, S.253 f. (Art. ›Pelota‹); Hugo Rahner, Der spielende Mensch, Einsiedeln 1952, S. 74; Alfons Rosenberg, Die christliche Bildmeditation, München-Planegg 1955, S. 278ff.; Siegfried Mendner, Das Ballspiel im Leben der Vöker, Münster i. Westf. 1956, S. 69 f.

10 Siehe dazu: Du Cange, a.a.O., Bd. III, Paris 1938, S. 460 f. (Art. ›Festum Asinorum‹). Interpretation in: Radin - Kerényi - Jung, a.a.O., S. 188 ff.

11 Zur Symbolik des Esels siehe: J. Collin de Plancy, Dictionnaire Infernal, nouv. éd., Paris 1853, S. 32 f.; Forstner, a.a.O., S. 367ff.

12 Walter F. Otto, Dionysos (Frankf. Studien z. Religion u. Kultur d. Antike, Bd. IV), Frankfurt a.M. 1960[3], S. 155.

13 Im vierten Teil.

14 Zur Geschichte der mittelalt. häretischen Bewegungen siehe: Arno Borst, Die Katharer (Schriften d. Monumenta Germaniae historica, 12), Stuttgart 1953. Dort auch umfangreiche Literaturangaben.

15 Wesentliche Auskünfte zu den Quellen verdanke ich Herrn Prof. Arno Borst und Herrn Prof. Hans Martin Klinkenberg (siehe Vorwort).

16 Zum Fortleben des Manichäismus im Mittelalter siehe: Steven Runciman, The Medieval Manichee, Cambridge 1947.

17 Siehe dazu: Borst, a.a.O., S. 151 ff.
18 Siehe dazu: Caufeynon et Jaf, Les Messes Noires, Paris 1905, S. 28 ff.
19 Siehe: Borst, a.a.O., S. 74 f.
20 Siehe dazu: Evola, a.a.O., S. 173 ff.
21 Ebd., S. 175.
22 Siehe dazu: Stemplinger, a.a.O., S. 115.
23 Siehe: Borst, a.a.O., S. 75 f.
24 Siehe dazu: Forstner, a.a.O., S. 376 f.
25 So: Eucherius von Lyon, Liber formul., V. Migne PG L,753 (Angabe bei Forstner, S. 376).
26 Siehe dazu: Ohm, a.a.O., S. 224 ff.
27 Siehe dazu: Collin de Plancy, a.a.O., S. 135 f.
28 Siehe dazu die entspr. Stichworte (Sozialismus etc.) im Register von: Borst, a.a.O.
29 Aus der Literatur über das Ritual des Hexensabbats soll hier nur genannt werden: Jules Baissac, Les grands jours de la Sorcellerie, Paris 1890, S. 94 ff.; Jules Bois, Le Satanisme et la Magie, Paris 1896, S. 93 ff.; Caufeynon et Jaf, Les messes noires, a.a.O., S. 153 ff.; Jules Michelet, La Sorcière (Societé des textes franç. mod.), textkrit. Neuaufl., Bd. 1, Paris 1952, S. 127 ff.
30 A.a.O., S. 430.
31 A.a.O., S. 127.
32 Siehe dazu: Kurt Baschwitz, Hexen und Hexenprozesse, München 1963, S. 216 ff.
33 Siehe dazu: Heinrich Marzell, Zauberpflanzen Hexentränke (Kosmos-Bibl., Bd. 241), Stuttgart 1963, S. 45 ff.
34 Siehe dazu: Erich Haisch, Der Hexenwahn, Ciba-Zeitschrift Nr. 101, Bd. 9, Wehr/Baden 1963, S. 3367 f. u. Lit.-Angaben S. 3380.
35 Hexensalben, in: Medizinischer Monatsspiegel (Merck) Nr. 9, Darmstadt 1960, S. 169. Vergl. den Bericht im ›Stern‹, Hamburg vom 2.4.1960 (XIII/Nr. 14). Zur Zeit ist Priv.-Doz. Dr. med. Hanscarl Leuner, Psychiatr. Univ.-Klinik Göttingen, mit entspr. Untersuchungen beschäftigt.
36 Siehe: Die Große Mutter, a.a.O., S. 278.
37 Siehe u.a.: Gisbert Kranz, Farbiger Abglanz, Nürnberg 1957, S. 67.
38 Reinhard Herbig, Pan, Frankfurt a.M. 1949, S. 17 f. 33.
39 Elfte orph. Hymne auf Pan. Siehe: Herbig, a.a.O., S. 68 f.
40 Siehe: ebd., S. 27 ff.
41 Siehe: Otto, a.a.O., S. 152 ff.
42 Siehe: Herbig, a.a.O., S. 71 f.
43 Siehe dazu: Forstner, a.a.O., S. 396 f.
44 Siehe dazu: ebd., S. 434 ff.
45 Näheres in: ebd., S. 381 f.
46 In den Zusammenhang des zur Rede stehenden Phänomens gehört die Auffassung der mittelalterlichen Moraltheologie vom teuflischen Ursprung der – existentiell gemeinten – Traurigkeit. Das bewußte Verharren in ihr, für das das griech.-lat. Wort ›acedia‹ (mißverständlich übersetzt mit ›Trägheit‹) gebraucht wird, wurde zu einer der sieben Todsünden.
47 Conc. Trident. Sess. 7 can. 9.
48 Siehe dazu: Heinrich Schurtz, Altersklassen und Männerbünde, Berlin 1902; Adolf Ellegard Jensen, Beschneidung und Reifezeremonien bei Naturvölkern (Studien z. Kulturkunde, Bd. 1), Stuttgart 1933.
49 Vergl. dazu etwa die Plazierung der Guten und der Bösen beim Weltgericht (Matth. XXV, 33).
50 Siehe dazu: Lietzmann, a.a.O., S. 175.
51 Siehe: ebd., S. 82.

52 Siehe: ebd., S. 186.

53 Siehe dazu: Baschwitz, a.a.O., S. 212 ff.

54 Die Große Mutter, a.a.O., S. 147 ff.

55 Bedeutsam ist, daß das Dogma von der Gottesmutterschaft Marias in Ephesus, der Stadt der vielbrüstigen Diana, verkündet wurde (431). Im Unterschied zum westlichen Christentum hat das östliche Christentum bis heute die Substanz des frühen Marienbildes bewahrt.

56 Siehe dazu: Marie-Madeleine Davy, Das Symbol der kosmischen Mutter im 12. Jahrhundert, in: Antaios, Bd. II/Nr. 2, Stuttgart 1960, S. 158 ff.

57 Siehe dazu: Anne Marie Heiler, Die Stellung der Frau in den Religionen, in: Krisis und Zukunft der Frau, hg. v. Wilhelm Bitter, Stuttgart 1962, S. 202 f.

58 Siehe dazu: ebd., S. 203.

59 (Hist. Forschungen u. Quellen, 12. Heft), München u. Freising 1936.

60 Ebd., S. 62.

61 Geheimkulte, a.a.O., S. 267 ff.

62 Siehe dazu den Artikel ›Blocksberg‹ im Handwörterbuch des deutschen Aberglaubens, a.a.O., Bd. I, 1927, Sp. 1423 ff.; Will-Erich Peuckert, Der Blocksberg, in: ders., Verborgenes Niedersachsen, Göttingen 1960, S. 103 ff.

63 Zur Bedeutung der schon im Canon Episcopi (um 900) genannten Diana für den mittelalterl. Hexenglauben siehe: Anton Mayer, a.a.O., S. 18; Henry Charles Lea, Geschichte der Inquisition im Mittelalter, 3. Bd., Bonn 1913, S. 552.

64 A.a.O., (Bd. 1), S. 135 ff.

65 Joseph Hansen, Quellen und Untersuchungen zur Geschichte des Hexenwahns und der Hexenverfolgung im Mittelalter, Bonn 1901, S. 38.

66 In: Antaios, Bd. I/Nr. 1, Stuttgart 1959, S. 1 ff.

67 Siehe: Fritz Weege, Der Tanz in der Antike, Halle/Saale 1926, S. 69.

68 Siehe dazu: Anton Mayer, a.a.O., S. 49 ff.

69 Zur Sexualsymbolik des Baumes siehe: Jean Boullet, Symbolisme sexuel (Bibl. intern. d'Erotologie), Paris 1961, S. 13 f.; Lo Duca, L'Erotisme au Cinéma III (Bibl. intern. d'Erotologie), Paris 1962, S. 54 ff.

70 Siehe dazu: Neumann, Die Große Mutter, a.a.O., S. 68 f. 278.

71 Ebd., S. 148. 166. 183 f.

72 Siehe dazu: Otto, a.a.O., S. 94 ff.; Kerényi, Die Mythologie der Griechen, a.a.O., S. 252 ff.

73 725 ff. Übers. nach: Euripides, Die Mänaden, übertr. v. Ernst Buschor (Insel-Bücherei, 582), Wiesbaden 1957, S. 37 f.

74 Siehe dazu u.a.: Karl Kerényi, Streifzüge eines Hellenisten, Zürich 1960, S. 55 ff.

75 Siehe dazu: Karl Simrock, Handbuch der Deutschen Mythologie mit Einschluß der nordischen, Bonn 1864², S. 216 ff.

76 Siehe dazu: ebd., S. 375 ff.

77 Edda, Havamal, 139. Übers. nach: ebd., S. 236.

78 Neumann, Die Große Mutter, a.a.O., S. 264.

79 Zur Mutter-Symbolik des Kreuzes siehe: Jung, Symbole der Wandlung, a.a.O., S. 463 ff.

80 Siehe dazu: Simrock, a.a.O., S. 236 f.

81 Ein erschröckliche geschicht / so zu Derneburg in der Graffschafft Reinsteyn / am Hartz gelegen / von dreyen Zauberin / unnd zwayen Mannen / in ettlichen tagen des Monats Octobris Im 1555. Jare ergangen ist. Das in Nürnberg gedruckte Flugblatt ist u.a. wiedergegeben in: Jürgen Dahl, Nachtfrauen und Galsterweiber, Ebenhausen bei München 1960, S. 18.

82 Siehe etwa: Heribert Jone, Katholische Moraltheologie, Innsbruck 1961¹⁷.

83 Siehe dazu: Neumann, Die Große Mutter, a.a.O., S. 101 f.

84 4. Bd., 2. Abt., Regensburg 1842, S. 263.

85 Siehe dazu: Sigmund Freud, Drei Abhandlungen zur Sexualtheorie, in: Ges. Werke, a.a.O., Bd. V, 1949, S. 27–145.

86 Siehe dazu: Wilhelm Reich, Der Einbruch der Sexualmoral, Kopenhagen 1935²; Bronislaw Malinowski, Geschlecht und Verdrängung in primitiven Gesellschaften (rowohlts deutsche enzyklopädie, 139/140), Reinbek bei Hamburg 1962. Literaturhinweise ebd., S. 274 ff.

87 Siehe: Jung, Symbole der Wandlung, a.a.O., passim; Neumann, Ursprungsgeschichte des Bewußtseins, a.a.O., passim.

88 Siehe: C. G. Jung, Von den Wurzeln des Bewußtseins (Psychol. Abhandlungen, Bd. IX), Zürich 1954, S. 84 f.

89 A.a.O., S. 208.

90 Siehe dazu: Groddeck, Das Buch vom Es, a.a.O.; ders.,Psychoanalytische Schriften zur Literatur und Kunst, Wiesbaden 1964, bes. S. 9 ff. 268 ff.

91 Ebd., S. 269.

92 Siehe dazu: Verf., Sexus und Individuation, in: Praxis der Psychotherapie, Bd. VIII/Heft 6, München 1963, S. 268 ff.

93 Zum Begriff ›Incubus‹ siehe: Robbins, a.a.O., S. 254 ff. Vergl. das über den Begriff ›Succubus‹ Gesagte ebd., S. 490 ff.

94 Es seien etwa die Namen D. H. Lawrence und Henry Miller genannt.

95 A.a.O., S. 137 f.

96 A.a.O. (Bd. 1), S. 139 Anm.

97 La Messe Noire (Übers. a. d. Amerikan.), Paris 1958, S. 62.

98 Siehe zu der Felszeichnung: E(dwin) O(liver) James, Religionen der Vorzeit (DuMont Dokumente), Köln 1960, S. 145; Sachs, a.a.O., S. 46 f.

99 Sachs, a.a.O., S. 258. Über den Branle siehe auch: ebd. ff.; Fritz Feldmann, Historische Tänze der musikalischen und choreographichen Weltliteratur, Teil I, in: Volkstanz im Tanzarchiv, 4. Jahrg., 5. Heft, Hamburg 1960, S. 73 ff.

100 Siehe darüber: Sachs, a.a.O., S. 295 f.

101 Siehe dazu: Forstner, a.a.O., S. 337 ff.

102 A.a.O., S. 42 ff.

103 Geistliches Krafftzeltlein auff den Weg der Himmlischen Bergstraß ... Durch R.P. Sixtum Bergomens. Min. Observ. Reform. in Welsch verfasset. Und jetzt durch Caspar Heyfelder ... verteutscht. München 1628, S. 229 ff.

104 Siehe dazu: Kranz, a.a.O., S. 74.

105 Auch geschrieben: Rais, Raiz, Retz. Über Gilles de Rays siehe: Lea (Bd. 3), a.a.O., S. 529 ff.; Roland Villeneuve, Gilles de Rays (Coll. La Tour Saint-Jacques), Paris 1955 (mit ausführl. Quellen- und Literaturangaben).

106 Confession de Gilles, 22. Okt. 1440. Zitiert in: Villeneuve, a.a.O., S. 174 Anm.

107 Déposition de Poitou, 17. Okt. 1440. Zitiert: ebd.

108 Erstauflage Paris 1891. Siehe zu diesem Buch Abschnitt 4c unserer Darstellung.

109 Tief unten, Neuaufl. (Phaidon Bibliothek) Köln-Berlin 1963, S. 72 f. 75 (Kursiv von mir).

110 Aus der reichen Literatur dazu sei genannt: Lea (Bd. 3), a.a.O., S. 269 ff.; Konrad Schottmüller, Der Untergang des Templerordens, 2 Bände, Berlin 1887; Heinrich Finke, Papsttum und Untergang des Templerordens, 2 Bände (Vorreformationsgeschichtl. Forschungen, 4 u. 5), Münster i. Westf. 1907; Raymond Oursel, Le Procès des Templiers, Paris 1955.

111 Geheimlehre und Geheimstatuten des Tempelherren-Ordens, Berlin 1879; ders., Entwicklung und Untergang des Tempelherrenordens, Berlin 1888.

112 A.a.O. (Bd. 3), S. 301.

113 Siehe: ebd., S. 313 f.

114 Edition Michelet, Bd. II, S. 195.

115 Siehe dazu: Ohm, a.a.O., S. 184 f. – Von Interesse ist in diesem Zusammenhang auch die Tabuierung des Nabels durch die Filmzensur in den USA.

116 Verhör des Gérard du Passage vom 27. IV. 1310. Michelet, Bd. I, S. 212.

117 Siehe dazu: Collin de Plancy, a.a.O., S. 468. Eine Baphomet-Darstellung, deren Deutung allerdings nicht zuverlässig gesichert ist, findet sich in: Roland Villeneuve, Le Diable (Bibl. intern. d'Erotologie), Paris 1963, S. 57.

118 Siehe dazu: Lea (Bd. 3), a.a.O., S. 303 f. Eine sehr weitgehende und übersteigerte, aber interessante Deutung ist zu finden in: Julius Evola, Das Mysterium des Grals, München-Planegg 1955, S. 179 ff.

3. Die Privatisierung der Schwarzen Messe zur Zeit Ludwigs XIV.

1 Siehe dazu: Baschwitz, a.a.O., S. 222 ff.

2 Siehe die Angabe vor dem Quellentext.

3 Siehe dazu: G. Legué, Médecins et Empoisonneurs au XVIIe siècle, Paris 1896; Frantz Funck-Brentano, Die Giftmord-Tragödie nach den Archiven der Bastille, München 1903²; Georges Mongredien, Madame de Montespan et l'affaire des poisons, Paris 1953 (mit ausführlichem Quellen- und Literaturverzeichnis).

4 Nach der Überlieferung soll ihn Louise de Lavallière zuerst so genannt haben.

5 Entnommen aus: Toute la Danse, Paris, 4. Jahrg. 1955, Januar-Heft, S. 28.

6 Die zitierten Worte stammen aus dem ambrosianischen Hymnus ›Splendor paternae gloriae‹ (Breviarium Romanum, Feria II ad Laudes). Zur christlichen Sonnensymbolik siehe: Franz Joseph Dölger, Die Sonne der Gerechtigkeit und der Schwarze (Liturgiegesch. Forschungen, Heft 2), Münster i. Westf. 1919; ders., Sol salutis, Münster i. Westf. 1925²; Forstner, a.a.O., S. 119 ff.

7 Siehe dazu: van der Leeuw, a.a.O., S. 450 ff.; Neumann, Die Große Mutter, a.a.O., S. 270.

8 Siehe dazu: Forstner, a.a.O., S. 520 ff.

9 Ebd., S. 522 f. (ohne Sperrung wiedergeg.).

10 Siehe: Stemplinger, a.a.O., S. 128.

11 Siehe darüber die ausführlichen Passagen in: Ploss-Bartels, a.a.O., 2. Bd., Leipzig 1913¹⁰.

12 Verbindung von Kreis- und Viererstruktur. Zur Mandala-Symbolik siehe: Jung, Psychologie und Alchemie, a.a.O., S. 139 ff.

13 Interrogatoire de Vautier du 2 novembre 1679 (B.C.L.). Ravaisson VI, S. 37.

14 Siehe dazu: Hermann L. Strack, Das Blut im Glauben und Aberglauben der Menschheit, München 1900⁸; Theodor Schiffner, Blutzauber und Anderes, Leipzig 1930²; Franz Rüsche, Blut, Leben und Seele (Studien z. Gesch. u. Kultur des Altertums, 5. Erg.bd.), Paderborn 1930; Ornella Volta, Le Vampire (Bibl. intern. d'Erotologie), Paris 1962.

15 Völkerpsychologie, Bd. II, 2. Teil, Leipzig 1906, S. 15.

16 Übers. aus der Zürcher Bibel.

17 Siehe dazu: F. M. Th. Böhl, Zum babylonischen Ursprung des Labyrinths, in: Miscellanea Orientalia A. Deimel dedicata, Rom 1935, S. 21; Karl Kerényi, Labyrinth-Studien (Reihe ›Albae Vigiliae‹, Neue Folge, Heft X), Zürich 1950², S. 14 f.

18 A.a.O., Bd. VI, S. 336 Anm.

19 Entnommen aus: Funck-Brentano, a.a.O., S. 140 f.

20 Siehe: Baschwitz, a.a.O., S. 238 f.

4. Die Poetisierung des Satanskultes im neunzehnten Jahrhundert

1 Florenz 1948[3].
2 München 1963.
3 Siehe dazu: Charles Baudelaire, Les Fleurs du Mal, hg. von Antoine Adam (Classiques Garnier), Paris 1961, Kommentar S. 419 (hier Verweis auf: Louis Maigron, Le Romantisme et les mœurs, Paris 1910, S. 187f.). 423.
4 Aufzeichnung vom 26.6.1860.
5 Mon cœur mis a nu.
6 1947. Neuaufl. (Coll. Idées), Paris 1963. Deutsch: Hamburg, 1953. Im folgenden wird aus dem Originaltext zitiert.
7 Sartre, a.a.O., S. 88.
8 Ebd., S. 239.
9 In: Baudelaire, a.a.O., S. 424.
10 Über Leopardi siehe u.a.: Karl Vossler, Leopardi, Heidelberg 1930; Francesco de Sanctis, Studi sul Leopardi, Neapel 1933[3]; G. Laini, Leopardi, Florenz 1948.
11 Siehe dazu: Friedrich Heiler, Das Gebet, München 1921, S. 182 ff.
12 Diels, Fragm. 52.
13 Über Carducci siehe u.a.: A. Galletti, L'opera di Giosuè Carducci, Bologna 1929; W. F. Smith, A bibliography of critical material on Giosuè Carducci, Colorado Springs 1942.
14 Über Huysmans siehe u.a.: Jean Bricaud, Huysmans et le Satanisme, Paris 1913; Léon Deffoux, J. K. Huysmans sous divers aspects, Paris und Brüssel 1943; Maurice Garçon, Huysmans inconnu, Paris 1941; Robert Baldick, The life of J.-K. Huysmans, Oxford 1955; Praz, a.a.O., passim. – Für die einleitende Darstellung wurde insbesondere benutzt: Jean Bricaud, Joris-Karl Huysmans als Okkultist und Magier, in: Hain der Isis, Brandenburg, 1931/Nr. 4, 5, 6.
15 Zitiert nach: Bricaud, in: Hain der Isis, a.a.O., Nr. 4, S. 139.
16 Ebd., Nr. 5, S. 172.
17 Siehe: ebd., Nr. 5, S. 171.
18 A.a.O. (deutsche Ausgabe), S. 264.
19 Siehe: Kerényi, Die Mythologie der Griechen, a.a.O., S. 173 f.
20 Siehe darüber: Hans Herter, Vom dionysischen Tanz zum komischen Spiel (Darstellung und Deutung, Heft 1), Iserlohn 1947, passim.
21 Certains (G. Moreau, Degas, Cheret, Whistler, Rops, Le Monstre, Le Fer), Paris 1889, S. 78. Übers. aus: Praz, a.a.O., S. 213.
22 Siehe dazu: Johannes Jörgensen, J. K. Huysmans (Kultur und Katholizismus), Mainz und München 1908, S. 6.
23 Übers. aus der Piper-Ausgabe, München 88. Tsd. 1957, S. 412. 420.
24 Siehe dazu: Brun, a.a.O., S. 366 f.
25 Tief unten, übers. von Pfannkuche, a.a.O., S. 90 f.

5. Epigonale Erscheinungen und surrealistische ›Verfremdung‹ des Satanskultes im zwanzigsten Jahrhundert

1 Zürich-Leipzig-Wien 1926, S. 100 ff.
2 Ebd., S. 113 f.
3 Siehe dazu: René Fülöp Miller, Der heilige Teufel (Sonderausgabe), Berlin-Wien-Leipzig 1927, S. 19 ff.
4 Ders., Geist und Gesicht des Bolschewismus, a.a.O., S. 114.
5 Ebd., S. 255.

6 Siehe dazu: Friedrich Heiler, Urkirche und Ostkirche (Die katholische Kirche des Ostens und Westens, Bd. I), München 1937, S. 291 ff.

7 Siehe dazu etwa: Alfred Weber, a.a.O., S. 465 f.

8 Siehe dazu: Wilhelm Treue, Idee und Verwirklichung des Marxismus, in: Massenwahn in Geschichte und Gegenwart, a.a.O. (in Vorbereitung).

9 (Intern. Psychoan. Bibliothek, Nr. 9), Leipzig-Wien-Zürich 1920, S. 116.

10 Siehe etwa: Christina Hole, Mirror of Witchcraft, London 1957.

11 Über Crowley siehe u.a.: Aleister Crowley, The Spirit of Solitude. An Autobiographie, 2 Bände, London 1929; John Symonds, The Great Beast, London 1955[6]; Pierre Victor, Aleister Crowley et sa magie, in: La Tour Saint-Jacques, Paris, 1957/Nr. 11–12, S. 105–123.

12 Aus urheberrechtlichen Gründen ist es leider nicht möglich, eine Textprobe zum Abdruck zu bringen.

13 Volksrecht, Zürich, 8.1.1953.

14 Der Abend, Berlin, 7.5.1963.

15 Zitiert von Romeo, in: Enciclopedia Cattolica, a.a.O., Sp. 1959. Übers. aus: Nicolas Corte, Unser Widersacher der Teufel (Der Christ in der Welt, V. Reihe, 5. Bd.), Aschaffenburg 1962[2], S. 94.

16 New York, Bd. 36/Nr. 9, 18.5.1964.

17 Quick, München, Jahrg. 8/Nr. 44, 29. 10. 1955.

18 Zum Satanskult im heutigen Frankreich siehe: Francis Barney, Prière à Satan. Messes noires d'hier et d'aujourd'hui, Paris 1957.

19 In seinem Buch: Dogme et rituel de la haute magie, Paris 1861. Die Darstellung ist abgebildet in: Robbins, a.a.O., S. 133.

20 Siehe dazu: Kurt Seligmann, Das Weltreich der Magie, Stuttgart 1958, S. 336 ff.

21 Geschichte des Surrealismus, Köln 1961, S. 223.

22 Siehe dazu: Bernard Roger, Indications concernant les travaux pour l'aménagement de Notre-Dame de Paris en Palais d'amour, in: Katalog der Exposition internationale du Surréalisme 1959–1960, Galerie Daniel Cordier, Paris 1959, S. 73 ff.

23 Petrusblatt, Berlin, 2. Jahrg./Nr. 33, 18.8.1946.

24 Siehe dazu: Hans Habe, Der Teufel kam nach Rom, in: Revue, München, 10. 2. 1963 (Nr. 6). Zum Aufführungsverbot siehe u. a. eine Mitteilung im Kölner Stadt-Anzeiger, 12.2.1963.

25 Siehe: Luis Buñuel, Viridiana (Cinemathek, 4), Hamburg 1962. Die Uraufführung des Films fand im Mai 1961 in Cannes statt.

26 Ebd., S. 75. In der deutschen Fassung des Films wurde die Einstellung, die das ›Fotografieren‹ zeigt, vom Verleih geschnitten, auch krähte der Hahn in dieser Fassung nur einmal.

27 Ebd., S. 8.

28 Nachwort von Theodor Kotulla, in: ebd., S. 95.

29 Kirchenbote des Bistums Osnabrück, 25.6.1961.

30 Siehe dazu: Arthur Ramos, O Folclore Negro do Brasil, Rio de Janeiro 1954[2]; José Medeiros, Candomblé, Rio de Janeiro 1957; Roger Bastide, Sociologia do Folclore Brasileiro, São Paulo 1959.

31 Aus dem Manuskript einer Zusammenfassung von: Derzeitige archaisch-ekstatische Massenbewegungen in Brasilien, in: Massenwahn in Geschichte und Gegenwart, a.a.O. (in Vorbereitung).

32 Siehe dazu: Abraxas, hg. von Kurt Peters (Die Tanzarchiv-Reihe, 2), Hamburg 1964.

33 Siehe dazu: Ansgar Skriver, Gotteslästerung? (das aktuelle thema, Bd. 11), Hamburg 1962, S. 92 f.

34 Reclams Balletführer von Otto Friedrich Regner (Universal-Bibl. Nr. 8042–47), Stuttgart 1964[3], S. 20 f.

35 Abraxas: Gnosis der Ballettmusik, in: Musik und Szene (Theaterzeitschrift der Deutschen Oper am Rhein), Düsseldorf, 7. Jahrg. 1962/63, Nr. 4, S. 4.

36 Georg Heidingsfelder, Sektierer des Satans, in: Mann in der Zeit, Augsburg, Okt. 1950 (Nr. 10). Die erwähnte norddeutsche Wochenschrift ließ sich nicht mehr ermitteln.

37 Vergl. auch das Gebet ›Perceptio Corporis tui‹ der röm. Messe.

38 Siehe: Hilde Spiel, Aus der Tiefe der Zeit, in: Frankfurter Allgemeine Zeitung, 30. 4. 1964.

39 Siehe dazu: Jung, Mysterium Coniunctionis, a.a.O., passim (Stellen im Register, S. 398 f. unter ›prima materia‹).

40 Spiel, a.a.O.

41 Siehe dazu: Prospekt der Galerie Junge Generation, Wien, Nr. 10 (Nitsch 24.6.–4. 7. 1964).

42 Hg. von der vorgenannten Galerie.

SCHLUSS

1 Siehe dazu: Marie Louise von Franz, Die alchemistische Makrokosmos-Mikrokosmos-Idee im Lichte der Jungschen Psychologie, in: Symbolon. Jahrbuch für Symbolforschung, Bd. 1, Basel-Stuttgart 1960, S. 27 ff.

2 Siehe dazu: Herbert Silberer, Probleme der Mystik und ihrer Symbolik, Wien und Leipzig 1914 (photomech. Nachdruck Darmstadt 1960); Jung, Psychologie und Alchemie, a.a.O.; ders., Mysterium Coniunctionis, a.a.O.

3 Siehe dazu: C. G. Jung, Paracelsica, Zürich und Leipzig 1942, S. 78 ff.

4 Siehe dazu: Jung, Psychologie und Alchemie, a.a.O., S. 322 f.

5 Die Große Mutter, a.a.O., S. 307 f.

6 Über die Rosenkreuzer siehe u.a.: Gustav Krüger, Die Rosenkreutzer, Berlin 1932; Will-Erich Peuckert, Die Rosenkreutzer, Jena 1928; ders., Pansophie, Berlin 1956[2], S. 369 ff. u. passim.

7 Siehe z.B. dazu: Pierre Geyraud, Sectes et Rites. Petites Eglises, Religions nouvelles, Sociétes secrètes de Paris, Paris 1954.

8 Siehe dazu: Verf., Psyche und Mysterium, a.a.O., passim.

9 Aranca, Die Glut der Gläubigen. Frdl. gen. Abdruck aus der Stuttgarter Zeitung v. 26. 8. 1960.

10 Siehe dazu: Heiler, Urkirche und Ostkirche, a.a.O., S. 501.

11 Siehe dazu: Joachim Ernst Berendt, das neue jazzbuch (Fischer Bücherei, 270), Frankfurt a. M. 1959, S. 98.

12 Antwort auf Hiob (1952), in: Ges. Werke, 11. Bd., Zürich und Stuttgart 1963, S. 491.

13 (Kindler Taschenbücher, 2005), München 1964, S. 99 f.

14 Siehe dazu: Herbert Auhofer, Aberglaube und Hexenwahn heute, Freiburg-Basel-Wien 1960.

15 Siehe dazu u.a.: Rosette Dubal, La Psychanalyse du Diable (Coll. ›Le chemin de la vie‹), Paris 1953, S. 208 ff.

NACHTRAG ZU DEN ANMERKUNGEN

VORWORT

1 Walter Hollstein, Der Untergrund. Zur Soziologie jugendlicher Protestbewegungen, Neuwied und Berlin 1969, S. 7.

2 Gedanken von Wilhelm Reich spielten bereits in der Beat-Generation eine wichtige Rolle (siehe dazu: Beat. Eine Anthologie, hg. v. Karl O. Paetel, Rowohlt Paperback, Reinbek bei Hamburg, 1962, passim). In Deutschland lassen die zahlreichen Raubdrucke der Schriften von Reich seinen Einfluß erkennen.

3 Siehe: Peter Priestley, Charles Manson und die Scientologen, in: Stuttgarter Zeitung, 10. 1. 1970.

4 Als Beispiel sei die Klever Kirchenschändung vom September 1968 genannt. Siehe: Unbekannter schmierte Satan-Sprüche in die Kirche. Gotteshaus auch mit Hakenkreuzen verunziert, in: NRZ, 7. 9. 1968.

5 Siehe den Faschingsbericht »Blöße im Bürgerbräu«, in: Stern, Hamburg, 23. 2. 1969 (Nr. 8). – In den St. Pauli Nachrichten, Hamburg, war folgende Anzeige zu lesen: ›Schwarze Messen in allen Großstädten der Bundesrepublik – Interessenten wenden sich an Kontakt-Adressen-Vermittlung GmbH 4300 Essen Postfach . . .‹ (20. 3. 1970/Nr. 38).

6 Siehe zu diesem Phänomen: Hans Mayer, Bildung, Besitz und Theater, Vortrag auf dem Volksbühnentag in Saarbrücken, 1968. Auszug in: Der Spiegel, Hamburg, 27. 5. 1968.

7 Siehe den Nachtrag zu den Anmerkungen: Zeugnisse f. d. Satanskult u. d. Schwarze Messe, Kapitel 5, Anm. 40, letzte Angabe.

8 In: Psyche, Stuttgart, XXIII. Jahrg., 7. Heft, Juli 1969, S. 481 ff.

9 Ebd., S. 493.

10 Philip Whalen, 4:2:59 Take I, in: Fuck you (!), Underground Poems, hg. v. Ralf-Rainer Rygulla, Darmstadt 1968, S. 22.

11 Über genitale Liebe, in: Die Urformen der Liebe und die Technik der Psychoanalyse (Psychologisches Verständnis und medizinische Praxis, Band 5), Bern und Stuttgart 1966, S. 136 ff.

12 Ebd., S. 147.

GRUNDLAGEN

3. Die psychopathologischen Züge des Satanskultes

2 Siehe auch: Rudolf Löwenstein, Zur Psychoanalyse der Schwarzen Messen, in: Imago, Wien IX. Band (1923), Heft 1, S. 73 ff.; Henry Lowenfeld, Über den Niedergang des Teufelsglaubens und seine Folgen für die Massenpsychologie, in: Psyche, Stuttgart, XXI. Jahrg., 7. Heft, Juli 1967, S. 513 ff.

ZEUGNISSE FÜR DEN SATANSKULT UND DIE SCHWARZE MESSE

2. Die Blütezeit des Satanskultes im Mittelalter

35 Siehe: Hanscarl Leuner, Die toxische Ekstase, in: Beiträge zur Ekstase, hg. v. Th. Spoerri, Basel–New York 1968, S. 73 ff.

105 Siehe auch: Georg Bataille, Gilles de Rais, Hamburg 1968.

5. Epigonale Erscheinungen und surrealistische ›Verfremdung‹ des Satanskultes im zwanzigsten Jahrhundert

40 Zu Otto Muehl siehe ferner: Otto Muehl, Papa Omo, Wien 1967; ders., Mama & Papa. Materialaktion 63–69, Frankfurt a. M. 1969; Jutta Burghardt und Wilfried Reichart, 56 Aktionen zur Befreiung, in: Filmkritik, Frankfurt a. M., 13. Jahrg., 10. Heft, Okt. 1969, S. 611 ff. Peter Gorsen, Das Bild Pygmalions. Kunstsoziologische Essays, Rowohlt Paperback, Reinbek bei Hamburg 1969; ders., Das Prinzip Obszön, rororo sexologie, Reinbek bei Hamburg 1969 (die beiden letztgenannten Bücher sind für das Gesamtthema Kunst und Satanismus wichtig); O Tannebaum, Dokumentation über Otto Muehls Materialaktion in der SHFBK Braunschweig und deren Folgen, 2 Teile, hg. v. d. Staatl. Hochschule für Bildende Künste Braunschweig, 1970.

41 Siehe auch: Hermann Nitsch, Orgien Mysterien Theater, Darmstadt 1969.

VERZEICHNIS DER ABKÜRZUNGEN

Die folgenden Abkürzungen erscheinen in den Angaben zu den Quellentexten.

Adam	Charles Baudelaire, Les Fleurs du Mal. Introduction, Relevé de Variantes et Notes par Antoine Adam (Classiques Garnier), Paris 1961
BKV	Bibliothek der Kirchenväter, hg. von Bardenhewer, Schermann, Weymann, Zellinger, Kempten und München 1911–1928
Bouquet	M. Bouquet u. a., Recueil des historiens des Gaules et de la France, Paris 1738–1904
Carducci, Opere	Edizione nazionale delle opere di Giosuè Carducci, Bolgona 1939 ff.
Du Cange	Du Cange, Glossarium mediae et infimae Latinitatis, nova editio, Paris 1938
Fülöp-Miller	René Fülöp-Miller, Geist und Gesicht des Bolschewismus, Zürich-Leipzig-Wien 1926
Holl	Karl Holl, Epiphanius, in: Die griechischen christlichen Schriftsteller, Bd. 25 (= Bd. 1) und Bd. 31 (= Bd. 2), Leipzig 1915 und 1922
Leisegang	Hans Leisegang, Die Gnosis (Kröners Taschenausgabe, Bd. 32), Stuttgart 1955^4
Leopardi, Opere	Giacomo Leopardi, Tutte le Opere (I Classici Mondadori Fondazione Borletti), Mailand 1949^3
Mansi	J. D. Mansi, Sacrorum conciliorum nova et amplissima collectio, Florenz-Venedig 1759–1798
Michelet	Jules Michelet, Documents inédits pour servir à l'histoire de France, Paris 1841–1851
Migne PG	J. P. Migne, Patrologiae cursus completus. Series graeca, Paris 1857–1866
Migne PL	Dass., Series latina, Paris 1844–1864
Pfannkuche	Joris Karl Huysmans, Tief unten (Phaidon Biblitothek), übers. von H. Pfannkuche, Neuaufl. Köln-Berlin 1963 *Der Abdruck erfolgt mit freundl. Genehmigung des Verlages Kiepenheuer und Witsch, Köln.*
Potthast	A. Potthast, Regesta Pontificum Romanorum inde ab 1198 ad annum 1304, Berlin 1873–1875
Ravaisson	Archives de la Bastille. Documents inédits recueillis et publiés par François Ravaisson, Paris 1866–1904
Vogel	Die Limburger Chronik, hg. von C. D. Vogel, Herborn 1826.

BIBLIOGRAPHIE

Zusammengestellt sind nur die – verhältnismäßig wenigen – Gesamtdarstellungen zum Thema. Die Angaben zur Spezialliteratur über die einzelnen Epochen und Phänomene des Satanskultes finden sich in den Anmerkungen.

Baissac, Jules: Les grands jours de la Sorcellerie, Paris 1890

Barney, Francis: Prière à Satan. Messes noires d'hier et d'aujourd'hui, Paris 1957

Bois, Jules: Le Satanisme et la Magie. Avec une étude de J.-K. Huysmans, Paris 1895. 1896[2].

Brévannes, Roland: L'orgie satanique à travers les siècles, Paris 1904

Bricaud, Joanny: La Messe Noire ancienne et moderne (Bibliothèque Chacornac), Paris 1924

Caufeynon et Jaf, Docteurs (Pseudonymes): Les Messes Noires. Le culte de Satan-Dieu, Paris 1905

Legué, Gabriel: La Messe noire, Paris 1903

Michelet, Jules: La Sorcière (Erstauflage in zwei verschiedenen Editionen Paris 1862. Siehe dazu: Refort, S. VIII ff.). Edition originale publiée avec notes et variantes par Lucien Refort (Société des textes français modernes), Zwei Bände, Paris 1952 und 1956

In deutscher Sprache: Die Hexe, übers. von R. Klose, Leipzig 1863

In englischer Sprache: The Witch of the Middle Ages, übers. von L. J. Trotter, London 1863; Satanism and Witchcraft, übers. von A. R. Allinson, New York 1939.

Murray, Margaret A(lice): The God of the Witches, London 1933

In französischer Sprache: Le dieu des sorcières (Collection ›La Tour Saint-Jacques‹), übers. von Th. Vincent, Paris 1957

Przybyszewski, Stanislaw: Die Synagoge des Satan. Ihre Entstehung, Einrichtung und jetzige Bedeutung. Ein Versuch, Berlin 1897

Rhodes, Henry T(aylor) F(owkes): The Satanic Mass, London 1954; New York 1955

In französischer Sprache: La Messe Noire, übers. von B. Noël, Paris 1958

Sylvius, Jehan: Messes Noires. Satanistes et Lucifériens (Collection ›Choses vues‹), Paris 1929

Villeneuve, Roland: Le Diable. Erotologie de Satan (Bibliothèque internationale d'Erotologie, N° 10), Paris 1963

Ders., Bibliographie démoniaque, in: Satan (Etudes Carmélitaines), Paris 1948, S. 647 ff.

Lexika

Plancy, J(acques Albin Simon) Collin de: Dictionnaire infernal ou Répertoire universel des êtres, des personnages etc. (Erstauflage Paris 1818. Nouvelle édition entièrement refondue 1853), Paris 1863[6]

Robbins, Rosell Hope, The Encyclopedia of Witchcraft and Demonology, New York 1959. 1960[2]

VERZEICHNIS DER ABBILDUNGEN

TAFELN

11 Eselsfest in einer französischen Kathedrale. Französische Radierung, 15. Jahrh. Bibliothèque de l'Arsenal, Paris.

12 Spottkruzifix. Graffito vom Pädagogium auf dem Palatin, Rom, Anfang des 3. Jahrh.

13 Zusammenkunft der Adamiten. Niederländischer Kupferstich, 17. Jahrh.

14 Älteste bekannte Darstellung fliegender Hexen. Miniatur aus: Martin le Franc, Le champion des dames, Manuskript von 1451. Bibliothèque Nationale, Paris.

15 Darstellung des Hexensabbats. Tafel aus: Pierre de Lancre, Tableau de l'Inconstance des mauvais Anges et Démons, Paris 1613[2].

16 Das Zauberfest auf dem Blocksberg. Kupferstich von Michael Herr, 17. Jahrh.

17 Ein Dioskure raubt eine Leukippide. Stuckarbeit aus der Basilica Subterranea di Porta Maggiore, Rom, 1. Jahrh. n. Chr.

18 Hexenzusammenkunft auf dem Blocksberg. Kupferstich aus: S. J. Praetorius, Blockes Berges Verrichtung, Leipzig 1668.

19 Die Symbolik des menschlichen Körpers. Kupferstiche aus: Johann Georg Gichtel, Theosophia practica, 1696.

20 Die Versuchung des heiligen Antonius. Altarbild von Hieronymus Bosch, um 1490. Museo Nacionale de Arte, Lissabon.

21 Hexensabbat. Holzschnitt von Hans Baldung Grien, 1510.

22 Der Hexensabbat. Gemälde von Hans Francken, 1607. Kunsthistorisches Museum, Wien.

23 Hexensabbat. Radierung von Martin van Maele zu: Jules Michelet, La Sorcière, Paris 1911.

24 Krypta von Tiffauges (Vendée), 11. Jahrh.

25 La Voisin und Szenen aus einem zeitgenössischen Theaterstück. Französischer Stich des 17. Jahrh.

26 Madame de Montespan (de Rochechouart). Gemälde der Ecole française, 17. Jahrh. Musée de Versailles.

27 Schwarze Messe des Abbé Guibourg für Madame de Montespan. Stich von Henry de Walvost zu: Jules Bois, Le Satanisme et la Magie, Paris 1903.

28 Joris Karl Huysmans. Fotografie von Nadar, 1904 (?).

29 Schwarze Messe des Kanonikus Docre. Stich von Henry Chaprout zu: J. K. Huysmans, Là-Bas, Paris 1924.

30 Ithyphallischer Kruzifixus. Kupferstich von Félicien Rops (1835–1898) aus der Sammlung ›Les Démoniaques‹ (Nr. 5 ›Le Calvaire‹).

31 Die Hochzeit von Kana in antireligiöser Darstellung. Seite aus dem ›Besboschnik‹. Aus: Fülöp-Miller, Geist und Gesicht des Bolschewismus, Amalthea-Verlag, Wien 1926.

32 Szene aus einer Weihnachtsfeier der ›Gottlosen‹, Rußland. Aus: Fülöp-Miller (s. Abb. 31).

33 Altar des Tenat-Tempels. Hexenmuseum in Burton-on-the-Water, England.

34 Altar für Schwarze Messen und satanistisches Kultbild. Sydney, Australien. Aus: Quick, München, 1955/Nr. 44.

35 Schwarze Messe. Umschlagbild von Orazi zu: L'assiette au beurre, Paris, 1903/Nr. 141.

36 Altar für die Schwarze Messe. Umschlagbild des Buches: Jehan Sylvius, Messes noires, Paris 1929.

37 ›Rom‹. Collage von Max Ernst, 1929. Aus: Max Ernst, La femme 100 têtes, Gerhardt Verlag, Berlin 1962.

38 Mon caveau. Ölbild von Clovis Trouille, um 1930. Im Besitz des Künstlers.

39 Notre-Dame de Paris en Palais d'amour. Fotomontagen von Bernard Roger. Aus dem Katalog der Exposition Internationale du Surréalisme 1959–1960, Galerie Daniel Cordier, Paris.

40 Abendmahlsszene aus ›Cristo 63‹ von Carmelo Bene. Teatro Laboratorio, Rom, Januar 1963.

41 Abendmahlsszene aus dem Film ›Viridiana‹ von Luis Buñuel. Uraufführung: Cannes 17. 5. 1961.

42 Schlangenritus bei der Macumba, Brasilien.

43 Pandämonium. Bühnenbildentwurf von Wolfgang Znamenacek zum Dritten Bild des Balletts ›Abraxas‹ (Libretto und Musik: Werner Egk, Choreographie: Marcel Luipart). Uraufführung: München 6. 6. 1948.

44 Kreuzigung. Materialtheater von Otto Mühl, Wien. Fotodokumentation Sig H. Khasaq.

45 Darstellung des alchemischen Wandlungsprozesses. Aus dem Manuskript: Abraham le Juif, Livre des figures hiéroglyphiques, 16. Jahrh. Bibliothéque Nationale, Paris.

46 Die erhöhte Schlange. Pesttaler des Hieronymus Magdeburger, Goldschmied zu Annaberg, 16. Jahrh.

47 Die Seele zwischen dem Himmel und der Hölle. Kapitell der Basilika St-Benoît-sur-Loire, 12. Jahrh.

48 a) Collin de Plancy in Unterhaltung mit dem Teufel. Kupferstich aus: J. Collin de Plancy, Le diable peint par lui-même, Paris 1825.
b) Faun, eine Frau enthüllend. Aquatinta von Pablo Picasso, 12. Juni 1936.

Textabbildungen

Die Ziffern beziehen sich auf die Seiten.

FOTONACHWEIS

Ciba-Archiv, Basel 46
Gerhardt Verlag, Berlin 37
Bibliothèque Royale, Brüssel 30
Alinari, Florenz 17
Dr. N. Platon, Heraklion 1
Wolfgang Weber, Köln 33
Museo Nacionale de Arte, Lissabon 20
Bildarchiv Foto Marburg 21
Archiv Patalas, München 41
Rudolf Betz, München 43
F. Bruckmann Verlag, München 7
Dr. Graziani, München 40
Hirmer Verlag, München 2, 3, 6
Archives photographiques, Paris 28, 47
Bibliothèque Nationale, Paris 15, 29
Editions du Seuil, Paris 38
Giraudon, Paris 5, 10, 25
Frank Horvat, Paris 42
José Pierre, Paris 39
Museo Vaticani, Rom 12
Gerd Hatje Verlag, Stuttgart 48 b
Bildarchiv Dietrich Teuffen, Stuttgart Textabb. S. 21
Musée de Versailles 26
Amalthea-Verlag, Wien 31, 32
Siegfried H. Klein, Wien 44
Kunsthistorisches Museum, Wien 22
Conzett u. Huber, Zürich 19
Dr. Ernst Bux 9

NAMENVERZEICHNIS

Das Verzeichnis bezieht sich nur auf den Interpretationstext.